The Multinational Retail
Financial Services
Strategy

多国籍金融機関の
リテール戦略

シティグループ　　　　バンク・オブ・アメリカ　HSBC
　　　　　　　　　JPモルガン・チェース　　　中国銀行
中国工商銀行
　　　　　　UBS　　　　三菱UFJフィナンシャル・グループ
中国建設銀行

長島芳枝

ロイヤルバンク・オブ・スコットランド　　　ウェルズ・ファーゴ
　　　　　　Yoshie　Nagashima
サンタンデール・セントラル・ヒスパノ　　　BNPパリバ
ワコビア　　　バークレイズ　　　インテサ・サオパオロ
　　　ユニクレディト　　ABN アムロ　　中国交通銀行
　　　　クレディスイス　　　ソシエテ・ジェネラル
　　　　　みずほフィナンシャルグループ
　　　　バンコ・ビルバオ・ビスカヤ・アルヘンタリア
　　　　　スベルバンク　蒼天社出版　ロシア　HBOS

はしがき

　米国のサブプライム住宅ローン問題の影響が世界経済を揺るがしている。今や各国の実体経済が不況の淵に追い込まれるほど深刻さを増しつつあり、米国金融機関および金融監督当局の行動が注目される。しかし同時に、米国金融リテール市場特有の事情についても十分な検証が必要であろう。例えば、金融機関が地元社会の信用需要に積極的に応じることを求め、地域金融の円滑化を意図した法律――CRA（地域社会再投資法）などによる諸政策の影響である。金融機関による過度な貸付の証券化を助長し、結果的に経営の安全性および健全性を損なう負担を強いた可能性も含めて検討が必要となろう。

　本研究の狙いは、世界の大手金融機関による多国籍リテール展開を、国や地域ごとに異なる制度的環境と経済の発展段階を背景とした戦略行動として、歴史的に考察することにある。そのうえで、事例研究として体系化することを目指している。また、ダイナミック・ケイパビリティに焦点をあて、おもに既存の経営戦略論、国際経営論、多国籍企業・銀行論を援用し、批判的に考察しつつ、新たな多国籍リテール金融論を提示する。

　著者はこれまで、欧米系金融機関および監査法人グループ企業で、銀行、証券、保険、ノンバンク、さらに政府系機関による、リテール関連分野における海外進出、合併買収、新規参入市場での立ち上げなど、さまざまな局面での調査・分析、実践に携わってきた。また、ケロッグ経営大学院留学時に師事したB・ワーナーフェルトによるリソース・ベースト・ビューや、P・コトラーの非製造業分野におけるマーケティングに関わる研究の影響も受けてきた。本書は、こうして現場からの視点を学術理論に繋げることを試みたものである。

　なお、本書における「多国籍リテール金融業」の定義であるが、T・ホシュカが主張する、「一般個人及び中小企業向け、さらに富裕層向けサービスを含むも

のと定義し、自国以外に少なくとも1国で支店もしくは子会社をおいて業務を展開している場合」を踏襲する。

　本書は2008年3月に千葉商科大学から授与された政策研究博士学位論文を基礎にしたものである。同大学政策研究科では独自のカリキュラムのもとで従来にはなかった視点から金融機関経営論の構築を試みる機会を得たが、そこで数多くの先生方からご指導を賜わった。日本銀行金融研究所で所長を務められた三宅純一先生には、欧米の金融法制度および銀行経営、日本の金融市場の現状についての大変丁寧なご指導を賜わった。齊藤壽彦先生には、博士課程での指導期間を通して世界の主要国とわが国の金融監督制度の比較、先行研究に対する論文のオリジナリティの重要性についてご指導を賜わった。石山嘉英先生には、国際経営論および経営戦略論を始めとする研究の枠組み、参考文献から論文の体裁に至るまで的を射たご助言を賜わった。麻生幸先生には、経営管理に関するさまざまな理論についてご指導を賜わった。名誉学長の加藤寛先生には、研究過程で大変暖かい励ましのお言葉を賜わった。

　本研究の一部は日本金融学会で報告したものであるが、その際、明治大学の勝悦子先生には報告内容に加えて、今後の研究の方向性に関しても貴重なご助言を賜わった。また、国際ビジネス研究学会での報告において、桜美林大学大学院の桑名義晴先生には格別のご助力を賜わった。ラトガース大学留学時代には、霍見浩喜先生と斯波恒正先生に計量経済学の基礎をご指導賜り、さらに、米国生活の中での支えになっていただいた。

　最後に、本書の出版にあたっては、一方ならぬご尽力を賜わった蒼天社出版代表取締役の上野教信氏に対して心からお礼申し上げる次第である。また、この場をかりて、博士論文執筆時から本書の刊行に至るまでの間、絶えず落ち着かない中で我慢しながらも、叱咤激励してくれた夫直樹と娘祥枝に深く感謝する。さらに、今日に至るまで見守ってくれた両親に対して心より感謝したい。

　　　2009年1月吉日

　　　　　　　　　　　　　　　　　　　　　　　　　　　　長島芳枝

目 次

序

- Ⅰ 研究の背景 ……………………………………………………………… 2
  - 1 目的と意義 …………………………………………………………… 2
  - 2 アプローチ …………………………………………………………… 3
  - 3 本論文の構成 ………………………………………………………… 4
- Ⅱ 多国籍金融機関の定義と事業展開をめぐる環境の変化 ……………… 6
- Ⅲ 先行研究 …………………………………………………………………… 9
  - 1 経営戦略論の発展 …………………………………………………… 9
  - 2 ダイナミック戦略論構築の試み …………………………………… 10
    - ⅰ 資源ベース論の動学化 ………………………………………… 10
    - ⅱ ダイナミック・ケイパビリティ・アプローチ ……………… 11
    - ⅲ ポジショニング・スクール理論の動学化と補完性 ………… 16
  - 3 オハラによる銀行の動学モデル …………………………………… 19
  - 4 多国籍金融機関の理論化における国際リテール業研究 ………… 21
  - 5 産業組織論を視座とした多国籍リテール展開研究 ……………… 24
    - ⅰ グルーベルによる多国籍銀行業の理論化 …………………… 24
    - ⅱ チョーグルによるグルーベル理論の発展 …………………… 26
    - ⅲ ホシュカによる欧州の市場参入の事例研究 ………………… 28

第 2 章　HSBC

- Ⅰ 救済合併を中心としたM&Aによる拡張 ……………………………… 36
- Ⅱ 香港での設立とアジアにおけるリテール展開 ………………………… 37
  - 1 設立と恒生銀行の買収 ……………………………………………… 37
  - 2 香港のリテール市場と恒生銀行の活動 …………………………… 40
  - 3 HSBCの中国回帰 …………………………………………………… 44
  - 4 日本のリテール市場参入 …………………………………………… 48
  - 5 グローバルな個人顧客を対象としたパッケージ商品 …………… 50

v

		6	金融市場の自由化が進むアジアでの展開	52
Ⅲ	米州進出			54
	1	香港上海銀行カリフォルニアの不振		54
	2	マリーン・ミッドランド銀行買収による米国への本格進出		55
		ⅰ	関係構築と買収交渉	55
		ⅱ	国内外での拡張から地域リテール特化への戦略転換	57
	3	ハウスホールド・インターナショナルの買収		61
		ⅰ	消費者金融業への参入	61
		ⅱ	米国での全国展開	63
	4	中南米諸国への進出		63
Ⅳ	欧州におけるリテール展開			64
	1	英国リテール市場		64
	2	大型買収の試みと英国への本店移転		68
		ⅰ	ロイヤルバンク・オブ・スコットランド買収計画の失敗	68
		ⅱ	ミッドランド銀行の買収	71
	3	ファースト・ダイレクトによる無店舗銀行モデルの確立		75
	4	フランスを拠点とした大陸欧州への進出		81
Ⅴ	地域密着型リテール業のグローバル展開			84
	1	リテール業の収益力		84
	2	経営の統一性と柔軟性		85
		ⅰ	他国へのビジネスモデル移転	85
		ⅱ	HSBCブランドへの統一と顧客志向の世界展開	88
	3	ユニバーサル・バンキング型の持株会社経営		89
Ⅵ	小括			91

第3章　シティグループ

Ⅰ	米国の銀行制度		101
	1	二元銀行制度による国法銀行と州法銀行の併存	102
	2	単店銀行制度と支店銀行制度	103
	3	クレジット・ユニオンとしての創業と国法銀行への転換	104
Ⅱ	リテール業への本格的取り組み		105
	1	国内支店網の拡張と新商品開発	105

		2 クレジットカード事業への参入と全国展開	114
Ⅲ		持株会社組織形態でのユニバーサル・バンキング実現	115
	1	銀行持株会社シティコープ設立の背景	115
	2	トラベラーズ・グループとの合併	118
Ⅳ		支店網主体から現地法人設立による拡張への転換	120
	1	アジア太平洋市場展開	128
	2	日本市場展開	134
	3	欧州市場展開	142
	4	中南米市場展開	145
	5	プライベート・バンキング	146
Ⅴ		収益管理と機能の共有化にみる経営の統一性	147
	1	収益管理システムの開発	147
	2	オペレーションのクロス・ボーダー化	148
Ⅵ		企業統治の混乱とシティグループの取り組み	150
Ⅶ		小括	152

第4章　バンク・オブ・アメリカ

Ⅰ		地域金融機関としての設立と成長	160
	1	ノースカロライナ州における州全域支店銀行法制と競争環境	162
	2	州際業務規制による限定的なM&A	164
Ⅱ		ノースカロライナ州から他の南東部州への拡大	165
	1	保守的なフロリダ州への進出と新たな組織統合	165
	2	ファースト・リパブリックバンクの破綻と買収	171
		ⅰ ブリッジバンク方式による破綻処理案	172
		ⅱ 統合プロセス	177
	3	コミュニティ再投資の課題	179
Ⅲ		リテール業を中心とした全国展開の実現	181
	1	バンカメの買収統合	181
		ⅰ バンカメのリテール銀行としての創業	181
		ⅱ リテール分野における取り組みの消極化	183
		ⅲ クレジットカード事業の開始	185
	2	個人向けサービスの拡充	186

	3　競争環境の悪化と規制による制限の打開	190
	4　収益管理体制の確立と顧客志向のイノベーション	192
	ⅰ　MIS の構築と集中管理	192
	ⅱ　顧客からの評価にもとづく総合的な質の向上	193
Ⅳ	中小企業向け取引への積極的取り組み	200
Ⅴ	MBNA のクレジットカード事業基盤を活かした海外展開	202
Ⅵ	小括	204

第5章　わが国のリテール金融市場

Ⅰ	家計部門動向の推移と法制度改革	212
Ⅱ	金融機関行動の変化	215
Ⅲ	リテール分野における地域特性	222
Ⅳ	利用者性向と金融機関への評価	226
Ⅴ	ゆうちょ銀行によるリテール業の展望	237
Ⅵ	外国資本を交えた金融再編	243

結　章

Ⅰ	新たな多国籍リテール金融論	248
Ⅱ	わが国への示唆	253

参考文献　257

序

I 研究の背景

1 目的と意義

　世界の金融機関の中には、劇的な変化の続く事業環境の中でリテール業の発展を成長戦略の中心に据え、長期的な成長を実現させた企業がある。リテール業は、これらの金融機関の中で、収益の変動の幅の大きい他業務に対し、比較的安定した中軸事業としての役割を果たしてきた。

　リテール業を積極的に展開する金融機関は伝統的に、国や地域ごとに異なる法制度や慣習の中で、顧客がどういった金融機能をどのように提供されることを望むかといった視点を重視した。世界の多くの国・地域において規制業種となっている金融分野に特徴的な業態規制や業務・地理上の制限を始めとする制約の中で、多様な顧客の顕在・潜在需要への対応に努めてきたといえる。また、金融システムを構成する要素の1つとして社会において公的な役割を担う一方で、企業としての株主への責任を果たす努力も続けた。

　HSBCホールディングス（以下、HSBC）やシティグループは、国内での成長に大きな制限が加えられたことを契機として海外へ進出し、その後も地理的な拡張を実現した。また、今日ではバンク・オブ・アメリカが、米国内での成長を法的に制限されていることにより、海外での積極展開を計画している。さらに、スペインやフランスなど、大陸欧州を拠点とする大手金融機関も、多国籍リテール展開を進め、世界規模の拡張を続けている。

　近年、わが国においても、これまでのホールセール分野における活動を主体とした展開から、収益の柱としてのリテール業の確立への転換を図る大手金融機関が増えている。また、クレジットカード業や消費者金融業を含め、個人及び中小の事業者を対象とする金融サービスの提供を重要事業と位置付け、消費者金融会社やクレジットカード会社との提携強化を進める金融グループも増加している。しかし、リテール分野における展開について日本の金融機関は、いまだ多くの課題を抱えているといえる。

また、金融機関の国際競争力の確立に向けては、これまで国際業務展開に関して議論が広く行われてきたが、外国為替業務やユーロバンキング、ホールセール業務に関するものが中心となっていた。これと比較すると、伝統的に国内業務ととらえられてきたリテール金融サービスに関して、多国籍展開に焦点をあて、制度的背景と経営戦略を関連付けた研究は限定的である。

　リテール分野における事業展開については、自国と異なる法制度や競争環境、多様な商習慣の中で、外国の金融機関に対する信頼感が十分でなく、取引に消極的な現地リテール顧客を対象に事業基盤を確立することが求められる。この中で、長期にわたり安定した収益基盤としての多国籍リテール業を可能にする、金融機関のダイナミック（動態的）・ケイパビリティを明らかにすることを主要な目的とする本研究は、意義のあるものと考える。

2　アプローチ

　本研究では、HSBC、シティグループ、バンク・オブ・アメリカの成長過程、さらにその中で構築されたケイパビリティの考察を中心に事例研究を行う。世界規模のリテール展開で長い歴史をもつHSBCとシティグループは、今日の複雑で厳しい事業環境下において、事業基盤の安定化とさらなる拡大を目指している。バンク・オブ・アメリカについては、これまでは国内を中心としたリテール展開による成長を続けてきたが、米国特有の厳格な独占禁止法による国内での事業拡大への制約を背景に、多国籍展開への本格的な取り組みを開始している。本論文では、これらの金融機関による、リテール業を軸とした優位性の源泉をダイナミック・ケイパビリティにあると考え、その具体的要素や構築の過程を明らかにすることを目指す。

　一般的に事例研究では、代表的な事例についてさまざまな角度から分析を行い、変動を続ける事業環境下にある企業行動に対する新たな認識や、相互の共通性、関連性を発見することなどが目的となる。事例を詳細に分析・解釈し、従前の研究で行われなかった理論的枠組みの構築を目指すものである。一方で、こうして構築された理論的枠組みについては、一般性や普遍性の点で問題があるとの

指摘もある。

　金融機関による多国籍リテール展開に関わる制度的な背景も合わせた研究は、今日までに十分行われてきたとはいいがたい。この中で、この分野における金融機関行動の特徴や、法制度を始めとする背景を考察することは重要である。また、本研究では対象とする事例の研究にあたり、公表資料を中心に扱っているが、多国籍リテール展開に際し、重要なケイパビリティとしての要素を特定していく中で、これら既存の客観的事実に新たな解釈が加えられる。

　本研究のアプローチとしては、第1に、商業銀行を組織の中核にもつ英国及び米国の多国籍金融機関について、リテール業の展開に焦点をあてて検討する。その中で、国内外における拡張と組織体制、収益管理、研究開発などの経営課題に加え、本拠とするそれぞれの国・地域特有の法制度を併せて考察する。第2に、環境が大きく変化する中で、金融機関の戦略行動にみるダイナミック・ケイパビリティを持続可能な競争優位の源泉としてとらえ、このような能力を醸成する要素を明確にすることを目指す。

　制度的背景の違いを検討したうえで、経営のダイナミズムの重要性を認識し、競争優位の源泉について理解を深めることは、リテール分野において収益面と顧客満足の両面に課題をもつ金融機関の今後の展開に有益な示唆を与えることとなろう。また、伝統的な業務展開を続ける金融機関が、この分野へ新規参入を進める企業との厳しい競争の中で、確固たる顧客志向風土を新たに醸成しながら、金融商品やサービスを開発、提供することは、家計部門の厚生と安定にも繋がる。

3　本論文の構成

　本論文では、序第2節（Ⅱ）で、まず世界の大手金融機関による近年の事業展開を概観し、リテール業が今日多くの金融機関により多国籍展開され、同時に収益の柱になっていることを示す。次に第3節（Ⅲ）で、本論文が視座とする経営戦略論の動学化に向けての研究と、リテールを中心とした金融機関の多国籍化と戦略行動に関する既存の研究をサーベイする。第2章では、英国系の海外銀行として香港で創業され、香港上海銀行を前身とするHSBCによる世界展開とリ

テール業の拡大を検討する。アジアの小規模市場を基盤として設立された香港上海銀行は、経営内容の悪化した他の金融機関の救済合併を中心とする買収行動により拡張を続けた。これは、自前の支店網の構築を海外展開の中心としたシティコープの戦略行動と大きく異なる点であり、こうした違いの要因に注目する。第3章では、内部成長による事業拡大を重視した米国のシティコープのリテール業への取り組み、海外展開の歴史的変遷を考察する。そのうえで、1998年の大手金融会社トラベラーズ・グループ（以下、トラベラーズ）との合併によって誕生したシティグループの戦略行動を検討する。HSBCとシティグループとの事例における比較分析では、それぞれの成長過程で事業展開した海外市場における制度的背景についても同時に考察する。第4章では、米国ノースカロライナ州シャーロットという1地方都市で設立され、ノースカロライナ・ナショナルバンク（NCNB）、ネーションズバンクとして拡大を続けた今日のバンク・オブ・アメリカを研究対象とする。バンク・オブ・アメリカのおもな前身であるNCNB及びネーションズバンクは、米国南東部を基盤としながら、リテール業を中核事業にすえて、買収・合併による拡大を続けた。また、米国金融機関として唯一全国規模の支店展開を実現し、同時に世界最大規模の金融機関へと成長を遂げている。バンク・オブ・アメリカについては、その戦略行動に加え、成長の背景にあった米国の州ごとに異なる金融法制度や、金融行政も成長の要因の1つとして考察する。第5章では、1990年代以降、大きな変動を続ける日本のリテール金融市場を、クレジットカード、消費者金融、さらに中小企業金融分野の利用者の視点も含めて概観する。ここでは、2007年10月に民営化により新たに設立されたゆうちょ銀行の展望について併せて提言する。最後に結章では、HSBC、シティグループ、バンク・オブ・アメリカによる戦略形成の歴史的過程を、ダイナミック・ケイパビリティの考察を通じて明らかにしたうえで、新たな多国籍リテール金融論を提示する。これは、制度的背景および参入市場の経済発展段階をおもな外的環境要因ととらえて行った、本研究の結果にもとづくものである。

II　多国籍金融機関の定義と事業展開をめぐる環境の変化

　多国籍銀行については、国際連合が1981年の多国籍銀行に関わる報告書の中で「5ヶ国以上の国・地域において支店ないし多数株所有子会社を有する預金受入銀行」と定義している[1]。その後、国際コンソーシアム銀行は国連の定義が示す、「資本所有が本国資本のもとに統一され銀行業務が多数国にわたって運営される銀行」の部分的補完物をなしているとされ、多国籍銀行の定義としては徐々に退けられるようになった[2]。近年では、総合グループ化した多国籍銀行について、多国籍金融機関として改めて定義がなされている。多国籍金融機関は、2つの条件を満たすことで外形的な条件を備えているとされるようになった。第1に、銀行業、証券業、保険業のうち2つ以上の事業をグローバルな規模で直接・間接的に営むことが求められる。第2としては、ニューヨーク・ロンドン・東京の3大市場のすべてに、支店または全額出資の現地法人を設立していることである。これら2つの条件を満たしたうえで、国際競争力を備えた金融機関のみが多国籍金融機関として認知され存続するとされる[3]。

　こうした多国籍金融機関の多くは、1990年代以降、経済圏の統合、規制緩和・撤廃、技術の進歩とそれにともなう競争環境の変化を背景に、世界各地で大規模な買収・合併を実施し、業容を拡大した。一方で、中国を始めとする新興国の金融機関は、急速な成長を遂げる経済を基盤に台頭している。

　これら世界の大手金融機関の中で、個人向けの取引を中心としたリテール業を世界的に展開し、多国籍リテール展開を核とするビジネスモデルを軸に成長したのが米国のシティグループと英国のHSBCである。一方で、バンク・オブ・アメリカは、米国内におけるリテール基盤の拡大により、シティグループやHSBCに並ぶ金融機関へ成長し、今日クレジットカード業を始めとして海外におけるリテール展開を推し進めようとしている。また、これら世界の大手金融機関に共通する特徴として、リテール部門を収益の柱とした事業展開による成長を続けてきたことがあげられる。

序

序1　世界の金融機関 時価総額上位25社（2007年）　　　　　　（単位：100万ドル）

	金融機関	国名	時価総額	ティア1資本	資産総額
1	シティグループ	米国	261,270	90,899	1,882,556
2	バンク・オブ・アメリカ	米国	220,379	91,065	1,459,737
3	HSBC	英国	214,934	87,842	1,860,758
4	中国工商銀行	中国	209,060	59,166	961,576
5	JPモルガン・チェース	米国	168,585	81,055	1,351,520
6	中国銀行	中国	157,343	52,518	682,262
7	中国建設銀行	中国	132,224	42,286	697,740
8	UBS	スイス	128,331	33,212	1,963,870
9	三菱UFJフィナンシャル・グループ	日本	126,676	68,464	1,579,390
10	ロイヤルバンク・オブ・スコットランド	英国	119,808	58,973	1,710,703
11	ウェルズ・ファーゴ	米国	117,492	36,808	481,996
12	サンタンデール・セントラル・ヒスパノ	スペイン	114,095	46,805	1,098,213
13	BNPパリバ	フランス	109,388	45,305	1,896,935
14	ワコビア	米国	101,312	39,428	707,121
15	バークレイズ	英国	94,732	45,161	1,956,786
16	インテサ・サオパオロ	イタリア	92,563	16,736	384,276
17	ユニクレディト	イタリア	91,876	38,700	1,084,267
18	ABNアムロホールディングス	オランダ	90,526	31,239	1,299,966
19	中国交通銀行	中国	88,122	42,286	697,740
20	クレディ・スイス	スイス	87,168	28,802	1,029,219
21	ソシエテ・ジェネラル	フランス	85,755	29,405	1,260,162
22	みずほフィナンシャルグループ	日本	84,970	41,934	1,235,443
23	バンコ・ビルバオ・ビスカヤ・アルヘンタリア	スペイン	84,142	25,779	542,494
24	スペルバンク・オブ・ロシア	ロシア	81,700	11,134	131,657
25	HBOS	英国	76,249	44,030	1,160,245

出所：*The Banker*, Eyre and Spottiswoode, July 2007 より筆者作成。

序2　上位10社ティア1資本推移（1986 − 2006年度）

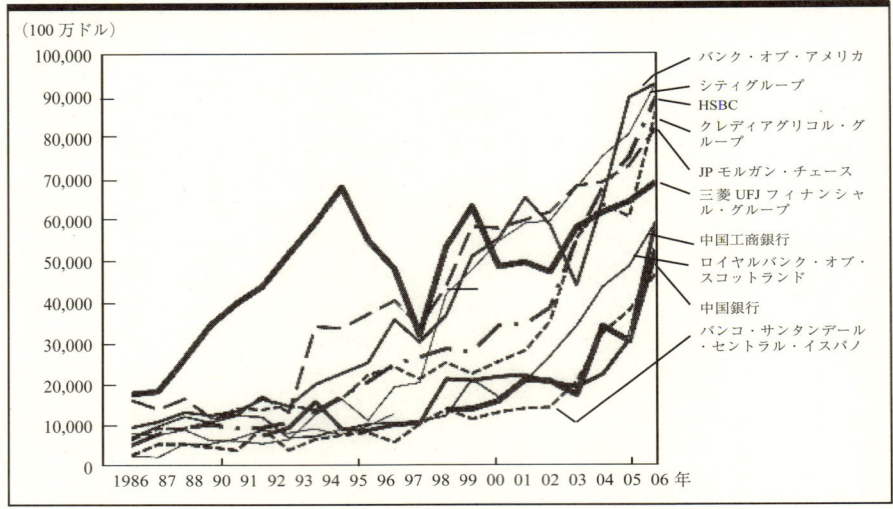

注：2006年度の上位10社対象。合併行については合併以前のティア1資本[4]合計値。
出所：*The Banker,* op. cit., 1987-2007各7月号より筆者作成。

序3　リテール部門利益構成比推移の比較（2000 − 06年度別）（％）

金融機関	2000	2001	2002	2003	2004	2005	2006
シティグループ	40	48	54	54	70	44	56
バンク・オブ・アメリカ	59	60	66	70	44	43	56
HSBC	29	39	32	43	47	47	43
三菱UFJフィナンシャル・グループ	―	―	―	12	15	22	25

注：2007年6月時点の時価総額、2006年度ティア1資本及び資産総額が上位10位以内の金融機関を比
　　較検討の対象とした。バンク・オブ・アメリカの数値は税引き後利益。MUFGの2003 − 06年度数
　　値は営業純益。2002年度以前は部門別損益データ公表無し。
出所：『各社アニュアル・リポート』、『決算説明資料』、『ファクトブック』より筆者作成。

序

III 先行研究

1 経営戦略論の発展

　経営戦略に関する研究は、元来は軍事上の概念であった戦略に関わる考え方が経営学の分野に取り入れられたもので、主として米国を中心に大きく発展した。経営戦略については、数多くの研究者により定義がなされているが、戦略という概念を経営学の古典と位置付けられる諸研究の中で最初に用いたとされるチャンドラーは「戦略とは1企業体の基本的な長期目的を決定し、これらの諸目的を遂行

序4　経営戦略論研究のスクール・オブ・ソート

	スクール	おもな研究者	基礎となる学問	キーワード
規範的戦略論	デザイン	アンドルーズ、セルズニック、チャンドラー、ニューマン	なし	調和・適合、SWOT、競争的優位
	プランニング	アンゾフ	システム理論、サイバネティックス	プログラミング、予算編成、スケジューリング
	ポジショニング	ポーター、シェンデル、ハッテン	経済学（産業組織論）	競争分析、戦略グループ
記述的戦略論	アントレプレナー	シュムペーター、コール	なし	ビジョン、リーダーシップ、イノベーション
	コグニティブ	サイモン＝マーチ＝サイモン	心理学（認知心理学）	限定的な合理性、マップ、認知スタイル、知覚
	ラーニング	クイン、プラハラード＝ハメル、リンドブロム、サイアート＝マーチ、ワイク	心理学	漸進的、創発的戦略
	パワー	アリソン、フェッファー＝サランシク、アストリー	政治学	権力、衝突、交渉
	カルチャー	レンマン＝ノーマン	人類学	価値、イデオロギー
	エンバイロンメント	ハナン＝フリーマン、プー	生物学	適応、進化、選択
	コンフィギュレーション	ミンツバーグ、ミラー、マイルズ＝スノー、チャンドラー	歴史学	構成、変革

出所：Mintzberg, H., B. Ahlstrand and J. Lampel, *Strategy Safari: A Guided Tour through the Wilds of Strategic Management*, Free Press, 1998 より筆者作成。

するために必要な行動方式を採択して諸資源を割り当てること」と定義している[5]。

1960年代以降、経営戦略の分野においては多様な理論研究が行われているが、ミンツバーグ（H.Mintzberg）らはこれらを体系的にレビューした。そのうえで戦略形成に関する見解を軸に規範的戦略論と記述的戦略論に大別し、戦略マネジメントにおける10の学派（スクール）に分類している[6]。ミンツバーグらによれば、デザイン、プランニング、ポジショニング学派が基礎とする理論である規範的戦略論では、戦略をどのように策定すべきかに注目し、企業が存続し成長するためにはいかなる戦略をとるべきかを明らかにしようとする。一方の、アントレプレナー、コグニティブ、ラーニング、パワー、カルチャー、エンバイロンメント、コンフィギュレーションの7つの学派が基礎とする記述的戦略論は、戦略形成過程に焦点をあてる[7]。存続し、成長することに成功あるいは失敗した企業について、その理由を説明しようとするものである。

2 ダイナミック戦略論構築の試み
i 資源ベース論の動学化

企業を取り巻く環境に構造的変化が生じる際、この変化は市場における不確実性をもたらす。コア・コンピタンス理論を展開したプラハラード＝ハメル（C.K. Prahalad and G. Hamel）は、1980－90年代にかけて、企業の戦略形成に影響を与えた競争環境の変化のおもな要因として（1）世界的な規制緩和、(2) 産業構造の変化、(3) 余剰生産能力、(4) 合併買収・戦略提携、(5) 環境問題、(6) 保護主義の弱まり、(7) 顧客期待の変化、(8) 技術の断続性、(9) 地域ブロック化、(10) グローバル競争などの要因をあげている。このためさまざまな産業において、従来の仲介過程の省略、垂直統合構造の分裂、異業種・異業態との収斂と融合が起き、新たな需要が生まれる一方で、既存の商品やサービスの需要は大きな影響を受けて不確実性が発生する[8]。

こうした中、戦略論の分野では、伝統理論の多くが企業を取り巻く環境として安定的かつ静態的な状態を前提としており、急激に変化する環境には適用できないとの批判が高まった[9]。同時に、特定の時点における企業間の戦略行動の違い

や業績格差の要因、さらに、長期にわたる競争企業間の行動とその行動に対する反応の連鎖についてのメカニズムなど環境と競争のダイナミズムの中での競争優位の形成や蓄積、維持の経緯についての理解が重要であるとの主張がなされた[10]。

　これらの批判に関連して、プラハラード＝ハメルはポジショニング・スクールを始めとして、戦略論における先行スクールの研究の多くは、既存の産業構造を前提としていると指摘する[11]。ポーター（M.E. Porter）を中心としたポジショニング・スクールの議論では、戦略は既存の諸産業における事業の位置付けであるとし、個々の事業単位を戦略分析の焦点としている[12]。近年では戦略論の動学化に向けて時間軸を取り入れた戦略研究への取り組みもなされているが、こうした視点を加えても産業構造の転換や新興産業に関わる予見や説明は困難である。

　一方、1980年代以降高まった資源ベース論を中心とする議論では、企業を資源と能力の束であるとみなし、企業レベルの戦略を事業ポートフォリオ戦略以上のものであるとした。しかし、プラハラード＝ハメルはこうした視点にもとづいても、事業単位を超えた異なる企業同士、あるいは提携グループ間の競争について説明することは難しいとする。戦略の成果を決定付けるものとして経済環境の分析は重要ではあるが、これのみでは十分でなく、政府による公共政策を始めとするさまざまな政策と関連付けた分析も戦略論の枠組みの中で同様に行われるべきであるとしている。プラハラード＝ハメルは、さらにこれまでの伝統的な戦略論では、同一業界内の企業間の異なる成果を説明するうえで、戦略の実行過程の重要性への視点が十分ではなかったと指摘している。経営の質や従業員の行動など、実行の過程におけるさまざまな要素が、競争優位の源泉として戦略や経営資源の分配に及ぼす影響については、さらに理解を深める必要がある[13]。

ii ダイナミック・ケイパビリティ・アプローチ

　ミンツバーグらによるスクール・オブ・ソートでは、1990年代以降、研究が急速に発展した資源ベース論はカルチャー・スクールに分類し、一方で、資源ベース論が広く認知されるきっかけとなったプラハラード＝ハメルの研究は、ダイナミック・ケイパビリティ論としてラーニング・スクールに分類する。ミンツバーグらはこれら2つの理論について、企業の内的能力の維持と発展に着目している

点において関連していると説明する。そのうえで、資源ベース論が組織の発展段階において、企業の内的能力をカルチャーとして根づかせることの重要性を強調しているのに対し、ダイナミック・ケイパビリティ・アプローチは戦略的学習のプロセスを通した開発を重視するものとして区別している。一方、こうしたミンツバーグらによる主張とは別に、ダイナミック・ケイパビリティ論を個別の新たなスクールとして扱うべきであるという考えも強まっている[14]。

ダイナミック（動学的）な環境での戦略形成を分析対象とする新しいパラダイムをダイナミック・スクールとして提示する河合忠彦は、ダイナミック・ケイパビリティ・アプローチと資源ベース論は単独のスクールとして扱うべきであると主張する。また、バーニー（J.B.Barney）を中心に1980年代から大きく発展した資源ベースの視点による理論について、環境変化にいかに対処するかという問題意識がほとんどないと批判している[15]。

資源ベース論に対する批判としては、野中郁次郎＝竹内弘高も、組織のさまざまな部署が新しく独創的なものを創造するために、いかに時間をかけて相互作用するかを示す全体的な枠組みが欠けている、と指摘している[16]。また、紺野登＝野中郁次郎は、プラハラード＝ハメルの展開したコア・コンピタンス理論を、資源ベース・アプローチに関する代表的なコンセプトであると位置付けたうえで、3つの点から異論を唱えている。第1に、多くの場合コンピタンス自体の開発や強化は組織学習に依存するといわれるが、学習は本質的に追随的であり、組織による学習だけでは常に環境変化の速度に追いつくことはないという限界をもっている。第2に、企業にとって必須なのは、組織学習の限界を上回るべく自発的な知識のメカニズムを獲得することである。第3に、企業能力は、コア（中核）という言葉で表されるような固定的あるいは集中的に存在するものではなく、ダイナミックに変化する余地をもちつつ組織内で有機的に体化（有形化）されるものである[17]。

ダイナミック・ケイパビリティの視点を戦略論に取り入れ、戦略のダイナミックな本質を強調するティース＝ピサノ＝シューエン（D.J.Teece, G.Pisano and A. Shuen）も、既存の経営論が急激に変化する環境の中で、特定の企業がなぜ、どの

序5　戦略論のパラダイムと特徴

パラダイム	競争圧力	戦略的対抗	資源ベースの視点	ダイナミック・ケイパビリティの視点
理論的根源	メーソン、ベイン	マキャベリ、シェリング、クールノー、ナッシュ、ハルサンイ、シャピロ	ペンローズ、セルズニック、クリステンセン、アンドリュース	シュンペーター、ネルソン、ウィンター、ティース
経営戦略論分野における代表的論者	ポーター（1980）	ゲマワト（1986）、シャピロ（1989）、ブランデンバーガー＝ネールバフ（1995）	ルメルト（1984）、チャンドラー（1966）、ワーナーフェルト（1984）、ティース（1980、1982）	ドジー＝ティース＝ウィンター（1989）、プラハラード＝ハメル（1990）、ヘイズ＝ウィールライト（1984）、ディーリックス＝クール（1989）、ポーター（1990）
分析の基本単位	業界、企業、商品	企業、商品	資源	プロセス、位置取り、過程
産業構造の役割	外因性	内因性	内因性	内因性
関心の焦点	構造状態と競合相手の位置取り	戦略的相互作用	資源の代替可能性	資源の蓄積、再生能力、模倣困難性

出所：Teece, D. J., G. Pisano and A. Shuen, "Dynamic Capabilities and Strategic Management," *Strategic Management Journal,* 1997, Vol. 18, No. 7 より筆者作成。

ように競争優位の構築を行うのか、この疑問については明確に答えていないと批判する。そのうえで、急激な技術や市場影響力の変化が企業の対応を促す状況を「ダイナミック」であるとし、イノベーションにもとづく競争、価格や成果をめぐる対抗、利益増加、現有能力の創造的破壊の重要性を主張するシュンペーター理論を視座とするダイナミック・ケイパビリティ・アプローチの構築を目指している[18]。

　ティース＝ピサノ＝シューエンは、ダイナミック・ケイパビリティとは変化を続ける事業環境の求めに対応すべく自社の能力を新たにし、社内外の組織能力

序6　資源としての知識の活用の概念図

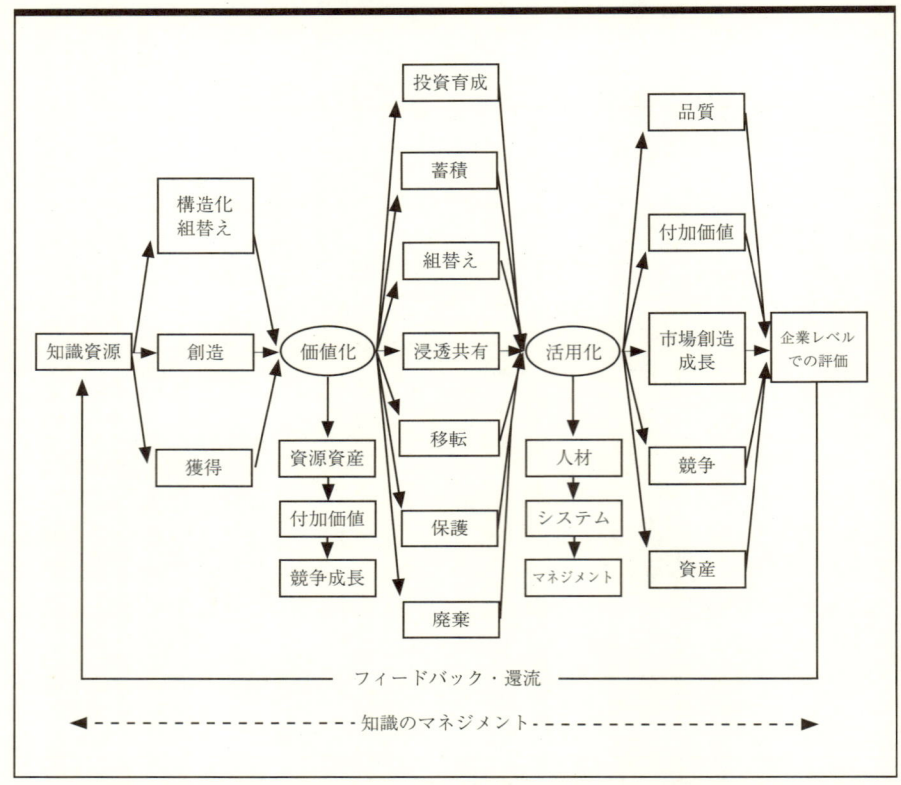

出所：紺野登、野中郁次郎『知力経営―ダイナミックな競争力を創る』日本経済新聞社、1995年、44ページより筆者作成。

や資源を適応、融合、再編成することのできる戦略的な経営力であるとする。特定の時点において企業が有するのは、過去に行われた投資判断の結果としての市場での位置付けであり、能力の蓄積である。このため、ダイナミック・ケイパビリティ・アプローチでは経営能力の発達や、模倣困難な組織、機能、技術的技能の組み合わせという見えざる資産に焦点をあて、研究開発の管理、商品及びプロセスの開発、技術移転、知的財産、製造、人材、組織学習に関わる研究を融合する。これは、特定の業界や業態での位置取りを収益の源泉とする競争戦略論や、競争

序7　ダイナミック・ケイパビリティと環境適合

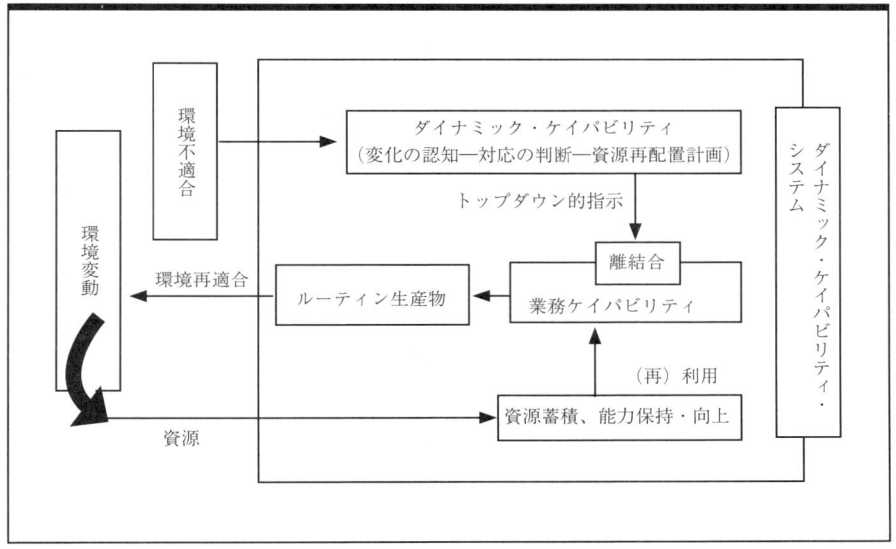

出所：吉田孟史「組織の動的環境適応」遠山暁編著『組織能力形成のダイナミックス』中央経済社、2007年、45-46ページより筆者作成。

力に大きな差のない企業同士の戦略的競争行動や、商品自体の市場での位置取りをおもな研究対象とするゲーム論的アプローチとは異なる。ケイパビリティの概念に関わる初期の主張として、ストーク＝エバンス＝シュルマン（G.Stalk, P.Evans and L.E.Shulman）やカリム＝ミッチェル（S.Karim and W.Mitchell）らは、人的または資本的資産に内在する識別可能な活動パターンを組織ルーティン[19]や、ビジネスプロセスの統合的集合であると主張した[20]。また、紺野＝野中はケイパビリティを、現在から将来にわたって要求される知識や特定の産業・業界における業界コンピタンスを生み出す潜在能力ととらえ、基本的な知識のマネジメントの枠組みをサイクルとして示した。製品・サービス品質、イノベーション、市場創造、（知的）生産性などにおいて、組織を価値・知識産出の場として経営戦略に反映できるかどうかは、企業の未来を左右する。知識は放置すれば未活用のまま陳腐

15

化する可能性があり、知識資源の構造化や獲得、創造、資源としての価値化、活用、そして活用後の評価について、マネジメント・サイクルとして活用することが重要となる[21]。

ダイナミック・ケイパビリティについては、さらに、(1) 環境の変動の認知、(2) 変動への対応の必要性に関する判断、(3) その判断をもとにした資源再配置や能力再構築の計画、(4) 計画の実践、といったサブ・プロセスが含まれると指摘されている。そのうえで、組織は変動している環境への適応に向けて、情報の積極的な検出やデータの大量収集・蓄積を通じて環境を正確に分析し、その分析をもとにして資源・能力の創造や最適な再配置を行う[22]。

企業戦略には、まず、複雑な環境変化の中で企業がその方向を見失わないためのビジョン、あるいは環境についての認識や理解、知を創る能力など組織的に共有すべき知識が必要である。さらに、従来はあまり求められなかった高度な知的・文化的価値に関わる豊かな知識が必要である。それは、現代の顧客が商品やサービスについての知識、コンセプトをより重視しており、顧客が求める創造的な質を実現するためである。

iii ポジショニング・スクール理論の動学化と補完性

ポジショニング・スクール理論については、近年、代表的研究者であるポーターが、今後は企業による環境変化への対応の説明が可能なダイナミック戦略論の構築に向けた展開が必要であるとしている。特定の時点における企業の競争優位の説明については、これまでに大きな進展があった。しかし、企業が業界内でより優位な位置を認識してその位置に到達する過程については、企業と企業を取り巻く環境の複雑性や個々の状況の特異性、さらにそれらの変化のため、伝統的な手法による理論構築や仮説検定では対応できない。ポーターはこれらを克服し、経済競争の現実に即した戦略論を確立するにあたっての課題として、(1) 理論構築のアプローチ、(2) 因果関係の連鎖、(3) 研究対象とすべき期間、(4) 理論の実証法を指摘している[23]。

新たな戦略論確立にあたって、第1の課題である理論構築のアプローチとしては、経済学の分野で典型的な計量モデルに加えて、多くの徹底した事例調査を

序 8　個々の事業における成功の決定要素

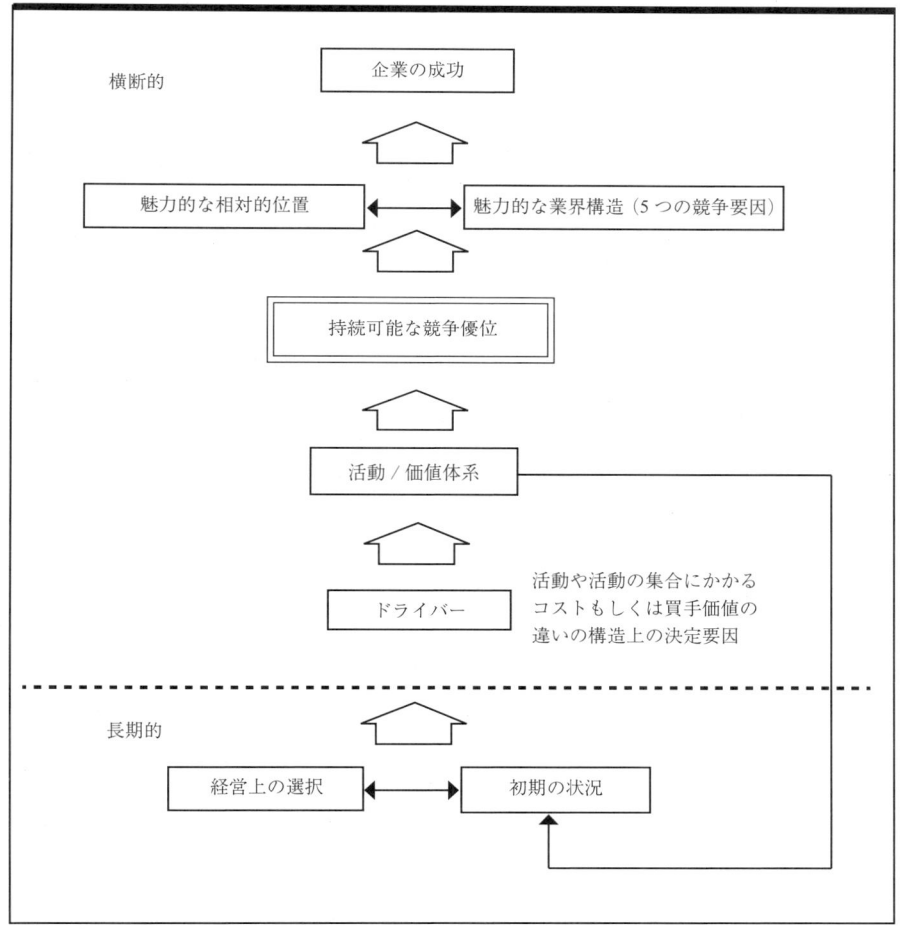

出　所：Porter, M. E., "Towards a Dynamic Theory of Strategy," *Strategic Management Journal,* Vol. 12, 1991, p.100 より著者作成。

もとに、実際の競争状況を示した枠組みを構築する方法が可能とされる[24]。第 2 は、因果関係の連鎖のどの点に注目すべきかであるが、企業の成功要因のうち外因性のものと内因性のものをどう区別できるか、また原因と結果を明確に区別して説明することが可能かといった問題である。第 3 の課題は、競合の結果を考察

17

するにあたり、どの期間を対象に評価して理解すべきかである。産業や競争状態は、長期的には全く異なったものになっていることが一般的であり、この場合、企業が自らを変容させられる能力が重要になる。さらに、考察に際して、対象期間が因果関係の連鎖の中のどこにあたるかも重要な要素となる。重要課題の最後に、理論の実証方法があげられる。伝統的に、事例研究に関わる考察は学術分野で認められたり奨励されたりすることはなかったが、戦略という研究対象の性質上、この分野における発展には必要な研究方法である。

　ポーターによれば、企業は自らのポジションを決定するのではなく、継承するものである。企業のポジションが、企業が属する業界や業界での位置付け、活動の構成、業績に関わる選択を制約・形成する。魅力的な位置をなぜ獲得して維持できるのか、もしくは維持に失敗するのか、という問題については、長期的な視点が必要である。このような視点から明らかになる歴史の中で形成された潜在資産、能力の初期時点の状態、さらに、将来への不確実性の中で、初期時点の状態と関係なく決定された経営上の選択によって得られた、新規戦略の遂行に必要な特定のスキルや資源が、企業を好ましい位置に導く。実際、特定の潜在資産や能力の欠如によって生じる不利な状況を克服するための創造的な戦略は、企業の成功を導くことが多数の事例研究によって明らかになっている[25]。

　ポーターは、ダイナミック戦略論構築に関連して、企業がなぜ適切な戦略を選択して実行に成功するのか、またその際に、なぜその特定の内部資源や資産を有しているのかを理解するにあたり、少なくとも4つの論点に言及する必要があるとしている。これらは、(1) 企業と企業が活動する業界、さらに業界よりも広い範囲の環境を同時に議論すること、(2) 買手のニーズ、技術、生産要素市場など外因性の変化、(3) 明確な選択肢からのみでなく企業自らによる新たな戦略策定の自由、さらに、(4) 歴史上の偶発的な事柄や好機が、戦略策定に及ぼす影響である。企業が依存する生産要素市場や、戦略的選択を左右する情報、時間をかけて能力や資源を蓄積して革新する動機や圧力は、企業が接する外部環境が左右する。競争優位の源泉は個々の企業の内部と同様、環境にも存在するのであり、環境が企業活動の構成、資源の独自の組み合わせ、さらにコミットメントの成否を

決定するというものである[26]。

　ポーターは、ダイナミック戦略論構築に向けた提言として、企業の外部環境の変化は考慮しているが、業界構造は一定不変であることを前提としている。また、産業構造の変化をともなうような環境変化の下で適用できる戦略論の構築は目指していないとする。そのうえで、ダイナミック戦略論の出発点は、間断ない環境変化の中で企業がイノベーションを通じて自らを取り巻く環境に対応する一方、環境に重要な影響を与え、その結果として能力や資源を蓄積し、革新する力が強化されたり、損なわれたりする点にあるとする。このため、環境が戦略に及ぼす影響を長期的な因果関係の精察から示す必要があるとしている[27]。

　このようにポーターの近年の主張は、企業の有する能力や資源の重要性を強調しており、ポジショニング・スクールの理論の中で伝統的に強調されてきた、優位なポジションの獲得を戦略の第一義とする立場から競争優位の源泉の範囲を広げている。一方で、こうしたポーターによる提言は、ダイナミック戦略論の構築に向けての具体的な理論というよりは理論の条件を提示したにとどまっているといえる。

3　オハラによる銀行の動学モデル

　オハラ（M.O'Hara）は、一般企業に関する動学的研究は盛んになってきているが、銀行については1時点における最適行動を対象とするものが中心で、動学的分析は十分に行われていないと指摘している。特定時の最適行動を対象とした分析からは、銀行の借入側と貸出側との仲介機能について一定の洞察は得られるが、例えば取引先企業の倒産リスクを考慮しないことによる資本の役割の過小評価が生じる。さらに重要な点として、銀行機能のうちリスク変換などはリスクを考慮した動学モデルによらなければ分析することはできない。オハラは銀行のもつこうした資金の仲介とリスクの変換機能に注目し、モデル化している[28]。

　銀行経営者は規制当局や株主らから課された制約を条件として、効用を最大化しようとする。銀行経営者が毎期銀行より得る報酬を X_t とすると、通時的効用は次のように設定することができる。

$$\text{MAX} \quad E[\sum_{t=0}^{\infty} \alpha^t U(X_t)]$$

α：割引率

$U(X_t)$：銀行経営者の t 期の報酬 X_t から得られる効用

オハラはここで、確率的リスクを考慮した動的計画法を用いた分析法を試みている。

次に、銀行の企業価値 Y を状態変数とする遷移式[29]は次のように設定されている。

$$Y_{t+1} = Y_t - X_t + \tilde{l}_t^1 L_t^1 + \tilde{l}_t^2 L_t^2 - rD(P_t, \tilde{q}_t) - C(P_t) - P(T_t)$$
$$- I(Y_t, \pi_t, L_t^1, L_t^2)$$

Y_t：t 期の銀行の企業価値

X_t：t 期の銀行経営者の報酬

$\tilde{l}_t^j L_t^j$：t 期のローン残高 L_t^j から得られる利益（$j = 1, 2$）

r：預金金利

$D(P_t, \tilde{q}_t)$：t 期の預金残高

$C(P_t)$：預金 P_t 獲得コスト

$P(T_t)$：貸出資金調達コスト

序

$\tilde{l}_t^j$：貸出金利から得られた平均利回り

（˜は確率変数であることを示す）

π_t：t期の利益

解を導くと t 期に銀行経営者が受け取る報酬 X_t と、同じく t 期のローン残高 L_t^j（j = 1, 2）の最適値（X_t^*, L_t^{j*}）が得られる。

オハラは、このモデルにより貸出利回りの変動や株主の配当要求水準の変化による（X_t^*, L_t^{j*}）への影響を比較静学により分析している。ただし、資本規制の影響は特定できない。

4　多国籍金融機関の理論化における国際リテール業研究

金融機関の多国籍化に関しては、アリバー（R.Z.Aliber）が進出先の市場における銀行の集中度と収益性の高さの関係を示して、産業組織論を用いた説明を行っている[30]。一方、チョー（K.R.Cho）、ヤノポーラス（G.N.Yannopoulas）、グレイ＝グレイ（J.M.Gray and H.P.Gray）はダニング（J.H.Dunning）による折衷理論の適用を試みている[31]。その中で、多国籍銀行の所有優位性、進出先の立地優位性、内部化優位性の3つの優位性、それぞれの相互関係が説明されている[32]。また、ブライアント（R.C.Bryant）は、(1) 法人顧客をおもな対象とした追随説、(2) 顧客企業に先行あるいは独立して海外進出する先導説、(3) 自国市場の金融法制度や税制度、監督の回避を目的とした回避説、(4) 通信・情報処理分野を中心とした技術発達による国際化のコストの大幅な低下をおもな要因として説明している[33]。さらに川本明人は、グローバル金融ネットワークを軸とした理論展開を行っている[34]。

ブライアントは金融機関の国際化が進展した理由として、第1に実物部門が

国際化を進め、それに追随する形で金融部門が国際化する場合、第2に実物部門に先行・独立した金融機関自身の利潤動機、第3に規制・監督に起因する国際化、第4の理由に、技術革新をあげている。中でも通信・情報処理の面における技術の発達は、国際化のコストを大幅に低下させ、金融機関の国際展開を実現可能なものにしたと主張する。

　これらのうち第2の理由については、さらに5つの要因を指摘している。すなわち、(1) 国内に優良な借り手が減少する一方で、民間部門の資本蓄積が進み、金融機関の運用資産が増大し、資金運用先を求めて海外へ進出する必要性が生じてきた。実物面での低成長と大きな蓄積が、金融機関の国際化を促進したと考えられる。また、(2) 自国の金融技術の競争力が外国に勝っていれば（あるいは外国で金融サービスへの需要が十分に満たされていない場合）外国市場の獲得による利潤拡大が可能である。(3) 金融業に規模の経済性が働けば、規模の拡大自体が競争力獲得の有力な方法になる。(4) 外国市場への展開によりリスクの分散が可能になり、収益が安定、銀行の資本コストも低下する。(5) 主要国の金融の自由化・証券化の進展で、実際に外国市場に参入することが制度的に可能・容易になったといった点である。

　第3の理由については、規制・監督の国際的な相違によって、規制の厳しい国から緩やかな国へ金融活動を移動させる企業・金融機関が現れることが指摘されている。例として、ユーロ市場の発達において、米国と欧州との間での規制の相違が大きく寄与したことがあげられる[35]。

　多国籍化の段階的な発展を対象とした研究としては、ギディー（I.H.Giddy）がバーノン（R.Vernon）によるプロダクトサイクル理論を国際金融業の展開に適用して理論分析を行っており、デービス（S.I.Davis）や鷺見誠良がこれを発展させている。銀行経営戦略の比較分析といった観点からは、ロジャーズ（D.Rogers）や久原正治がコンティンジェンシー理論を発展させたマイルズ＝スノー（R.E. Miles and C.C. Snow）の理論を視座に、また、コリンズ＝ポラス（J.C.Collins and J.I. Porras）はビジョナリー・カンパニー研究の一環として独自の比較基準を定めて分析している。さらに戦略論の見地からは、ポーターがシティバンクの個人金融

序

業務のグローバル戦略にともなう活動を検討している。

　リテール分野を対象とした金融機関による多国籍展開については、1970 年代から 1980 年代にかけてのグルーベル（H.G.Grubel）、チョーグル（A.E.Tschoegl）、ホシュカ（T.C.Hoschka）らによる、金融機関行動を対象とした研究が代表的なものとしてあげられる。また、2000 年代に入りドマンスキ（D.Domanski）が、経済発展と規制緩和を契機として積極化する、新興国市場の金融セクターへの対外直接投資に関わる調査、分析を行っている。

　ドマンスキが 3 分類する金融機関の第 1 のグループには、先進国から新興国まで幅広い地域で事業展開し、規模の経済を追求する多国籍金融機関が属する。第 2 のグループには、中東欧における欧州系の商業銀行や中南米でのスペイン系の銀行に代表されるような特定の地域を重点地域と定め、戦略的かつ集中的に資源を投入する金融機関が分類される。こうした金融機関行動の背景には、自国市場経済の成熟による収益機会の減少があるとされる。アジアにおいても、シンガポールや香港の商業銀行による中国進出を視野に入れた展開が行われている。最後に、第 3 のグループには、投資ファンドや金融会社などのノンバンクが含まれる。中東欧では、米系金融会社が消費者金融業を拡張しており、韓国などでは投資ファンドによる銀行買収が活発化している[36]。

　HSBC とシティグループはともにドマンスキによる分類の第 1 グループに属する多国籍金融機関であり、1960 年代から主要先進国に加えて、アジアや中南米など新興国市場でリテール業の拡張を積極的に続けてきた。今日、両者のビジネスモデルには類似する点が多い。しかし、シティグループのリテール基盤を築いた前身のシティコープは、自前主義による内部成長戦略を中心として、海外における拠点網を拡張した。それに対して HSBC 及び前身の香港上海銀行は、他行の買収合併を中心として、新規市場への参入を果たし、成長している。大国である米国に本拠をおくシティグループと、1990 年代まで香港に本店をおいていた HSBC の間には、世界的なリテール基盤の構築に至るまでの戦略行動や、構築過程で蓄積された経営資源、育成された能力に異なる点も多い。

　今日のバンク・オブ・アメリカは、米国の小都市で創業され、買収合併を中

心とした拡大戦略によって、国内の拠点網を全国規模にまで広げることに成功しており、ドマンスキによる分類の第2グループに属するといえる。しかし、米国内の独占禁止法による制約によって、今後の国内における事業拡大が制約される中、2005年には中国の大手行である中国建設銀行への資本参加を実現させ、2007年8月には日本のクレジットカード市場への参入を発表した。今後は、早い時点で第1グループへ移行すると考えられる。

5　産業組織論を視座とした多国籍リテール展開研究

　リテール金融業の多国籍化に関わる研究は、これまで比較的限られたものとなっていた。これについては第1に、近年まで個人や中小企業を対象とした金融業務が、基本的には国内業務であるとの認識が強かったことが一因となっている。第2としては、リテール業は収益性が低く、国外で積極的に展開するにあたって投資コストを始めとする投入資源に見合うものではないとの見解が一般的であったことがあげられる。このため、ニッチ・マーケットを重要視するようなごく一部の多国籍金融機関に限られた戦略行動であるといった認識が中心であった。

　先行研究としては、多国籍金融機関が自国で培った優位性とこれら優位性のうち法制度や慣習の異なる国外市場に移植可能なものの特定に関わる議論が中心となり、おもに産業組織論が研究の視座とされてきた。

ⅰ　グルーベルによる多国籍銀行業の理論化

　グルーベルは米国における、多国籍銀行業の理論化と多国籍銀行の活動の抑制を意図した法制度改正などの政策課題への貢献を目指し、多国籍銀行による主要業務を3分類して研究を行った。これら主要3業務とは、多国籍リテール銀行業、多国籍銀行サービス業、多国籍ホールセール業である。多国籍サービス銀行業には、貿易・資本取引に関わる金融・情報サービスの提供が含まれ、多国籍ホールセール業としては、ユーロ市場における金融業務がおもな研究対象となった。グルーベルはリテール銀行業は量的規模の観点から多国籍銀行にとり重要ではないとし、多国籍リテール銀行業の理論化に関してはバーノン（R.Vernon）、キンドルバーガー（C.P.Kindleberger）、ケブス（R.E.Caves）らにより展開された、製造

業における海外直接投資論とほぼ同一であると主張した。リテール展開に際しての競争優位の源泉として、自国で培われた経営管理能力やマーケティング力、さらに低い限界コストでこれらを海外に移転・活用できる能力をあげている。特に、特定の顧客層に受け入れられるようにサービスを調整するといったマーケティングや、支店の立地選択、広告宣伝に関わる技術がリテール分野では重要な要素であるとしている。

　グルーベルは中南米市場における米国及びカナダの銀行のリテール展開の成功例から、業務開始当初、経済的に発展途上の段階にあり現地での競合が殆どない市場では、銀行自身のスキルの活用に加えて外部環境が重要な成功要因となると指摘する。しかし中南米諸国では、その後、経済ナショナリズムにもとづく政策、外資制限的な立法、さらに、現地国家による接収により、外国銀行によるリテール業は停滞もしくは撤退を余儀なくされた。これは、同様に発展途上の経済状況にあったアジアにおける展開とは異なるものであり、経済環境として類似する条件下でも政治・文化面での地域的特性により、事業の発展に及ぼす影響には大きな違いがあったといえる。先進国市場への参入・展開に際しての課題としては、チェース・マンハッタンの英国からの撤退例から、リテール業では金融商品やサービス内容の差別化のみでは、現地の競合相手による革新的な対応により優位性が容易に覆される可能性を示している。一方で、銀行業における経営技術は安定的であり、近代的なテクノロジーは特定企業を中心に世界に普及したコンピューターを基盤にしているため、国際リテール展開における競争優位の源泉としては重要でないと主張する。さらに、景気変動の周期が世界的に一致することはないため、多国籍銀行サービス業や多国籍ホールセール業と同様、多国籍リテール展開においても地理的な多角性が安定的な収益の獲得のために重要であると主張する[37]。グルーベルによるこうした理論展開に対して、川本は多国籍銀行にとってリテール業が相対的に重要でないとされている点について、近年の銀行によるリテール業の再認識、再評価の傾向とややズレがあると指摘している[38]。

　グルーベルは、商品・サービスの差別化による競争優位は不安定であり、革新の少ない経営技術、市場全体が利用するコンピューター・システムが競争優位

の源泉となりにくいとしているが、これは今日においては適切ではない。差別化を可能にする要素には模倣が困難であるものも少なくない。顧客に関わるデータの収集・管理能力や業務面での効率性、情報技術力の違いにより、新商品の設計やサービスの導入で差別化は可能となる。また経営管理の面でも、詳細な経営情報が適正なタイミングで処理、伝達、活用されることが競争優位の獲得に際して重要である。これは多国籍展開にあたり、より複雑化して重要になる信用管理やオペレーションリスク管理にも関連する。地理的側面についても、アジアなどラテンアメリカ以外の発展途上国・地域では、多国籍金融機関による国際リテール業は大きく発展した。さらに近年ではラテンアメリカにおいても、欧米金融機関による現地行の買収を通じた進出が活発である。多国籍金融機関による市場参入・展開において、発展途上の国・地域ごとに異なる政策の内容と背景を正確に把握し、政策の転換に際して迅速かつ適正に対応することがより重要になっている。

ⅱ　チョーグルによるグルーベル理論の発展

チョーグルは銀行の多国籍化に関わる実証研究で最も古いものであるとされる、フィリク（N.S.Fieleke）が10ヶ国を対象に行った米国銀行による海外進出要因に関するクロスセクション分析や、コーリー（S.J.Khoury）、ゴールドバーグ＝サンダーズ（L.G.Goldberg and A.Sanders）、ディーン＝ギディー（J.W.Dean and I.Giddy）、ジェイン（A.Jain）らによる研究のサーベイを行っている。そのうえで、銀行業の対外直接投資を扱った実証研究の中で、リテール業を対象としたものが少ないことを指摘している。これまでの研究のほとんどが、全行単位のデータをもとに行われたもので、リテール業務を個別に扱った分析ではないとしている[39]。

チョーグルによる研究は、ハイマー（S.H.Hymer）やキンドルバーガーによる産業組織論と、競争優位論を基礎とする多国籍銀行研究を視座としている。その上で、直接投資相手国の受容性、市場の不完全性、参入金融機関の優位性を検討してグルーベルによる研究を発展させた。銀行は法的な許可があればリテール業を合理的に行うことが可能か、またリテール業を自国外で展開する理由はどこにあるかを問題意識の中心としている。また、優位性として商品の差別化、規模の経済性、経営技術、資本コスト、政府からの支援といった点を重視している。進

出先での預金業務については、法人取引における資金需要に合理的に対応することを目的とした、組織の垂直統合による事業領域の拡大の観点から国際リテール展開の意義を明らかにすることを試みている。チョーグルは研究結果として、リテール業の国際展開の多くは、歴史的な偶然と現地国での収益機会を利用しようとする金融機関の意図が適合した結果であり、垂直統合効果以外にはリテールとホールセール業務の成功との関連性は弱いと結論付けている[40]。

チョーグルはまた、多国籍リテール展開に関わる銀行の戦略をオポチュニスティック戦略、計画的戦略、パッシブ戦略の3つに分けて論じている。オポチュニスティック戦略とは、市場参入・業容拡大の必要性が生じるか、または機会が明らかな場合に実行するものである。また、計画戦略ではリテール業が現地国で法的・制度的に許可される限り実行する。パッシブ戦略は大多数の銀行が選択するもので、何らかの圧力が生じた時点でリテール業の国外展開が考慮される。オポチュニスティック戦略のもとでの行動として、バークレイズ、チェース・マンハッタン、バンカメ、さらに香港上海銀行の展開をあげ、計画的戦略としてはシティバンクによる戦略行動を指摘している。チョーグルはリテール業の国際展開について慎重な立場をとっており、3つの戦略のうちオポチュニスティック戦略が最も妥当であるとする。3つの戦略を比較すると、計画的戦略による積極展開については、必要とする投資や維持コストの規模、そして進出先国の銀行と比較した経営・技術面での優位性が不明確であり、経営資源の適正な配分であるとするには根拠が希薄であるとしている[41]。

しかし、チョーグルによるこうした主張は、1990年代末の日本における海外大手金融機関による参入・撤退の例からも妥当であるとは結論付けがたい。多くの多国籍金融機関がオポチュニスティック戦略にもとづき、収益機会の拡大を目指して海外から日本の個人金融市場へ参入を果たしたが、参入後短期間で事業を縮小・撤退した例が多い。オポチェニスティック戦略はむしろ非合理的なアプローチであるといえる。

リテール業の多国籍展開で収益を上げるためには、伝統的な国際金融業務とは異なる特定の知識及び経営資源が必要である。明確な戦略にもとづいた蓄積を

もたないまま、収益機会が明らかになったという理由で拙速に事業展開を開始するリスクの高いオポチュニスティック戦略では、参入に際して投入される膨大な経営資源が新たな事業基盤の構築に結びつかない可能性は大きい。

ⅲ ホシュカによる欧州の市場参入の事例研究

ホシュカは欧州統合による規制緩和をきっかけとした、新規市場参入に関わるメカニズムを、リテール業をおもな対象にして解明することを目指した。金融機関による他国市場への新規参入を、規制・法制度と参入市場競争の激化といった2つの課題に分けて検討し、特に後者については新規参入増加の要因と重要性を評価するための一般理論が必要であるとしている。これは新規参入が参入市場における金融サービスの価格や質に与える影響を分析するにあたり、新たな競争関係の要素を明確にする必要があるためである。このため、ホシュカは製造業を中心とした事業会社のモデルを適用して、1986年から1992年にかけての欧州における金融機関の他国市場参入の事例を分析している。この中では、市場参入の背景にあった動機及び戦略を対象とした事例研究や、米国での州際業務規制と欧州における規制緩和の比較分析が行われ、欧州リテール市場の統合に関わる説明がなされている[42]。

銀行業務全体を対象にして折衷理論を適用した金融機関の国際化については、チョーやグレイ゠グレイ、ヤノポーラスらが研究を行っているが、リテール業に焦点をあてたものとしては、ホシュカの研究が代表的である。ホシュカは、多国籍リテール業を、一般個人及び中小企業向け、さらに富裕層向けサービスを含むものと定義し、自国以外の少なくとも1国に支店もしくは子会社をおいて業務を展開するものを多国籍金融機関と定義している。そのうえで、折衷理論の枠組みを用いて研究を行い、まず、自国から離れ異なった環境の中で業務を展開して収益を上げる競争優位の源泉を明らかにすることを目指した。次に、他国市場参入にあたって進出先の選定をどのような基準で行うか、そして最後に、参入に際してどのような形態が選択されるかを明らかにすることを試みている[43]。

ホシュカは研究の結果、リテール業における競争優位の源泉として他国市場へ移植できるものに、商品ノウハウ及び質の高いサービス、知識の豊富なスタッ

フ、財務力、そしてこれらに裏付けられた評判があると指摘する。リテール分野ではホールセールと異なり、一般消費者が主な取引対象となるため、世界的に業務を展開する多国籍金融機関についての認知度は必ずしも高くない。一般的に、金融に関わる専門的知識の豊富なホールセール顧客は多国籍金融機関の世界的な評判も認識しており、信頼の度合いもリテール顧客とは大きく異なる。ホシュカはさらに、競争優位の源泉として最も重要なものは、さまざまな市場で蓄積された商品ノウハウであると主張する。また、海外進出にあたって、価格競争に成功することで寡占企業としての立場を築く可能性のある市場が対象となりがちである。ただし、この優位性は、現地金融機関の反応に大きく左右されるものであり、価格競争や新商品の導入に迅速に対抗された場合、顧客には新規参入した金融機関と取引を新たに始める理由は特に生じない。ホシュカはまた、こうした寡占的な立場の形成以外にも、海外に進出して経済的に異なった発展段階にある国々で業務展開することにより、地理的リスクの分散効果が期待できると強調している。参入の形態としては、買収・合併が今後増加するであろうとしている[44]。

このようにホシュカは、多国籍リテール展開の中で移植可能な要素を特定しているが、その構築と維持、さらに移植行動に成功するための要因については明らかにしていない。本研究においては、この点を明らかにすることも目指していく。

注

1　United Nations Centre on Transactional Corporations, *Transactional Banks: Operations, Strategies and Their Effects in Developing Countries,* New York 1981 は、国連多国籍企業研究センターが 1981 年に多国籍銀行の世界経済への影響力の強まりについてまとめた、国際機関による初めての多国籍銀行研究とされる。

2　国際コンソーシアム銀行とは、複数の国の株主により創設、構成され、かつ資本所有が多数国の銀行資本に分散された国際的合弁銀行である。1980 年代まで多国籍銀行の定義としては国際コンソーシアム銀行を対象とするものが一般的であった。向壽一「多国籍銀行生成の論理」宮崎義一編『多国籍企業の研究』筑摩書房 1982 年、29 ページ。向壽一「多国籍銀行論から多国籍金融機関論へ― 1980 年代の一連の国連報告の検討を中心に―」『立命館経営学』1989 年 3 月。

3　馬淵紀壽『金融持株会社　改訂版』1997 年、47 ページ。

4 ティア1資本とは、株主資本など自己資本のうち、資金強度として最も確実かつ流動性を備えた資本の主要部分である中核自己資本を指す。具体的には、普通株式、優先株式、および留保利益からなると定義される。これに対して、ティア2資本は、税引き後留保利益、保有有価証券含み益、貸倒引当金などから成る。

5 Chandler, A. D., *Strategy and Structure: Chapters in the History of the Industrial Enterprise,* M.I.T. Press, 1962, p. 13. アルフレッド・D・チャンドラー・ジュニア著、三菱経済研究所訳『経営戦略と組織―米国企業の事業部制成立史』実業之日本社、1962年、29ページ。

6 Mintzberg, H., B. Ahlstrand and J. Lampel, *Strategy Safari: A Guided Tour through the Wilds of Strategic Management,* Free Press, 1998. H. ミンツバーグ、B. アルストランド、J. ランペル著、齋藤嘉則監訳、木村充、奥澤朋美、山口あけも訳『戦略サファリ―戦略マネジメント・ガイドブック』東洋経済新報社。

7 Mintzberg, H., "The Design School: Reconsidering the Basic Premises of Strategic Management," *Strategic Management Journal,* Vol. 11, 1990, pp.171-195.

8 Prahalad, C. K. and G. Hamel, "The Core Competence of the Corporation," *Harvard Business Review,* May-June, 1990, pp.79-91.

9 Nelson, R. R. "Why Do Firms Differ, and How Does It Matter?" *Strategic Management Journal,* Vol. 12, 1991, pp. 61-74.

10 D'Aveni, R. A. *Hypercompetition: Managing the Dynamics of Strategic Maneuvering,* Free Press, 1994.

11 Prahalad, C. K. and G. Hamel, op. cit., pp. 79-91.

12 Porter, M. E., *Competitive Advantage: Creating and Sustaining Superior Performance,* Free Press, 1985. M. ポーター著、土岐坤、中辻萬治、小野寺武夫訳『競争優位の戦略―いかに好業績を持続させるか』ダイヤモンド社。

13 Hamel, G. and C. K. Prahalad, *Competing for the Future,* Harvard Business School Press, 1994. G. ハメル、C. プラハラード著、一条和生訳『コア・コンピタンス経営』日本経済新聞社。

14 Sanchez, R. and J. T. Mahoney, "Modularity and Dynamic Capabilities," *Rethinking Strategy,* Sage Publications Ltd., 2001, pp. 158-171.

15 河合忠彦『ダイナミック戦略論』有斐閣、2004年、51ページ。

16 野中郁次郎、竹内弘高『知識創造企業』東洋経済新報社、1996年、71ページ。

17 紺野登、野中郁次郎『知力経営―ダイナミックな競争力を創る』日本経済新聞社、1995年、69ページ。

18 Teece, D. J., G. Pisano and A. Shuen, "Dynamic Capabilities and Strategic Management," *Strategic Management Journal,* 1997, Vol. 18, No. 7, pp. 509-533. ティース=ピサノ=シューエンによるダイナミック・ケイパビリティ理論のアプローチにおいて、ダイナミックと

は急激な技術革新や市場の影響力、企業同士の対応行動に大きな変化が起きている状況を意味し、複数期間にわたる分析を意味するものではない。

19　Karim, S. and Mitchell, W., "Path-dependent and Path-breaking Change: Reconfiguring Business Resources Following Acquisitions in the U.S. Medical Sector, 1978-1995," *Strategic Management Journal*, Vol. 21, pp.1061-1081.

20　Stalk, G., Evans, P. and Shulman, L.E., "Competing on Capabilities: the New Rules of Corporate Strategy," *Harvard Business Review*, Mar-Apr, 1992, pp. 57-69.

21　紺野登、野中郁次郎、前掲書、47-49 ページ。

22　吉田孟史「組織の動的環境適応」遠山暁編著『組織能力形成のダイナミックス』中央経済社、2007 年、45-46 ページ。

23　Porter, M. E., "Towards a Dynamic Theory of Strategy," *Strategic Management Journal*, 1991, Vol. 12, pp. 95-98.

24　前提とする条件に大きく影響される嫌いはあるが、論理的な整合性を確保し、限られた範囲の変数に関わる相互関係を探求することにより、とらえにくい複雑な事象についての洞察を可能にする計量モデルと、数多くの事例研究から関連事項を明確化したうえで、こうした計量モデルで採用されなかった変数や現実の競争状況の多様性、実際に選択しうる戦略の範囲、そして重要な要素の流動性の程度に注目し、現実の競争状況の複雑性を示した枠組みで理論を体系化する。

25　Porter, M.E., op. cit., pp. 104-105. ポーターは、ウォールマート、フェデラル・エクスプレス、アップル・コンピューター等の例をあげている。

26　Ibid., p. 110.

27　Ibid., p. 115.

28　O'Hara, Maureen, "A Dynamic Theory of the Banking Firm," *The Journal of Finance*, 1983, March, Vol. XXXVIII, No. 1, pp. 127-140.

29　遷移式は、状態変数が今期から次期へ、どのようにつながっていくかを示す。

30　Aliber, Robert Z., "Toward a Theory of International Banking," *Economic Reaction and Multinational Enterprise*, Cambridge, 1973.

31　Cho, Kang R., *Multinational Banks: Their Identities and Determinants*, UMI Research Press, 1985, Ch. 4. Yannopoulas, George N., "The Growth of Transnational Banking," in Casson, M. et al., *The Growth of International Business*, Allen & Unwin, 1983. Gray, J.M. and H.P. Gray, "The multinational Bank: A Financial MNC?" *Journal of Banking and Finance*, Vol. 5, No. 1, March 1981.

32　ダニングは、企業が海外直接投資を行う際の諸条件を 3 つの優位性としてまとめ、折衷理論として提唱した。折衷理論では多国籍企業が保有する技術や経営能力といった無形

資産は現地の企業に対して優位性をもち（所有の優位性）、優位性を他国の企業に対してライセンス供与などを行うよりも、自ら海外に進出し、利用することで内部化した方がより有利であること（内部化の優位性）、さらに、これら2つの条件を満たしたうえで、海外の資源を利用することによって、国内から輸出を行うよりも海外で活動したほうがより有利な必要があるとしている（立地の優位性）。

33 Bryant, Ralph C., *International Financial Intermediation,* The Brookings Institution, 1987. ラルフ・C・ブライアント著、高橋俊治・首藤恵訳『金融の国際化と国際銀行業』東洋経済新報社、1988年。
34 川本明人『多国籍銀行論―銀行のグローバル・ネットワーク』ミネルヴァ書房、1995年。
35 ラルフ・C・ブライアント、前掲書、79ページ。
36 Domanski, Dietrich, "Foreign Banks in Emerging Market Economies: Changing Players, Changing Issues," *BIS Quarterly Reviews,* December, 2005. pp. 69-81.
37 Grubel, Herbert G., "A Theory of Multinational Banking," *Banca Nazionale del Lavoro Quarterly Review,* no. 123, Dec. 1977, pp. 349-363.
38 川本明人、前掲書、41-42ページ。
39 Tschoegl, Adrian E., "International Retail Banking as a Strategy: An Assessment," *Journal of International Business Studies,* vol. 18, no. 2, Summer 1987, pp.69-70.
40 Ibid., pp. 70-83.
41 Ibid., pp. 83-84.
42 Hoschka, Tobias C., *Cross-Border Entry in European Retail Financial Services,* St. Martin's Press, 1993.
43 Ibid., pp. 76-104.
44 Ibid., pp. 104-105.

第2章

HSBC

本拠を英国におくHSBCと米国のシティグループは、現在リテール業を世界で幅広く展開する代表的な金融機関である。本章と次章では、世界最大手の金融機関である両者の成長過程について、特に戦略と実行面での類似点と相違点に注目しながら考察していく。これはリテール業を含め、改めて海外展開を積極的に進め始めている日本の金融機関に対しても示唆を提供することとなるであろう。

　HSBCは1998年末に発表した「価値を目指す経営」の中で、世界市場で卓越した金融機関になることを目標に掲げて、2003年までの5ヶ年は個人金融サービスに集中的に取り組む戦略を明確にした。リテール業への積極的な取り組みについては、買収金額が142億ドルに及んだ2003年の米国消費金融会社ハウスホールド・インターナショナル（以下、ハウスホールド）買収の際に、会長のジョン・ボンドが「世界の経済の3分の1は個人消費が基盤となっており、これに乗れば事業には有益となる」と述べている[1]。HSBCは、香港に本店をおく英国系の海外銀行として設立され、経営難に陥った金融機関を対象に多くのクロス・ボーダーM&Aを続け、事業を拡張してきた。HSBCは、その過程において買収先の経営再建を行い、同時にリテール業を中心とする新しいビジネスモデルを確立したうえで、多国籍リテール展開の基盤を構築したのである。

2-1　HSBC個人金融サービス部門地域別利益推移

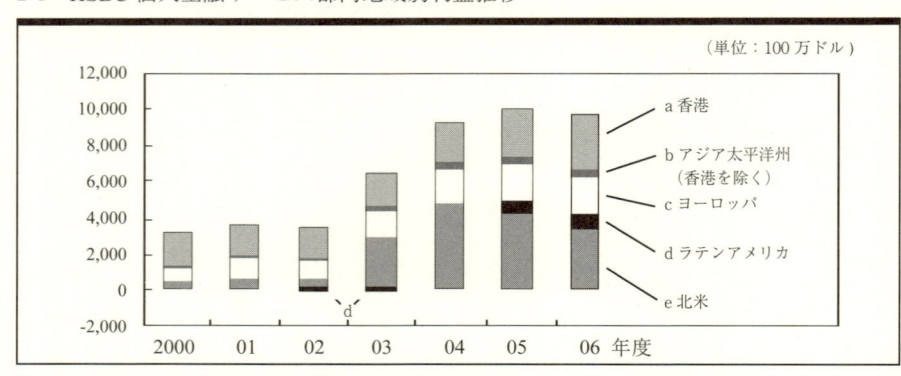

注：メキシコは2005年まで北米に含まれ2006年からはラテンアメリカに含まれる。
出所：『HSBC各年度アニュアル・レポート』より筆者作成。

第 2 章　HSBC

2-2　HSBC 業務部門別税引き前利益 (2006 年度)

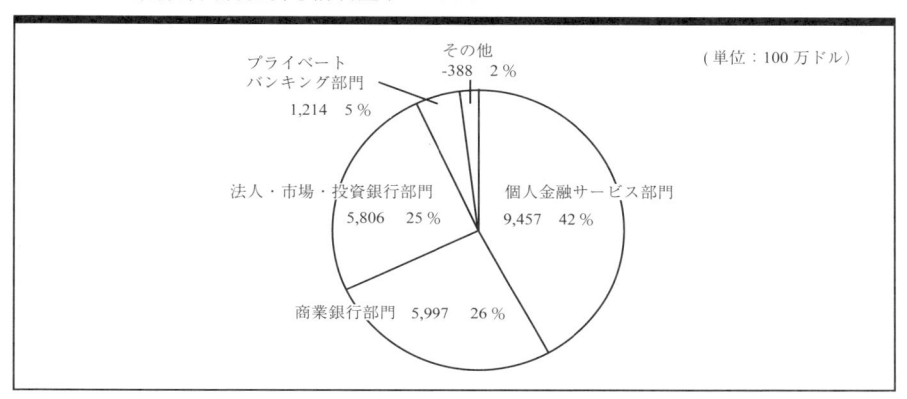

（単位：100 万ドル）

- その他　-388　2 %
- プライベートバンキング部門　1,214　5 %
- 法人・市場・投資銀行部門　5,806　25 %
- 個人金融サービス部門　9,457　42 %
- 商業銀行部門　5,997　26 %

出所：『HSBC 2006 年度アニュアル・レポート』より筆者作成。

2-3　HSBC 部門別税引き前利益推移

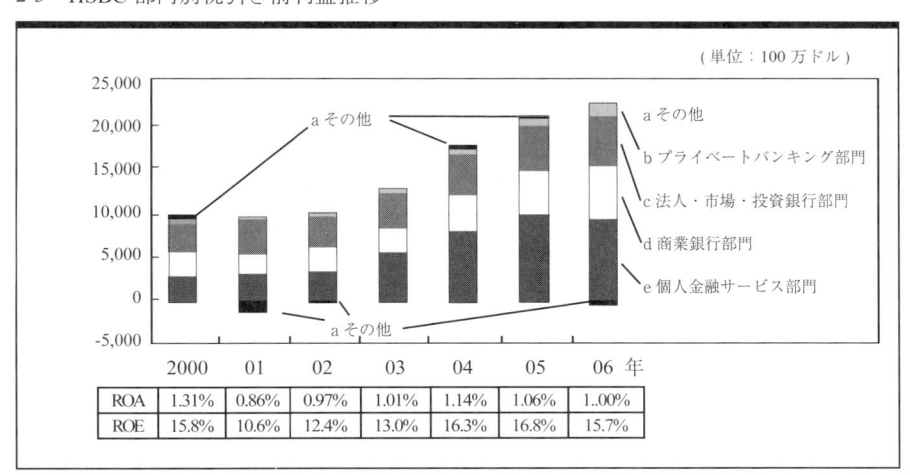

（単位：100 万ドル）

- a その他
- b プライベートバンキング部門
- c 法人・市場・投資銀行部門
- d 商業銀行部門
- e 個人金融サービス部門

	2000	01	02	03	04	05	06 年
ROA	1.31%	0.86%	0.97%	1.01%	1.14%	1.06%	1.00%
ROE	15.8%	10.6%	12.4%	13.0%	16.3%	16.8%	15.7%

出所：『HSBC 各年度アニュアル・レポート』より筆者作成。

I 救済合併を中心としたM&Aによる拡張

　HSBCの前身である香港上海銀行は、1865年の英国系海外銀行としての設立以降、経営困難に陥った世界各国・地域の金融機関の救済合併と再生を繰り返す形で成長を続けた。また、買収対象となった金融機関の多くは、国内上位の資産

2-4　救済及び他社による買収の阻止を目的とした買収行動

1865 年	香港上海銀行設立
1959	マーカンタイル銀行買収
60	ブリティッシュバンク・オブ・ミドルイースト買収
65	恒生銀行（香港）に51%出資（後に62.14%に引上げ）
80	マリーン・ミッドランド銀行株51%取得（1987年に完全子会社化）
81	ロイヤルバンク・オブ・スコットランドに対するTOB失敗
87	ミッドランド銀行に14.9%出資（1992年に完全子会社化）
91	香港上海銀行の持株会社HSBCホールディングス発足
93	本店を香港からロンドンへ移転
97	バメリンドス・ブラジル銀行買収
	ロバーツ・グループ（アルゼンチン）買収
99	リパブリック・ニューヨーク買収
2000	クレジット・コメルシアル・ド・フランスに99.99%出資
01	デミレ銀行（トルコ）買収
	中国の上海銀行に8%出資
02	グルーポ・フィナンシエロ・ビタル（メキシコ）に99.59%出資
	中国の大手生保、平安保険に10%出資（2005年に19.9%に引上げ）
03	ハウスホールド・インターナショナル買収
	ロイズTSBバンコ・ムルティプロ（ブラジル）買収
	ロサンゴ・プロモトラ・デ・ヴェンデス（ブラジル）買収
04	バミューダ銀行買収
	マークス・アンド・スペンサー・リテール・フィナンシャル・サービス買収
	交通銀行に19.9%出資
	恒生銀行が興業銀行*に15.98%出資
05	メトリス・カンパニー**（米国）買収

注：＊興業銀行は、中国福建省福州市に本拠をおく株式制銀行。
　　＊＊メトリス・カンパニーは、中低所得者層を中心顧客としたクレジットカード会社。
出所：『日経金融新聞』2002年10月24日、『HSBCアニュアル・リポート』、King, Frank H.H., *The Hongkong Bank in the period of development and nationalism, 1941-1984 : from regional bank to multinational group,* The History of the Hongkong and Shanghai Banking Corporation; v. 4, Cambridge University Press, 1991, p.529 より筆者作成。

2-5 HSBC 地域別税引き前利益推移

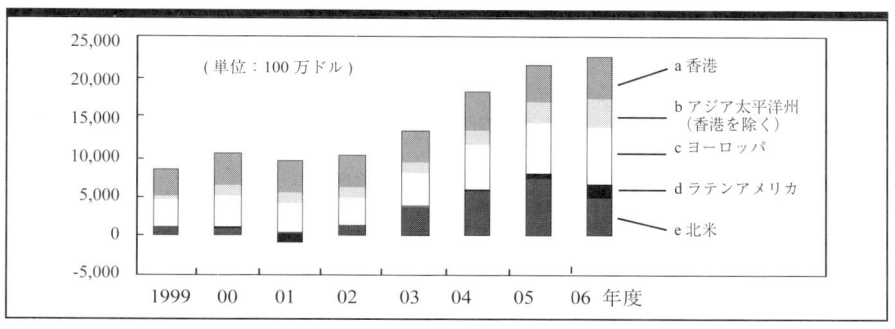

(単位：100万ドル)

a 香港
b アジア太平洋州（香港を除く）
c ヨーロッパ
d ラテンアメリカ
e 北米

注：メキシコは、2005年度まで北米に含まれ、2006年度からはラテンアメリカに含まれる。
出所：『HSBC 各年度アニュアル・レポート』より筆者作成。

規模と確立したリテール組織をもつ有力地場銀行であり、香港上海銀行は地理的な拡張を続けながら強大なリテール基盤を構築していったといえる。

　香港上海銀行による銀行買収の背景には、活動拠点としていた地域で有力地場銀行が経営危機に陥った際の、政府や当該行からの要請があった。これに対し、経済的な評価を行ったうえで、人的な経営支援や資本参加、さらに、経営権の獲得を通じて救済を行ったのである。1890年のベアリング支援ではイングランド銀行からの働きかけに、また、恒生銀行の買収については恒生銀行の取締役会と香港政庁の要請に応えたものであった。米国当局からも米国子会社のカリフォルニア香港上海銀行を通じ、経営危機に陥った銀行の救済をたびたび打診されている。1970年のリパブリック・ナショナル・ビバリーヒルズ信託銀行、1985年のゴールデン・パシフィック・ナショナルバンク・ニューヨークの買収は、こうした働きかけに応じて実行された。香港上海銀行による銀行買収は、財務的な評価を基礎としながらも公的な責務を考慮した行動であった[2]。

II 香港での設立とアジアにおけるリテール展開

1 設立と恒生銀行の買収

　香港上海銀行は、1865年に当時ペニンシュラ・アンド・オリエンタル・スチーム・

ナビゲーション・カンパニー（P&O）の代表であったトーマス・サザランドが中心となり、英国系海外銀行として香港に設立された。サザランドは、(1) 株式組織、(2) 発券業務、(3) 支店主義、(4) 利息付当座勘定の提供を特徴とし、立ち入り検査と内部監査の仕組みを備えるスコットランド方式の業務運営を行う銀行設立を推進した[3]。

このようなスコットランドにおける金融システムの特徴として、(1) 発券の自由、(2) 支店銀行制度の早期の確立、(3) 銀行を利用する習慣の大衆化の3点があげられる。第1の発券の自由で、スコットランドではほぼすべての銀行が発券権を有しており、しかもイングランドで、禁止されていた5ポンド以下の銀行券も発行することができた。このことは、新しい銀行設立及び銀行間の競争を促進させた。第2の支店銀行制度の早期の確立についても、競争を刺激し、銀行店舗の充足を全国的に保証する基盤となった。これらの結果、銀行利用の習慣は大衆化し、貯蓄の受け皿または支払い手段として、銀行預金が早期に発展した[4]。

設立の際に組織された英領設立委員会は、14名の構成委員のうち6名の英国籍実業家以外にドイツ国籍、米国籍、英領インドのボンベイ出身者が含まれるという多国籍な構成であった[5]。1880年代にはアジアの外国為替銀行としてロンドン、サンフランシスコ、リヨン、ニューヨーク、さらにハンブルグに拠点が設けられた[6]。創業の主たる目的が香港、中国本土、日本を中心とするアジア域内交易にともなう外国為替取引と貿易金融の提供であったため、当初支店網の構築は図られず、香港においても1923年の九龍支店開設までは本店のみで業務展開が行われた[7]。

香港上海銀行によるリテール分野への本格的な取り組みは、1948年の旺角支店開設を契機としている[8]。繊維業を中心とした小規模製造企業がひしめく旺角地区における支店開設の背景には、中継貿易の拠点として発展していた香港経済の工業化という構造的な転換があった。香港では1940年代後半、上海を中心に中国大陸から大量に流入した人口が低廉な労働力を提供する一方、中国大陸からの資本に東南アジアの華僑資本が加わり、労働集約型の近代的な工業化への基盤が形成されていた[9]。香港上海銀行は、増加する起業家や中小企業の成長にともなう

第 2 章　HSBC

2-6　香港における銀行・グループ支店数の推移　(1954 – 81 年)

行名／年	1954	1961	1966	1971	1976	1981
香港銀行	3	16	46	68	143	250
チャータード銀行	2	6	18	33	72	86
恒生銀行	1	3	11	17	30	45
13 左派銀行	13	37	55	74	125	189
その他	75	128	180	246	398	591
合計	94	190	310	438	768	1,161

出　所：Sit, Victor F.S., *Branching of The Hongkong and Shanghai Banking Corporation in Hong Kong: A Spatial Analysis,* Eastern banking: essays in the history of the Hongkong and Shanghai Banking Corporation , edited by Frank H.H. King, 1983, p.645 より筆者作成。

資金需要、台頭する中流層や労働者層との取引の成長性に着目し、新たな分野に参入したのである。こうした香港上海銀行の基本政策について、当時総支配人であったアーサー・モースは、本店をおく香港とは深い結びつきがあり、貿易取引のみでなく地元発展の支援を重視すると強調した。新規に開設された支店は、旺角地区の人々に貸金庫業務から預金業務までのすべての銀行サービスを提供するものであり、かつて前任の総支配人が、『香港上海銀行にとっていずれの取引も大き過ぎるということがないのと同様、小さ過ぎるということもない』といったことを思い起こすよう訴えている[10]。

　香港上海銀行は、創業からこの時まで、リテール業務推進及びその基盤となる支店展開について消極的であった。これは、(1) 外国為替業務を中心とする商業銀行にとって、大衆との取引は目的ではない、(2) 中国人が一般的に銀行を信頼せず、金融資産を預金よりも現金で保有することを好むとの認識、さらに実務面において、(3) 新規開設する店舗に配置すべき行員が不足している、という3つの理由からであった[11]。しかし、旺角支店における成功は、こうした認識を大きく変えた。

　旺角支店の業務運営方針は、その後新規に開設された他の支店での顧客開拓活動にも反映された[12]。新興工業地域に開設された觀塘支店では、旺盛な資金需要に応えるための預金獲得が主要な課題であり、このため積極的な広告キャン

ペーンの実施や会員制の香港ジョッキークラブの馬券販売、子供連れの来店促進のために子供用の菓子を景品として配るなど、支店の知名度を上げるために銀行としては全く新しい試みに取り組んだ。その一方で預金通帳を携えて周辺の工場を回り、管理部門や従業員向けに預金口座開設を勧誘し、各工場内での口座開設に応じた。1956年には新たに北角に支店を開設、1961年には16支店、1966年には48支店と支店網を拡大した[13]。

香港上海銀行の香港におけるリテール基盤をさらに強固なものにしたのは、1965年の恒生銀行への資本参加である。恒生銀行は、1933年に中国人実業家により金取引を主な事業内容とする金融会社として創業され、1952年に商業銀行免許を取得し、1965年には香港における最大手の地場銀行となっていた。銀行サービスへの一般の理解が広がる中、一般個人客への質の高い金融サービスの提供を目指し、特に新しい顧客基盤としての若年層との新規取引開拓に努めていた。しかし、香港での不動産不況に端を発した信用不安と風説による急激な預金の流出が原因となり、経営難に陥った恒生銀行の取締役会は香港上海銀行に救済を要請するに至った。香港政府からの要請もあり、香港上海銀行はこれに応じる形で恒生銀行の株式の51%を取得した。

2　香港のリテール市場と恒生銀行の活動

香港上海銀行グループの傘下に入った恒生銀行は、グループが銀行サービスのコンピューター化を進めて1968年に導入したオンライン・サービスに加わ

2-7　香港4大銀行国内リテール部門比較 (2004年)

	顧客数 (1,000人)	支店数	ATM数
HSBC	3,700	200	NA
恒生銀行	2,000	165	450
中国銀行 (香港)	NA	283	447
東亜銀行	NA	92	124

注：HSBCと恒生銀行はパーソナル・ファイナンシャル・サービス、中国銀行 (香港) は商業銀行、東亜銀行はパーソナル・バンキング部門。
出所：*Retail Banker International,* July 14, 2005, Issue 535, p. 6 より筆者作成。

第 2 章　HSBC

2-8　恒生銀行の香港における個人向け主要商品・サービス (2007年)

プレスティージ・バンキング

パーソナル・カスタマー・サービス
- パーソナル・コンシェルジェ・プログラム
  VISA 及びマスターカード・インターナショナルとの提携サービス。プラチナカード保有者対象。
- カスタマー・リレーションシップ・マネジャー
  担当フィナンシャルアドバイザー指定。
- プレスティージ・バンキング・センター
  最新の金融情報、専門的投資レポート提供。全支店での専用取引カウンター利用。
- 専門担当者が 24 時間対応のフリーダイヤルサービス

資産管理サービス
- 総合口座
  多通貨預金決済口座。普通・定期預金、クレジットカード・モーゲージ・貸越・保険・強制積立金（Mandatory Provident Fund）決済に利用可能。
- 投資サービス
  証券取引
　株式取引。各種注文対応。証券取引注文・IPO 割当結果を携帯電話に通知。IPO 予約。
  投資ファンド
　500 以上の投資ファンド。1,000 香港ドルからのクレジットカード決済可能な月次ファンド投資プラン。投資ファンド間の同日買戻し・購入サービス。取引時間延長サービス。オンライン及びテレフォン・バンキング、支店での取引が可能な分散サービス。
  仕組み商品
　投資型元本保証預金。株式連動型投資商品。
  外国為替・金委託証拠金取引サービス
　金及び主要 9 通貨の外貨間為替（クロス・カレンシー）取引。優遇スプレッド適用。
- 保険サービス
  プレスティージ生命保険サービス
　優先引受け。指定診療所での健康診断サービス。保険購入後の問い合わせホットライン。
  損害保険サービス
　優遇レート適用。
- 不動産担保ローン（モーゲージ）及び貸越枠
  モーゲージリンク口座。95％モーゲージプラン。変更可能返済プラン。優遇レート適用。

市場観測
- 資産管理セミナー、投資及びパーソナル・ファイナンス関連ニュースレター、市況分析、最新株式市場情報ホットライン

各種特典
- ゴルフ特典
  月 2 回のパームアイランド・リゾートゴルフ場の無料専用利用サービス。1 泊 2 日のパームアイランド・ゴルフ＆スパ・パッケージ優待
- 旅行特典
  スワイヤー・トラベルとの提携サービス。トラベル相談サービス。優待ツアーパック。
- クレジットカード特典
  プラチナカード会費無料。サブカード 3 枚。パーソナル・コンシェルジェ・サービス。指定ホテルでの優待割引。
- 各種取引手数料免除・割引、優遇レート適用サービス。

プリファード・バンキング	

統合金融サービス
- 多通貨預金決済口座。1日の平均残高20万香港ドル以上。全支店での専用取引カウンター利用。24時間担当者対応・自動応答電話サービス。証券取引・投資ファンド・外国為替・仕組み商品・債券投資の総合投資サービス。1万香港ドルまでの過振り防止・自動支払いサービス。貸越時当座・普通預金口座間自動資金移動サービス。パーソナルローン・担保付貸越・無担保貸越。各種保険プラン。モーゲージプラン・ホットライン。貸金庫。

各種取引手数料免除・割引、優遇レート適用サービス
ニュースレター
プレスティージ・バンキングへのアップグレード・プログラム

統合口座	

統合金融サービス
- 多通貨預金決済口座。電子市場ニュース。24時間自動応答電話サービス。証券取引・投資ファンド・外国為替
- 仕組み商品・債券投資の総合投資サービス。過振り防止・自動支払いサービス。過振り時当座預金決済資金自動移動サービス。パーソナルローン・担保付貸越・無担保貸越。各種保険プラン。モーゲージプラン・ホットライン。

大学生向け特別サービス
- 月間手数料免除

18歳未満向け特別サービス
- 500香港ドルから口座開設可能。最低預入残高手数料免除。キャッシュカード。オンライン・バンキング・サービス。24時間自動応答電話サービス。15歳以上対象。

プレスティージ・バンキングへのアップグレード・プログラム

預金口座	

香港ドル建て定期預金
外貨建て定期預金
香港ドル建て普通・当座預金
外貨建て預金
- 統合口座利用

人民元預金
- 人民元建て普通・当座預金口座。人民元建て定期預金。人民元建て債券サービス。

簡単引出定期預金
- 満期前の全額・部分引出可能。

M.I. 子供口座
- M.I. 子供普通預金口座。M.I. アセットビルダー口座。

金取引口座

支払い口座	

自動引き落とし
オンライン請求決済

出所:『2007年恒生銀行商品サービス説明資料』より筆者作成。

り、経営効率の向上を実現させた。1960年代後半以降は、独自に香港初となる中間層向け7年返済の住宅ローンを開発し、不動産市況回復への貢献に努めてい

第 2 章　HSBC

2-9　恒生銀行の中国における個人向け主要商品・サービス(2007年)

プレスティージ・バンキング
パーソナル・カスタマー・サービス 　定期預金及びその他投資型金融商品の合計取引残高 50 万香港ドル以上。 　・パーソナル・コンシェルジェ・プログラム 　　VISA 及びマスターカード・インターナショナルとの提携サービス。プラチナカード保有者対象。 　・カスタマー・リレーションシップ・マネージャー 　　担当フィナンシャルアドバイザー指定。 　・プレスティージ・バンキング・センター 　　最新の金融情報、専門的投資レポート提供。全支店での専用取引カウンター利用。 　・専門担当者が 24 時間対応のフリーダイヤルサービス 　・オンライン及びファックス・バンキングサービス 　中国本土のプレスティージ顧客は、恒生銀行及び興業銀行の上海支店で人民元建て現金で預入が可能である。
預金口座
現地国籍、外国パスポート保持者、もしくは香港、マカオ特別行政区、台湾市民。 外貨建て普通預金 　香港ドル、米ドル、ユーロ、ポンド、オーストラリアドル、ニュージーランドドル、カナダドル、スイスフラン、日本円建て。 外貨建て定期預金 　1 週間、1 ヶ月、3 ヶ月、6 ヶ月、12 ヶ月満期。2,000 米ドル相当額。
不動産担保ローン（モーゲージ） 　30 年までの返済期間。優遇レート。香港ドル、米ドル、もしくは人民元建てから選択。

出所：『2007 年恒生銀行商品サービス説明資料』より筆者作成。

る。1979 年、香港上海銀行の持株比率が 62％となり、恒生銀行の資本基盤が増強された。1981 年には地下鉄会社の MTR と提携して、地下の駅構内にテラーと ATM サービスを備えたミニ店舗を設置している。さらに 2000 年には個人向けのインターネット取引サービスを開始し、香港のリテール市場で革新的なサービスを提供する銀行としてリーダー的役割を果たしている[14]。

2004 年には新たに「恒生顧客イノベーション・グループ（CIG）」が設立された。これは定期的なディスカッション・グループ、オンライン、電話アンケートを通して、顧客のもつ創造性やイノベーションを引き出し、商品やサービスの向上に活かす試みである。顧客の CIG メンバーから寄せられた提言が実際に導入に至った場合にはイノベーション賞としてモルジブ旅行が提供されるなど、商品・サービスの開発、改善のプロセスへの顧客の関与を推進している。

1985年に中国の深圳で出張所を開設して以降は支店網の拡大と同時に、2002年の個人向けインターネット・サービスの開始、2004年の中国工商銀行株15.98%取得後の恒生銀行ロゴ付二重通貨クレジットカードの発行、さらに2005年の共同クレジットカードセンター設置と、中国においても個人向け業務の拡大が続いている[15]。

3　HSBCの中国回帰

1978年の中国における開放政策開始後、HSBCの会長や幹部行員は定期的に訪中し、中国人民銀行や中国銀行などの金融機関に加え、首相を始めとする政府要人との接触を続けながら、中国政府との良好な関係の構築に努めた[16]。プロジェクト融資や地方の合弁企業への融資などを積極的に行い、中国証券監督管理委員会主席の参加する使節団や中国からの研修生を米国拠点で受け入れなど積極的に交流を実施、中国市場における人民元業務開始に向け準備を整えた[17]。2001年、中国の世界貿易機関（以下、WTO）加盟にともなう対外開放の一環として外国銀行による外貨業務の取り扱いが可能になると、翌2002年には傘下の香港上海銀行が中国本土にもつ全10支店すべてが中国企業・個人向けに外貨建て業務の認可を取得した[18]。

HSBCの元会長ウィリアム・パービスは、中国市場参入当初から個人向け取引の開拓を最優先させる方針を明らかにしていた。これは、投資銀行や資金取引部門の業績が相場の変動により大きく左右されるのに対し、個人の生活水準が向上している時期は、投資や保険などを目的としたリテール取引からの収益が堅調

2-10　銀行業の自由化に関わるWTO加盟時の公約

地理的制限	加盟時に外貨業務に関する制限を撤廃。人民元業務開放地域を段階的に拡充し5年以内に制限を撤廃。
業務制限	加盟後2年以内に中国企業向け人民元業務を認可。5年以内にすべての中国人顧客向け人民元業務を認可。
認可基準	5年以内に信用秩序目的以外の既存の規制（外資制限、業務形態の制限等）を撤廃。

出所：中国WTO加盟に関する日本交渉チーム『中国のWTO加盟——交渉経緯と加盟文書の解説』蒼蒼社、2002年、123-125ページより筆者作成。

第 2 章　HSBC

2-11　中国の銀行セクター

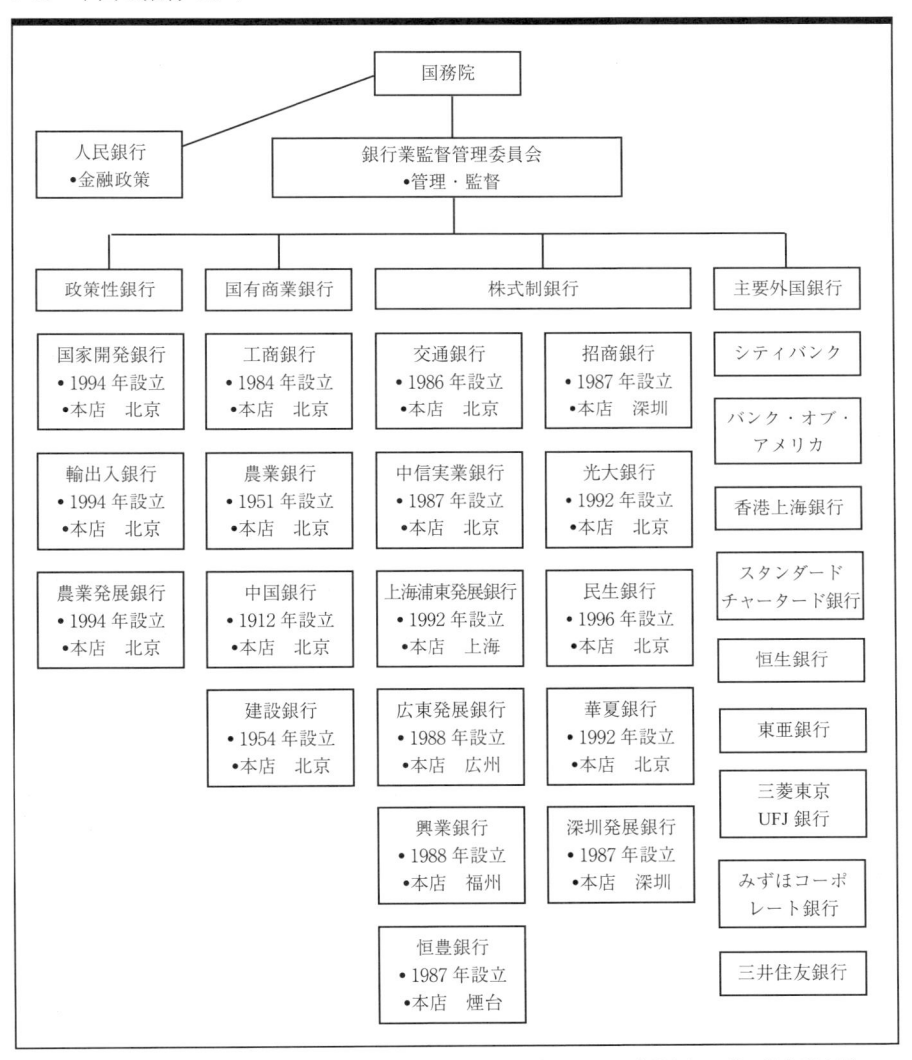

```
                              ┌──────────┐
                              │  国務院   │
                              └────┬─────┘
                  ┌────────────────┴──────────┐
            ┌─────┴─────┐              ┌──────┴──────────┐
            │  人民銀行  │              │銀行業監督管理委員会│
            │ ・金融政策 │              │ ・管理・監督      │
            └───────────┘              └──────────────────┘
```

政策性銀行	国有商業銀行	株式制銀行		主要外国銀行
国家開発銀行 ・1994年設立 ・本店　北京	工商銀行 ・1984年設立 ・本店　北京	交通銀行 ・1986年設立 ・本店　北京	招商銀行 ・1987年設立 ・本店　深圳	シティバンク
輸出入銀行 ・1994年設立 ・本店　北京	農業銀行 ・1951年設立 ・本店　北京	中信実業銀行 ・1987年設立 ・本店　北京	光大銀行 ・1992年設立 ・本店　北京	バンク・オブ・アメリカ
農業発展銀行 ・1994年設立 ・本店　北京	中国銀行 ・1912年設立 ・本店　北京	上海浦東発展銀行 ・1992年設立 ・本店　上海	民生銀行 ・1996年設立 ・本店　北京	香港上海銀行
	建設銀行 ・1954年設立 ・本店　北京	広東発展銀行 ・1988年設立 ・本店　広州	華夏銀行 ・1992年設立 ・本店　北京	スタンダードチャータード銀行
				恒生銀行
		興業銀行 ・1988年設立 ・本店　福州	深圳発展銀行 ・1987年設立 ・本店　深圳	東亜銀行
				三菱東京UFJ銀行
		恒豊銀行 ・1987年設立 ・本店　煙台		みずほコーポレート銀行
				三井住友銀行

出所：桑田良望『中国の金融制度と銀行取引—中国での金融機関利用の手引き』みずほ総合研究所、2007年、2-3ページより筆者作成。

に伸びるとみていたためである[19]。中国のWTO加盟後、HSBCは中国の銀行に出資する初の外国銀行として、2001年に上海銀行の株式を8%取得した。翌2002

年には中国第2の生命保険会社で2,000万人の顧客を抱える平安保険に10%資本参加し、一方でインターネット・バンキングの免許を得ている[20]。HSBCが資産形成事業の一環と位置づける保険の分野では、外国企業に対して進出可能な地域が厳しく制限されるのに対し、国内保険会社はこうした制限の対象とならない。このためHSBCは国内企業との提携を重視し、2003年には24.9%を出資して、上海華域資産管理と北京中華築邦工程技術との合弁で資本金1,600万元の保険販売会社を設立した[21]。2005年には平安保険の持株率を中国政府の定める出資限度の20%に迫る19.9%に上げ、中国における代理販売の業務提携を通じて生命保険事業の強化を図っている。翌2006年には平安保険グループ傘下の平安財産保険との業務提携により、HSBCが人民元業務を展開する支店で、建築工事や財産、貨物輸送関連の保険商品の販売を開始した[22]。クレジット分野では、2004年に株式制商業銀行最大手である交通銀行の持株比率を19.9%とし、翌2005年、両行のロゴの入ったクレジットカードの中国国内での発行を開始した。中国における規制によりカードの発行主体は交通銀行となっているが、HSBCの業務管理手法や技術を取り入れた業務センターが2004年10月に上海で設立されている[23]。

中国は、2001年のWTO加盟時の公約どおり、5年以内の国内金融市場開放を、2006年12月11日、外資銀行管理条例の施行にともない実行した。この外資銀行管理条例は外資系銀行から高い評価を得た。その重点項目は次のとおりである。まず、外国銀行について、(1) 現地法人に中国の個人向けの人民元業務を解禁、(2) 支店が中国の個人から100万元以上の人民元建ての定期預金を集めることを解禁。さらに、(3) 中国の個人向け人民元業務は「開業から3年以上で2年連続黒字」が条件であるが、支店から現地法人に転換する場合は支店時代から起算、(4) 人民元業務の地域制限を撤廃、(5) 現地法人に人民元建てのクレジットカードの発行を解禁。(6) 現地法人の最低資本金は10億元とされた[24]。外資銀行管理条例及び実施細則による規定にもとづき、シティグループ、HSBC、スタンダードチャータードPLC（以下、スタンダードチャータード）、東亜銀行、恒生銀行、みずほフィナンシャルグループ、DBSグループ、ABNアムロホールディングス、三菱東京UFJ銀行の9社が全額出資の現地法人設立申請を行った。この中でHSBCは、

第 2 章　HSBC

2-12　国有上場銀行の主要株主

工商銀行 (2006年11月6日)		中国銀行 (2006年6月末)		建設銀行 (2006年6月末)		交通銀行 (2006年6月末)	
出資者名	シェア%	出資者名	シェア%	出資者名	シェア%	出資者名	シェア%
中央匯金投資有限責任公司*	35.6	中央匯金投資有限責任公司	67.5	中央匯金投資有限責任公司	70.7	中国財務局	21.8
中国財務局	35.6	香港中央結算(代理人)有限公司	12.0	中国建銀投資責任公司	9.2	HSBC	19.9
ゴールドマン・サックス、アメリカンエキスプレス、アリアンツ	7.3	ロイヤルバンク・オブ・スコットランド	8.3	バンク・オブ・アメリカ	8.5	全国社会保障基金理事会(SSF)	12.1
全国社会保障基金理事会(SSF)	5.5	テマセク	4.1	テマセク	6.0	中央匯金投資有限責任公司	6.6
		全国社会保障基金理事会(SSF)	3.3				
		UBS	1.3				
		アジア開発銀行	0.2				
		三菱UFJフィナンシャル・グループ	0.2				
政府等	76.5	政府等	70.8	政府等	79.9	政府等	40.5
外国投資家	7.3	外国投資家	14.1	外国投資家	14.5	外国投資家	19.9

注：*中央匯金投資有限責任公司は、中国人民銀行の直接出資により設立された100％国有の投資会社。2007年9月の中国投資有限責任公司設立時に子会社化された。
出所：『中国の銀行制度改革：市場経済化のための更なる課題』RIETI経済産業研究所、2007年3月、『人民網日本語版』（人民網は、中国共産党の機関誌「人民日報」によるニュース配信）、2004年9月16日より筆者作成。

申請翌日の12日に中国銀行業監督管理委員会（以下、銀監会）より100万元以上の個人向け人民元建て定期預金の取り扱いを認可され、翌13日には業務を開始している[25]。日本の金融機関を始めとして、中国に進出した外国銀行の大半が企業向け銀行業務を事業の中心においたのに対して、HSBCやシティグループは個人向け取引を高い収益の見込まれる分野として重視しており、明確な方針の違いがある。

2007年3月、HSBC、スタンダードチャータード、東亜銀行、シティバンクの4行は、外国銀行支店から法人格をもつ中国企業への転換を示す企業法人営業許可証を取得した[26]。4行は同年4月23日、個人向け人民元業務を全面的に開始した。中国の金融当局は、現地法人を設立した外国銀行については内国民待遇と

2-13　個人向け人民元業務

銀行名	取り扱い地域（拠点数）	預金の管理手数料
HSBC	北京、天津、上海、深圳、青島（17拠点）	1ヶ月の平均残高が10万元未満の場合、月額150元
スタンダードチャータード	北京、上海、深圳（10拠点）	四半期の平均残高が8万元未満の場合、四半期ごとに150元
シティバンク	北京、上海、深圳（12拠点）	1日の残高が8万元を下回った場合、月額100元
東亜銀行	北京、上海、西安、大連、青島（12拠点）	1ヶ月の平均残高が5,000元を下回った場合、月額10元

出所：『日経金融新聞』2007年4月27日より筆者作成。

し、預金に対する貸出金の比率を2011年までに75％以下に引き下げるよう求めた。4行のうち預金が貸出しを上回っているのはHSBCのみであり、4行以外の外国銀行は預金量が極端に少なく、この基準に達するのは困難とされ、今後の業容拡大に大きな課題となっている[27]。

4　日本のリテール市場参入

　HSBCによる日本市場への進出は、香港上海銀行が横浜支店を開設した1866年に開始された。1992年に持株会社のHSBCがミッドランド銀行を買収した後は、日本では香港上海銀行が貿易金融や企業向け融資を担当する一方で、ミッドランド銀行は外国為替や資金取引を展開するというように役割が分担され、両行はそれぞれ別組織として存続した。HSBCの前会長のパービスは、日本の金融市場について1994年のインタビューで「規制緩和が遅れているため、結果的に香港やシンガポールの金融市場の拡大を促した」と指摘している[28]。

　日本のリテール市場についてHSBCは、邦銀のネットワークが確立しており、中間層の資産家など特定の顧客層を開拓していく可能性はあっても、大きな支店網を構築して直接参入することは困難との見方をもっていた[29]。1998年の旧中央信託銀行との投資信託商品の販売協力に続き、2000年には富裕層の個人向けにプライベート・バンキングの本格展開を開始し、通貨オプション取引を用いた仕

第 2 章　HSBC

2-14　おもな外国金融機関のわが国における PB 業務展開 (2003 年)

	PB 部門の人数	対象顧客	特色
シティグループ	400 人	金融資産 1 億円以上、純資産 3 億円以上	1996 年の資産家向け仕組み預金の発売後急成長
HSBC	41 人	HSBC との取引 1 億円以上、金融資産 3 億円以上	2001 年以降順次日本で体制を強化
SG 信託銀行*	約 60 人	金融資産 100 万ドル以上	2002 年に旧チェース信託銀行を買収し日本で業務を強化
ピクテ・フィナンシャル・マネジメント	公式プライベートバンカー 2 名	ピクテでの預かり資産が 5 億円以上	2000 年に日本における投資顧問免許を得て進出

注：* SG 信託銀行はフランスの大手金融機関ソシエテ・ジェネラルの子会社。
出所：『朝日新聞』2003 年 8 月 9 日より筆者作成。

組み預金など比較的リスクの高い外貨商品を扱っている。

　HSBC は、2001 年には中小企業金融の分野でも積極化な取り組みを開始した。旧あさひ銀行との間で、小口の案件について、フォーフェイティングと呼ばれる輸出債権をノンリコース方式で買取る契約が結ばれた[30]。2003 年に米国で大手消費者金融会社のハウスホールドを買収した後は、日本においても消費者金融事業やクレジットカード業分野への参入機会を模索している[31]。

　2007 年 3 月には、団塊世代の退職により個人資産が預金から投資に回ることを予想して、日本でリテール業に本格参入し、東京（銀座）を皮切りに 4 年以内に大阪、名古屋など全国の主要都市に最大 50 支店を開設する計画を明らかにした[32]。計画は、金融庁の認可を前提としたうえで、傘下の香港上海銀行が預かり資産 1,000 万円以上の個人を対象に金融サービスを開始するというものであった。HSBC 会長のスティーブン・グリーンは、同年 9 月 20 日の記者会見において、2008 年 1 月の日本でのリテール市場参入については、自力での市場開拓を予定しており、当面買収は必要ないとの考えを明らかにした。また、日本参入の理由については、貯蓄から投資への流れが進む中で、団塊の世代の大量退職が始まっており、質の高い資産運用助言サービスを求める需要が高まっているためとして

いる[33]。

5　グローバルな個人顧客を対象としたパッケージ商品

　HSBC は近年、預金商品と各種ローン、クレジットカード、さらに投資商品をパッケージ化した商品を開発し、プレミア口座として複数の国と地域で同時展開している。

2-15　HSBC プレミア口座提供国（2007 年）

国名	地域	国名	地域
オーストラリア	アジア太平洋州	マルタ	欧州
アルゼンチン	米州	メキシコ	米州
バーレーン	中東	オマーン	中東
バミューダ	米州（英領）	パキスタン	アジア太平洋州
ブラジル	米州	パナマ	米州
ブルネイ	アジア太平洋州	フィリピン	アジア太平洋州
カナダ	米州	カタール	中東
中国	アジア太平洋州	サウジアラビア	中東
エジプト	中東	シンガポール	アジア太平洋州
ギリシャ	欧州	韓国	アジア太平洋州
香港特別行政区	アジア太平洋州	スリランカ	アジア太平洋州
インド	アジア太平洋州	台湾	アジア太平洋州
インドネシア	アジア太平洋州	タイ	アジア太平洋州
ヨルダン	中東	トルコ	欧州
レバノン	中東	アラブ首長国連邦	中東
マカオ	アジア太平洋州	英国	欧州
マレーシア	アジア太平洋州	米国	米州

出所：『2007 年 HSBC プレミア口座商品・サービス説明資料』より筆者作成。

第 2 章　HSBC

2-16　HSBC プレミア口座概要（2007 年）

HSBC プレミア口座
米国及び香港での口座開設例
世界の支店網、テレフォン、オンライン・バンキングで同等のサービス。プレミア顧客担当マネジャーによる対応。24 時間緊急対応。 当座預金 ・HSBC ATM 利用手数料無料 ・オンライン・バンキング ・プレミアデビットマスターカード ・グローバル取引口座オンライン一覧及びオンライン振替手数料無料サービス ・専門担当者対応 24 時間フリーダイヤルサービス 普通預金 ・預金残高 2 万 5,000 ドル以上でマネーマーケット及び CD 口座開設可能。 　優遇レート適用。貸金庫の年間使用料半額。トラベラーズチェック、為替証書、銀行保証小切手、外国手形発行手数料無料。 　注）米国内では預金商品は米国 HSBC バンクもしくは HSBC ナショナルバンクが提供。 ワールドマスターカード 不動産担保ローン及びその他ローン ・プレミアデラックスモーゲージ 1 億ドルから 5 億ドルまでの変動金利融資。3 年、5 年、7 年、もしくは 10 年の固定金利への転換可能。貸手手数料無料。1/4% 金利割引。所定手数料割引。40% の頭金で 3 件までの不動産担保ローンについてグローバルに事前承認可能。 資産運用サービス ・投資信託、債券及びその他投資商品 ・個別ポートフォリオ ・株式売買取引 ・保険関連コンサルティング、生命保険、介護保険、傷害保険、個人年金保険。 ・退職金及び教育関連資金、税金対策、信託、相続関連相談 ・当座預金口座連結株式取引口座 ・個人事業主向け財務相談 ・グローバル投資観測レポート 　注）米国 HSBC 証券もしくは HSBC 保険が提供

米国	香港
預金預入及び投資運用の合計残高 10 万ドル以上もしくはクレジットと不動産担保融資残高と合わせて 50 万ドル以上。個人事業主については商業融資残高も対象となる。最低残高を下回った場合は月額 100 ドルの口座維持費。	預金預入、投資運用、生命保険の貯蓄部分、HSBC の MPF 及び HSBC での個人融資の合計残高 100 万香港ドル以上。

出所：『2007 年 HSBC 個人向け商品・サービス説明資料』より筆者作成。

6 　金融市場の自由化が進むアジアでの展開

　2001 年 12 月、シンガポールの中央銀行である金融通貨庁（以下、MAS）は、HSBC 傘下の香港上海銀行に国内小口銀行業務を拡大できるクオリファイング・フル銀行（以下、QFB）免許を与えると発表した。QFB は外国銀行向け免許としては最も自由度が高く、発効は 2002 年 1 月からとされた。同時に規制内容の緩和も行われ、支店と ATM を合わせた拠点数は 15 ヶ所まで認められた。また、それまで国内銀行に限られていたデビットカード網への参加も解禁された[34]。シンガポールでは 1999 年の銀行自由化開始以降、それまで国内銀行の牙城であった小口業務を外国銀行が強化している。HSBC は 2003 年には、1981 年に過半数を取得していたシンガポールのケッペル保険会社及びイクエーター・ホールディングスの残余株式を取得して完全子会社とし、保険分野における事業基盤の強化も進めている[35]。

　インド政府は 2005 年、2009 年 4 月以降に外国銀行による国内民間銀行の買収を原則自由化する方針を明らかにした。これは、2009 年 3 月末までに外国銀行の既存支店について 100% 子会社への転換を解禁し、さらに、49% が上限となっているインド民間銀行への出資規制を 2009 年 3 月末以降は 74% まで認めるというものである[36]。また、これまで年間 20 支店となっていた外国銀行の新規支店開設も、年間 100 支店まで引き上げることが検討されている。HSBC は 2001 年に西部のプーネで初の年中無休支店を開設し、2005 年には対象を月収 4,000 ル

2-17　シンガポールで認定フルバンク免許を取得した外国銀行

銀行名	国籍	免許発効時期	支店数
スタンダードチャータード	英国	1999 年 10 月	17
シティバンク	米国	1999 年 10 月	4
ABN AMRO	オランダ	1999 年 10 月	3
BNP パリバ	フランス	1999 年 10 月	1
メイバンク	マレーシア	2002 年 1 月	22
香港上海銀行	英国	2002 年 1 月	11

出所：『日経金融新聞』2002 年 8 月 26 日より筆者作成。

第 2 章　HSBC

ピー前後の会社員や自営業者に広げた小口ローンの取扱いを開始している[37]。クレジットカード分野でも約 8% のシェアを 10% 以上に拡大することを目指すなど、大企業向け融資などと比較して利幅の大きいリテール展開を重視する姿勢を鮮明にしている[38]。インドでは住宅及び自動車ローン、クレジットカード業務からの収益が 1999 年以降大きく伸びており、2006 年には住宅ローン残高が前年比 27% 増、さらに消費者金融業からの収益が増加している[39]。プライベート・バンキングも 1999 年にデリー及びムンバイで開始された[40]。

　ベトナムでは 2007 年 1 月の WTO への正式加盟に合わせ、金融サービス分野において大幅な市場開放を行うとし、2007 年 4 月 1 日以降、外資 100% の銀行の設立、支店開設、ATM の設置、クレジットカードの発行などを原則として自由化することが決定された。こうした市場開放への対策として、国内銀行の中には外国銀行からの資本受け入れを含む提携により、金融サービスの拡充を急ぐところも出ている。この中で 2006 年、大手国営商業銀行である農業地方開発銀行は、香港上海銀行との間で電子決済システムの共通化などを柱とする業務提携に調印した。また、ベトナム技術商業銀行も戦略的提携を行っている。一方で、香港上海銀行 CEO のマイケル・ゲーガンは 2007 年 3 月、ベトナムでの 100% 子会社銀行の設立と、2010 年までの 3 年間に支店を 5 − 10 店舗設置する予定を明らかにした[41]。こうした動きに対し、ベトナム政府も外国銀行と国内銀行との資本提携を後押しすることを目的に、2007 年 4 月、国内銀行に対する海外投資家の出資上限を、従来の 10% から 15% に引き上げることを決定した。そのうえで、ベトナム中央銀行から申し入れがあった場合は特例措置として、20% までの出資を政府が許可するとした。さらに、国営商業銀行の経営の自由度を高めるため、国に所有を制限する銀行関連法の改正にも着手している。ベトナム財務省は工商銀行など国営商業銀行 3 行の株式会社化を承認しており、2008 年までに国営商業銀行すべてが株式会社となる予定である[42]。財務省幹部は、国に保護を訴える国内銀行が多いが、競争に勝てる銀行を育てるのが政府の役目であるとしている。

　HSBC はマレーシアでは、1994 年に外国銀行第 1 号となった香港銀行マレーシア・バーハッドを設立し、1999 年後半には黒字化させた[43]。2007 年には、現地

法人のHSBCバンク・マレーシアとして40店舗でイスラム金融、リテール、資産運用、信託、イスラム保険などの商品を取り扱い、全国展開している。この中でイスラム金融については、2007年7月時点で顧客数は約20万人に上り、今後はイスラム金融による富裕層向け資産運用サービスにより、顧客層の大幅な拡大を目指すとしている[44]。タイにおいてもリテール分野の強化を目指し、1996年にはタイ支店が地元銀行のATMネットワークに参加することが明らかになった[45]。

アジアにおける営業基盤拡大の一方で、HSBCはグローバル・リソーシング・センターの設置を開始し、インドのハイデラバード、中国の広州と上海、マレーシアのサーバージャヤの3ヶ所に設けられたセンターによる、後方事務のオフショアリングを可能にしている[46]。また、比較的米国に近いアクセントのフィリピン英語が使われるフィリピンにコールセンターを設置し、英語圏向けの業務を行っている[47]。人件費は低廉ながら水準の高い技術者や顧客対応担当者を世界規模で育成し、広範囲に活用することに成功しているといえる。

III　米州進出

1　香港上海銀行カリフォルニアの不振

香港上海銀行による北米進出は、中国への銀輸出関連業務をおもな対象とした1875年のサンフランシスコ店の設立に始まる。法的には代理店としての登録にとどまっていたサンフランシスコ店による業務は為替取引が中心で、米国居住者を対象とした預金業務は認可されていなかった。経済発展の著しいカリフォルニア州での業務拡大を目指した香港上海銀行は、1955年にサンフランシスコ店を100%所有の子会社カリフォルニア香港上海銀行とし、銀行持株会社となった。

カリフォルニア香港上海銀行設立にあたっての主たる目的は、貿易金融の推進とされていたが、設立直後から独立した商業銀行としての経営を求められた。このため、リテール分野への参入も必要となるなど、香港上海銀行グループとしての米国における事業戦略が明確でない中での子会社設立であったといえる。カ

第 2 章　HSBC

リフォルニア香港上海銀行設立までの、米国展開の歴史は 80 年に及ぶものであったが、その内容は為替業務に限られ、新設の商業銀行として銀行業務全般を担うための基盤は不十分なものであった。しかし、米国での銀行業務に精通した人材を新たに採用して業務面を強化することもなく、経営には米国市場に関する知識が浅く、銀行経営の経験もない、中国での業務経験者が中心となってあたった。経営計画は作成されず、審査能力も十分でないまま実績を上げるために融資業務を拡大し、回収不能の債権を増加させる一方で、本店に向けた業績の報告内容は収益が水増しされたものであった。日常の業務においても、行員の商業銀行業務全般に関わる経験不足もあり、米国の業務環境の中で香港上海銀行特有の業務フローを活用することは困難であった。

　米国において適正な人材の採用が進まなかった理由の 1 つとして、カリフォルニア香港上海銀行の経営者が香港上海銀行の国際要員であることを必須と定めた、本店の方針があげられる。このような制限のため、優秀で上昇志向の強い人材を米国内から採用・登用出来ず、継続的な経営基盤の脆弱さに繋がったといえる。こうした問題は 1956 年銀行持株会社法の制定など、米国内の法制度改革に関わる情報の収集能力の欠如にも現れていた。香港上海銀行は、カリフォルニアとハワイとの間の貿易金融取引の拡大を目的として、ホノルルに拠点をもつ英国系事業会社の株式を取得したが、その後まもなく同法に抵触することが判明したため、取得した株式の売却を余儀なくされた[48]。カリフォルニアにおけるこうした厳しい経験は、議決権を取得した銀行について、経営陣は存続するなど、その後の買収戦略に反映されることになった。

2　マリーン・ミッドランド銀行買収による米国への本格進出
i 関係構築と買収交渉

　香港上海銀行は、カリフォルニア子会社の業績が好転せず、米国での拡張戦略の見直しを迫られたが、大型買収を始めとする思い切った投資には消極的であった。しかし、一方で繊産業に依存する香港に拠点をおいていることで、アジアの銀行としての事業基盤の脆弱性を強く認識していた。地理的拡張による、グ

ローバル規模の銀行への成長とリスクの分散が命題となっていた香港上海銀行にとり、ドル安と株安が重なり多くの銀行で低い自己資本比率が懸念される状況にあった1970年代の米国は、本格的進出への重大な好機を提供していた[49]。1977年にサンドバーグが会長に就任すると大型買収に向けての方針は具体化し、買収に関する条件として、(1) 2億米ドル以上の投資案件であること、(2) 買収対象はマネーセンターバンクであること、(3) 香港上海銀行が51%の議決権を獲得することの3点があげられた。また、恒生銀行買収の成功とカリフォルニア子会社の経営不振を教訓に、買収先を「支配する」のではなく、それまでの経営陣と「パートナーシップを組む」形態を買収後の運営方針として打ち出した。このため買収は友好的なものである必要があり、これらの条件を満たす対象として、サンドバーグが国際会議などを通じて親交のあったダフィーが会長を務めるマリーン・ミッドランド銀行（以下、MMB）が唯一の現実的で有意義な交渉相手とされた。しかし、当時のニューヨーク州政府が外国資本による直接投資を歓迎していたのに対し、州銀行当局の抵抗感は強いものであった。これは、おもに米国外で事業会社の保有が認められる外国銀行が、買収により州法銀行として参入した後に、事業会社である米国企業を所有するなど、1956年銀行持株会社法に違反するような行為に対する脅威と懸念からであった。このため当初、州法銀行であるMMBの買収許可を得ることはできなかった。しかし、米国特有の二元銀行制度を利用することで、MMBを州法銀行から国法銀行に転換させ、ニューヨーク州から連邦政府銀行当局の監督下に移った後の1980年に、MMB株の51%を取得して子会社化に成功した[50]。

　MMBの持株会社マリーン・ミッドランド社（以下、MMBI）は、ニューヨーク郊外に本店をおく16の銀行により形成された、連合体の銀行持株会社として、1929年に認可を取得した。この背景には、ニューヨーク州が、大手銀行の市場支配力を制限する目的で制定した、限定支店銀行制度があった。しかし、他社の多くが主として投資を目的として持株会社形態を選択し、資本金の増強に努めていたのに対し、MMBIは事業の成長と経営の安定を目指して設立されたものであった。MMBIは、グループ傘下各行がもつ経営能力や業務スキルを重要な経営

第 2 章　HSBC

資源と位置づけ、それらを引き出しながら各行同士の業績向上に活かすことを目指したが、これは香港上海銀行の方針と類似するものであった。こうしたMMBIの経営姿勢は、持株会社による経営管理の有効性が疑問視されていた中、大恐慌以降の困難な環境下でのグループ銀行全体の存続に影響があったとされる。初代MMBI会長のランドは設立直後の1930年に下院で、「持株会社という組織形態は経営に効率性と同時に安定性をもたらし、傘下各行やそれぞれの地盤での特色のある業務展開を維持するのに有効である」と証言している[51]。

　MMBI設立当初は、数年以内にはニューヨーク州全域での業務展開が可能になるとの期待がもたれたが、こうした全州展開が限定的に実現したのは持株会社による他行の買収が解禁された1961年のことであった。また、全面的な業務展開が可能になったのは、さらに15年後の1976年1月1日に施行された支店銀行制度によるものであった[52]。MMBIはこの全面解禁に至るまでの期間、ニューヨークの他の大手行とは異なり、本社をニューヨーク市内のマンハッタンではなく郊外のバッファローにおいた。これは、大企業取引を中心とした金融機関との印象を避けることを目的としたものであり、こうした方針のもと、子会社各行は地元顧客との強い関係維持に向けた努力を続けた。1976年1月1日には、これらMMBIグループ傘下の国法銀行4行と州法銀行6行が改めて統合され、単一の州法銀行としてのMMBが新たに設立された[53]。MMBは、ニューヨーク州を中心に業務展開する一方、預金量110億ドルで世界47ヶ国に316の拠点をもつ全米12位の商業銀行となった[54]。

ii 国内外での拡張から地域リテール特化への戦略転換

　1980年の香港上海銀行によるMMBの51％の普通株取得は、それまでの米国の歴史上最大規模の銀行買収であった[55]。この買収を契機に香港上海銀行はグローバルな金融機関に転換し、香港に加えてニューヨークでも地域に密着した取引を積極展開してリテール重視の銀行としての性格を強めた。香港上海銀行による、こうした強固なリテール基盤を有する金融機関を対象とした国境を越えた大型買収は成長に向けた中心戦略となり、その後の欧州進出の際にも実行されている。

MMB はニューヨーク州全域に広がる支店網と、他業種や他州の金融機関との業務提携を通じて拡大した顧客基盤をもとに、リテール業に強みをもっていた[56]。1980 年代初めにニューヨーク州第 2 の規模の 298 支店を通じ、州内で 5 世帯のうち 1 世帯、さらに本店をおく州北部においては全世帯の約半数と取引関係をもっていたとされる。MMB 出身で個人及び商業部門の責任者であったジェフリー・トンプソンは、他行の買収よりも、伝統的な強みを活かしながら州際業務規制の撤廃に備える方針をとった。ニューヨーク州内 900 の自動車ディーラーを通じた自動車ローンの取り扱いは、金融機関としては州内最大規模であり、ノンバンクを含めても GMAC に次いで第 2 位であった。MMB 発行のクレジットカードを通じては 38 州で約 600 に及ぶ金融機関との提携関係を築き、1984 年に設置された間接個人金融部門では、自動車購入資金のファイナンス、クレジットカード、住宅ローンを 3 つの主要分野と位置づけて業務提携を推進した[57]。また、教育ローン、共同所有型リゾートマンション、さらにタックス・シェルター分野への進出も図られている[58]。

　MMB は、伝統的に強みをもつ自動車購入関連の金融業務で、1986 年初めに 19 億ドルの売掛債権を保有していた。1985 年にサンフランシスコで 500 超の自動車ディーラーとのネットワークをもつファースト・リースを買収、東海岸でもピッツバーグとコネチカットに新たな拠点をおいた。販売代理店に対して実質的に販売金融会社の役割を果たしながら、自動車輸入業者とも関係を強化し、顧客基盤を拡大していった。1985 年末には、13 州で 2,000 のディーラーとの提携関係を築き、40 万台の自動車のファイナンス実績を築き上げた[59]。MMB は、提携機関 5,000 に及ぶ店舗を通じて発行したクレジットカードの売掛債権を 100％ 保有した。加盟店手数料収入、年会費収入は、ともに提携機関との間で分配された。こうした提携関係は、住宅ローンや学生ローン、さらに共同所有型リゾートマンションやタックス・シェルターの新規顧客開拓でも有効であった。

　MMB は、リテール分野では一般的にマスマーケティングを展開していたが、実際には地域ごとに異なるアプローチをとり、都市部と郊外での活動は異なるものであった。マンハッタンを中心とする大都市圏では後発であったため、街頭ご

第 2 章　HSBC

とに支店をもつシティバンクに代表されるマスマーケターに対して店舗数は少なく、一時は市内からの撤退も検討された。しかし撤退ではなく、より上級の顧客層に焦点をあて、「健全な中流層」向けの商品構成を採用した。おもな取り扱い商品として、自動車リース、分譲マンションやコープ住宅向けローン、ヨットの購入資金や節税目的の投資資金のローン、共同所有型リゾートマンションがあげられる。しかし、これらの中で自動車リースについては、次第に個人顧客向け以外に自動車ディーラー向けの在庫ファイナンス、自動車購入ローン、リースなどの取引が増大していった。

MMB は、中流層向けに利便性を考慮して ATM 網を拡充する一方で、全商品・サービスを提供する店舗と限定的なサービスを提供する店舗を区別する支店網のハブ・アンド・スポーク化を推進した。地域特性に合わせて、コスト管理とサービスの向上を図っている。このハブ・アンド・スポーク方式の一例として、州北部の大学では、構内の支店で業務を ATM と当座預金関連のサービスに限定し、こうしたスポーク型店舗の新規開設を積極的に進めた。1985 年には MMB の顧客向けに開発された保険商品の販売が州北部を中心とした一部支店で開始され、これと平行して電話による通信販売も実施された。

1980 年代までは企業融資を中心に積極的に国際業務展開を続け、マネーセンターバンク化していた MMB であったが、1987 年の香港上海銀行による 100％子会社化以降、ニューヨーク州を拠点にリテール分野での業務を中心とする地域金融機関への転換を進めた[60]。スーパーリージョナル化を目指して、他行の買収も視野に入れながら資産の拡大を目指す MMB に対し、香港上海銀行は収益力の向上を最優先とした。MMB 買収時の米国金融当局との合意により、当初は米国人が経営にあたっていたが、1991 年、経営の混乱収拾と強化を目的に、設立直後の持株会社 HSBC から、後に会長に就任するジョン・ボンドが MMB の CEO として着任した。着任後は、高レバレッジ・ローン（借入比率の高い企業向け融資）や不動産関連の不良債権の一掃、商業融資業務の縮小や自動車関連ファイナンス業務の停止など、抜本的な事業ポートフォリオの再構築が行われた。この結果、1991 年には 3,700 万ドルの損失を計上したのに対し、1992 年同期には 4,100 万ド

ルの利益を計上している。全米規模で展開されていたクレジットカード業務や住宅関連ファイナンス業務は維持されたが、商業融資はニューヨークの企業向けか、親会社であるHSBCの既存の取引関係を補完する案件に限定された。MMBのニューヨーク州を拠点とする地域金融機関としての位置づけは改めて明確になった。

　HSBCは買収を通じて米国内の顧客基盤を拡大すると同時に、独自の強みであるコスト管理を中心とした中央集権的な経営管理手法を駆使して、子会社としてのMMBの財務内容を改善させた。さらに、リテールという新たな成長分野における、米国市場での先端的な知識とスキルを吸収することに成功している。これは、1993年に英国に帰国後、HSBCの最高経営責任者に就任したボンドが1998年に打ち出した、企業価値向上を目指した戦略の中で重点分野としたリテール業の位置づけにも表れている。

　2004年にはニューヨーク州に400、フロリダ州に11、カリフォルニア州に6店舗、そしてワシントン、オレゴン、ペンシルバニア、デラウェアの各州に1店舗と、HSBCへの名称変更後も店舗網はニューヨーク州に大きく偏っていた。しかし、2005年のニュージャージー州、翌2006年のカリフォルニア州とフロリダ州での新規店舗開設に加え、コネチカット州への進出も開始された[61]。店舗網拡張の一方で、商品内容や支店、コールセンターでのサービスの充実を図る目的で、新規の商品・サービスが開発され、2005年には法人向け無料当座預金口座や富裕層向けの「境界のない銀行サービス」の開発、優遇金利4.8%のオンライン限定普通預金口座の提供が開始された。一方で、主要拠点であるニューヨーク、定年退職後移住した富裕層とスペイン系住民の多いフロリダ、さらにアジア系住民の台頭が著しいカリフォルニアの3州では、HSBC名の認知度向上を目的として集中的なブランド・キャンペーンが実施された。M&Aにより築かれた米国事業基盤の、内部成長による拡充が進められている[62]。

　世界で市場規模が約2,000億ドルと推計される送金サービス分野では、HSBC Bank USAは2002年、Yahooとの提携で電子マネーを活用したオンライン決済サービス、ペイダイレクトを開始した。このサービスの利用で、送金受取人は送金後5日以内に説明書が添付されたワールドカードを受け取り、所定の金額を世界に

第 2 章　HSBC

80万台あるシーラス・ネットワーク接続の ATM から現地通貨で引き出せる。ワールドカードの利用に際して受取人は銀行口座をもつ必要はない。一方、送金人は HSBC のウェブサイト上の自分の口座から、受取人のワールドカードの利用金額を補充することが可能である。送金手数料も低く抑えられ、例えば米国からメキシコへの 300 ドルの送金の場合、ペイダイレクトの送金手数料が 5 ドル 95 セントであるのに対して同様のサービスのマネーグラムを通じた送金では 9 ドル 95 セント、ウェスタン・ユニオンの送金サービスを利用すると 15 ドルが課される。Yahoo との提携関係が解消された 2004 年 11 月以降は、オポチュニティ・カードに名称を変更し、HSBC 独自の電子送金サービスとして対象顧客が限定された[63]。

3　ハウスホールド・インターナショナルの買収

i 消費者金融業への参入

　HSBC は 2003 年のハウスホールドの買収により、初めて消費者金融分野に本格的に参入すると同時に、米国における全国展開に向けた事業基盤を獲得した。ハウスホールドは、信用力が低くサブプライム層に位置づけられる個人を対象とする融資を積極的に手掛け、米国ではシティグループ傘下で、最大規模のアソシエーツ・ファースト・キャピタル（以下、アソシエーツ）に次ぐ消費者金融会社であった。しかし、株価は米国の他の消費者金融専門会社と同様に低迷し、2002 年初めから前年同期の約半分に落ち込んでいた[64]。最終的な買収価格は 155 億ドルに及んだ。市場には、2000 年のシティグループよる業界最大手アソシエーツの買収価格が 311 億ドルであったのと比較すると、この買収価格は割安であったとの見方もあった[65]。

　HSBC による買収の主たる目的は、米国市場での事業基盤の強化、コスト削減と効率性の向上による大きな収益効果の実現、さらに先進国における低金利環境による収益伸び悩み打開のための消費者金融業への進出にあった[66]。同時に、株価の低迷で伸び悩む欧州や香港での中間所得層や富裕層向け取引から、新興国、欧米先進国の移民層やサブプライム層を対象とした業務に比重を移す狙いもあった。ハウスホールドの事業基盤を活用し、クレジットカード、住宅ローン、自動

2-18　買収前経営指標比較

ハウスホールド・インターナショナル		HSBC
13,780.0	収益（100万ドル）	47,710.0
1,847.6	純利益（100万ドル）	5,406.0
13.4	純利益（%）	11.3
7,842.9	純粋価値	45,979.0
23.6	ROE（%）	23.7
2.3	減価償却費（%）	14.0
1.25	設備投資（%、収益）	N/A
32,000	従業員数	176,682
430,634.38	従業員1人当たり収益（ドル）	77,994.93
57,737.50	従業員1人当たり純利益（ドル）	10,457.21

出所：*Weekly Corporate Growth Report*, Nov. 25, 2002 より筆者作成。

　車ローンの世界展開が期待されたが、買収当初は米国における景気の先行き懸念が根強く、消費者向け融資の焦げつきの増加が不安視された。高リスク分野と見なされていた消費者金融業が、HSBCにとって未経験の分野であったことから、この大型買収に対する市場の評価は大きく割れ、否定的な見方も多かった。さらにハウスホールドは、高金利融資の条件を借り手に公表しなかったとする訴訟に関連して4億8,400万ドルの和解金支払いを予定しており、買収の発表以前には同社の社債はジャンク債と同等とされていた[67]。ハウスホールドに関わるレピュテーション・リスクは小さくなく、1998年からの「価値を目指す経営」の中で、コーポレート・ブランドの強化を戦略課題として位置づけていたHSBCにとり大きな不安材料であった。しかしHSBCは、この買収統合を両社の経営基盤をともに強化させるものととらえ、自社のブランドと信用力でレピュテーション・リスクに関わる懸念の払拭に努めた。この背景には当時のHSBC会長ボンドの経営感覚にもとづく、HSBC経営陣の堅実な経営・業務管理手法への自信があったといえる。ボンドは自ら海外出張の際にはエコノミークラスを利用して航空代金の無駄遣いを避け、また、電気代を始めとする毎月の光熱費を把握するなど費用管

第 2 章　HSBC

理を重要視する強い姿勢を示していた[68]。HSBC の統合に対する期待の高さは、この買収合併が世界最高の預金機関と最大の貸出機関との一体化を実現するものであり、貸借対照表上これ以上の組み合わせはないとしたボンドの発言にも表れている。世界 79 の国と地域に 9,500 の店舗を有し、新たに新興国での消費者金融業展開を目指す HSBC にとり、信用審査や金利設定に強みをもつハウスホールドのクレジット・スコアリング技術は不可欠であった。ハウスホールド側も、買収後は HSBC の高い格付けによる年間 20 億ドルの借入金コストの低減や、2003 年のテクノロジー、マーケティング、人事関連部門の統合により 3,200 億ドルの費用削減を実現した[69]。

ⅱ 米国での全国展開

ハウスホールドは米国内 46 州に 1,400 の店舗を展開する顧客数 5,300 万の金融会社で、HSBC は買収によりそれまでのニューヨーク州を中心とした限定的な業務展開から米国内全土への拡張を実現した[70]。これらの支店を通じた取引に加え、新たに獲得したクレジットカード部門は、買収後 HSBC カード・サービシズに名称を変更し、HSBC の支店のない地域の見込み客を重点対象に 500 万通から 1,000 万通のダイレクト・メールを送付した。これは、米国とカナダにおけるクレジットカードと消費者金融顧客数が 6,000 万で、クレジットカード発行枚数世界第 6 位の HSBC による、HSBC 名での初の全国規模の試みであった[71]。ハウスホールドの既存客の平均像は、年齢が 40 歳から 50 歳、年収は 4 万 5,000 ドルから 6 万ドルで、一般の見方に反して低所得で信用力の低いサブプライム層は 20% にとどまり、米国人口の 40% がサブプライム層とされていたのと比較して、顧客基盤の内容は優良なものであった[72]。

4　中南米諸国への進出

HSBC による中南米・アフリカへの進出は、他の地域と比較すると遅れたといえるが、1987 年の MMB 及び 1992 年の英国ミッドランド銀行の子会社化を契機に本格進出が開始された。MMB は 1960 年代以降、中南米における支店開設を進め、ミッドランド銀行も 1979 年にサンパウロとブエノスアイレスに、また、

1980 年にはメキシコシティに拠点を設置していた。HSBC は、さらに、ミッドランド銀行が 1987 年に株式を 30% 取得したアルゼンチンのバンコ・ロバーツを 1997 年 8 月に完全子会社化し、HSBC バンコ・ロバーツに名称変更した。チリへの進出も、1956 年設立のバンコ・オヒギンスの株式所有を通じて強化された。バンコ・オヒギンスは 1997 年 1 月、バンコ・デ・サンチャゴと合併し、チリ最大の民間銀行バンコ・サンチャゴとなっている[73]。

2002 年 11 月には、中米の主要拠点としてメキシコ第 5 位の銀行、グルーポ・フィナンシエロ・ビタル（以下、GFB）を 19 億ドルで買収し、1,400 の店舗と 600 万の顧客を獲得した。GFB 創立時に中心銀行であったバンコ・インターナショナルは、1941 年 8 月に商業銀行としてメキシコシティに設立され、1980 年 12 月に他の 11 の銀行と合併して GFB が誕生していた。メキシコ市場では住宅ローンは一般的ではないが、自動車金融やクレジットカード、消費者金融業は急速に拡大した分野である。

南米における最大の拠点は、バンコ・バメリンダス・ド・ブラジルの買収を目的として 1997 年に設立された HSBC 銀行バメリンダスである。バンコ・バメリンダス・ド・ブラジルは、1952 年にバンコ・メルカンタイル・エ・パラナとして設立された後、多角化を進めながら急拡大し、HSBC による買収時には約 1,300 の銀行支店に加え、保険、リース、証券部門を有していた。1999 年には HSBC 銀行ブラジル・バンコ・ムルティプロに名称変更され、自動車金融と不動産を取り扱う部門が新たに設立された。ブラジル市場はメキシコに次いで大きな成長が期待され、2003 年には国内 2 位の消費者金融会社であるロサンゴ・プロモトラ・デ・ヴェンダスの買収により 750 万の顧客を獲得、台頭する中間所得層を対象とした取引が拡大している[74]。

IV 欧州におけるリテール展開

1 英国リテール市場

イングランド銀行は直接監督権限を有していた 1983 年に、英国の銀行をリテー

第 2 章　HSBC

ルバンク、その他英国系銀行、英国系マーチャントバンクの 3 つに分類し、その他を外国銀行とした[75]。

英国において銀行は、1980 年代初めまで事務処理や支店網の維持にかかる経費の高さからリテール業務に対して消極的で、普通預金や住宅ローンなどの商品を通じた取引の拡大への取り組みも遅れていた。これに対し、1970 年代から 80 年代にかけてこれらの取引は、実質的にビルディング・ソサエティによる寡占状態にあり、ビルディング・ソサエティは、その後も個人向けの業務を中心とする

2-19　英国おける金融機関の分類

銀行	リテールバンク	ロンドン手形交換所加盟銀行 スコットランド手形交換所加盟銀行 北アイルランド系銀行 アビー・ナショナル 協同組合銀行 ヨークシャーバンク ギロバンク ダイレクト・ライン チェルトナム・グロスター（ロイズ TSB グループ） イングランド銀行銀行部*
	ホールセールバンク	英国系マーチャントバンク その他英国系銀行 外国銀行
ディスカウントハウス		
非銀行金融仲介機関	その他預金引受金融機関	ビルディング・ソサエティ（住宅金融組合） 国民貯蓄銀行 ファイナンスハウス
	その他非銀行金融仲介機関	投資信託 ユニット型投資信託 保険会社 年金基金

注：＊イングランド銀行においては、1844 年のピール銀行法の制定により、銀行部と発券部が分離され、このうち銀行部はカスタマーバンキング・サービスとして決済及び貸出を含めた一般銀行業務を取り扱う。
出所：Curwen, P., "The Financial System," in P. Curwen ed., *Understanding the UK Economy*, third edition, Palgrave Macmillan, 1995, p.98, *Bank of England Customer Banking*, 2007 より筆者作成。

支店網を軸として拡大を続けた[76]。1986年には「住宅金融組合法」が改正され、ビルディング・ソサエティは送金・振替・取立、消費者ローン、保険ブローキング、株式ブローキング、信託の各業務への参入が認められ業容を大きく拡大させた。また、それまでの組合組織から株式会社への移行が認可されると、1989年には業界第2位のアビー・ナショナルが株式会社に転換して銀行となった。また、多くの信託貯蓄銀行の合併により形成されたTSBグループも銀行に転換した。

1980年代に入り企業融資が低迷し始めると、ナショナル・ウェストミンスター、バークレイズ、ミッドランド、ロイズの4大銀行を中心とするクリアリングバンク（ロンドン手形交換所加盟銀行）は、リテール分野強化の一環として住宅ローン市場に参入を開始して競争を激化させた[77]。2000年に英国のリテール金融市場を対象に大規模な調査を実施したクルックシャンクは個人向け銀行商品のおもな機能として、資金決済、預金、融資の3つをあげ比較分析を行っている[78]。

2001年12月には、2000年金融サービス市場法が施行され、1997年に設置された金融サービス機構（Financial Service Agency）（以下、FSA）が、法律上の公的な金融・証券規制機関として明確に位置づけられた。伝統的な、複数の規制当局による「業者」単位の縦割りの規制・監督から、FSAという単一の機関による一元的かつ業態横断的な規制・監督が定められたのである[79]。これにより、伝統的な法の枠組みの下での自主規制および紳士協定は直接規制に転換され、銀行・証券・保険などの業態ごとの棲み分けと他業態への参入制限は大きく緩和されることとなった。同時に、リテール市場における4大クリアリングバンクと、ビルディング・ソサエティ大手のハリファックスとバンク・オブ・スコットランドの合併で誕生したHBOSの5大銀行による寡占化はさらに進んだ。

英国では1980年代前半から、銀行支店の活性化に向け、多くの店舗で土曜営業や平日の営業時間の大幅延長が実施された。ショッピングセンターなどの商業施設では、営業時間を小売店に合わせ、日曜日も営業するなどの活性化が進み、今日、一般的な銀行支店の営業時間は、平日の午前9時から午後5時まで、また土曜日は午前9時から午後12時30分までとなっている[80]。一方、今や銀行サービスの標準の1つともなっているATMは、業務経費削減を目的とした自動化の

第 2 章　HSBC

2-20　おもな個人向け金融商品

金融商品	機能
当座預金勘定	資金決済主体だが貯蓄預金勘定としても機能。当座貸越により融資も可能
個人ローンとクレジットカード	無担保融資。クレジットカードは限定的な資金決済手段としても機能
モーゲージ（住宅ローン等）	最も一般的な担保付融資。無担保融資の代替としての利用も可能
貯蓄預金勘定	投資商品により代替が可能

出所：D. クルックシャンク著、古川顕訳『21世紀銀行業の競争―クルックシャンク・レポート』東洋経済新報社、2000年、147-148ページより筆者作成。

2-21　英国主要金融機関支店数 (2004年)

	銀行名	店舗数	シェア（%）
1	バークレイズ（ウーリッチを含む）	2,059	19
2	ロイズTSB	1,791	16
3	ナショナル・ウェストミンスター	1,631	15
4	HSBCバンク	1,569	14
5	HBOS（ハリファックス及びバンク・オブ・スコットランド）	1,064	10
6	アビー	724	7
7	ロイヤルバンク・オブ・スコットランド	642	6
8	アライアンス・アンド・レスター	254	2
9	クライスデールバンク	232	2
10	ヨークシャーバンク	217	2
11	ブラッドフォード・アンド・ビングリー	208	2
12	チェルトナム・アンド・グロスター	205	2
13	ロイズTSBスコットランド	185	2
14	ブリストル・アンド・ウェスト	97	1
15	協同組合銀行	91	1
16	ノーザンロック	56	1
	合計	11,025	100

注：ロイヤルバンク・オブ・スコットランドとナショナル・ウェストミンスターは、統合前数値。
出所：*Banking Facts & Figures,* British Bankers' Association, August, 2005 より筆者作成。

2-22　英国5大銀行国内リテール部門概要（2004年）

	顧客数（1,000人）	支店数	ATM数	従業員数
HSBC	10,500	1,550	3,000	NA
ロイヤルバンク・オブ・スコットランド	14,000	2,273	4,600	31,278
バークレイズ	14,000	2,061	3,800	34,400
HBOS	24,000	1,100	2,600	42,000
ロイズ TSB	16,000	2,200	4,200	43,732

注：HSBCはUK　パーソナル・バンキング、ロイヤルバンク・オブ・スコットランドはリテールバンキング、バークレイズはUKリテールバンキング、HBOSはリテール、ロイズTSBはUKリテールバンキングの各部門。
出所：*Retail Banker International,* May 19, 2005, Issue 532, p.13 より筆者作成。

一環であるキャッシュ・ディスペンサー（CD機）として英国で開発された。世界で初めて実用化されたのは、1967年6月のバークレイズのエンフィールド支店（ロンドン）でのことであった。英国内の各ATMはリンク・ネットワークに接続しているが、1ヶ月あたり2億件の取引のうち、約35%が残高照会でその他は現金引き出しであるとされる。また、1990年代後半以降、支店内のATM数が横ばいであるのに対して店舗外ATMの数は倍増し、1997年時点で銀行系店舗外ATMの比率が22%であったのに対し、2003年時点では35%となっている。

2　大型買収の試みと英国への本店移転

i ロイヤルバンク・オブ・スコットランド買収計画の失敗

　香港上海銀行は、本店を香港におく英国系海外銀行として設立されたが、後にロンドンにも拠点をおき、アジアから移住してきた定年退職者などの顧客向けに当座勘定取引を中心とした業務を展開していた。MMBの買収により米国進出の本格化を実現させた後、香港上海銀行の拡張戦略の焦点は英国を中心として欧州に移った。当時の英国金融市場は、4大クリアリングバンクと呼ばれるロンドン手形交換所加盟銀行のロイズ、バークレイズ、ナットウェスト、ミッドランド銀行を中心とするものであった。一方、5位行のウィリアムズ・アンド・グリン

第 2 章　HSBC

ズ銀行は、スコットランド手形交換所加盟銀行の中で最大のロイヤルバンク・オブ・スコットランド・グループ（以下、RBSG）の傘下行であり、RBSG は英国市場への本格進出を目指す外国銀行にとり格好の買収対象であった。しかし、イングランド銀行には外資による買収を許可する意向はなく、買収への強い意欲をみせる銀行は、すでに RBSG の普通株の 16.4% を保有していたロイズとスタンダードチャータード、そして香港上海銀行の 3 行となった[81]。

　英国系海外銀行として創業されたスタンダードチャータード銀行と香港上海銀行は、グローバル市場における拡張戦略として、米国進出によるドル基盤の確立と欧州展開の本格化を重視していた。1979 年にスタンダードチャータード銀行がユニオンバンク・オブ・カリフォルニアを買収し、翌年香港上海銀行が MMB 株の過半数を獲得すると、英国における業務基盤確立を目指す買収計画の実現に向けた動きが一気に本格化した。1980 年にロイズ銀行が大量の RBSG 株の取得に乗り出しているとの観測が広まると、RBSG 会長のマイケル・ヘリースは、スタンダードチャータード銀行 CEO のピーター・グラハムと合併に向けての話し合いを進めた。香港上海銀行の取締役を務めたこともあったヘリースは、幅広く国際展開する銀行との統合による、英国を本拠とする新しい国際金融機関の誕生に関心があったとされる。翌 1981 年に RBSG の取締役会は、スタンダードチャータード銀行との合併に関わる合意を発表した。一方の香港上海銀行は、当時 MMB の過半数株取得による経営権獲得の最終段階にあり、RBSG の取締役会の合意を取り付け、イングランド銀行からの許可も得たスタンダードチャータード銀行の行動を当初は静観していた。しかし、RBSG の市場価格であった 1 株あたり約 88 ペンスに対し、香港上海銀行は適正な企業価値を 280 ペンスと評価していた。このため、スタンダードチャータード銀行が 148 ペンスという、試算額の 50% 強の低い入札価格を提示したのに対し、逆提案することを決定したのである。当時の香港上海銀行会長のサンドバーグは、RBGS が本拠とするエジンバラでの、自身や自行に対する印象が好意的でないため、対抗相手には可能でない高い買収価格の提示によってのみ勝機があると考えた。1981 年 4 月、香港上海銀行は RBSG の取締役会に、1 株あたり 221 ペンスの買い付け価格に匹敵す

る、香港上海銀行株 8 株に対し RBSG 株 5 株という比率での買い付けを申し出た。しかし、この 2 週間後、スタンダードチャータード銀行は予想に反して 214.6 ペンスという、特定の条件の下では香港上海銀行よりも高いといえる対抗価格を提示した[82]。

　スタンダードチャータード銀行による当初の入札案を承認していたイングランド銀行は、香港上海銀行からの逆提案に対し強い不快感を示した。さらに、香港上海銀行の本店が英国外にあることから、イングランド銀行総裁の指示への迅速な対応は困難との見解が明らかにされた。貿易産業大臣が 5 月に委任した独占及び合併委員会は、通常の 6 ヶ月を 3 ヶ月延長して審査を行い、双方の銀行による買収入札について否定的な内容の勧告を公布した。おもな理由は 2 点あげられている。1 点目は、エジンバラにおける最終決定権が失われるためスコットランド地方の産業振興や景気、雇用が阻害され、さらには英国全体の厚生への悪影響が懸念されることであった。次に、香港上海銀行については、特に、英国における決済銀行システムの重大部分の支配が国外に移転することになるという点が重視された[83]。

　香港上海銀行はこうした RBSG 買収の失敗から重要な教訓を得ている。資本の増強と共同関係の実現が求められた MMB の買収と比較して、RBSG の買収では、(1) 買収のタイミング、(2) 買収相手に対する協力的姿勢、(3) 金融当局や地元など鍵となる政治的存在からの支持、さらに、(4) MMB 買収の際に米国の二元銀行制度の下では可能であった不利な規制当局回避の選択肢がなかった点である。また、RBSG が他行との合併を通じて英国を本拠とする国際的金融機関を誕生させ、その中核部分を担うことを目指したのに対し、香港上海銀行は、「欧州の旗艦銀行」実現のため、RBSG との共同関係を求めた。RBSG の望まない、英国及び欧州を拠点とするグローバルな金融グループ実現に向けた構想であった。RBSG の地元スコットランドでは、スタンダードチャータード銀行と比較し、創業時からスコットランド的な要素を企業風土とする香港上海銀行を好む意見はあったが、その一方で、香港上海銀行をスコットランドの銀行と認識していたわけではなかった。スコットランド社会は、スコットランド紙幣の発券権を有し、

第 2 章　HSBC

スコットランド手形交換所加盟銀行として独立した銀行である RBSG の存続を望んでいた。スコットランドにおける事業の展開にとどまらず、地域の中で寄付集めを率先して行い、大型プロジェクトの取りまとめと資金提供を期待できる存在が求められていたといえる[84]。

ii ミッドランド銀行の買収

設立直後からロンドンに拠点をおいていた香港上海銀行は、アジアからの定年退職者を始めとする顧客向けに、当座勘定取引を中心としたリテール展開を行っていた。しかし 1976 年、英国の新税制による負担増とリテール業務全般の高コストを理由に、リテール部門は英国市場から撤退した。既存の口座は持株会社傘下のブリティッシュ・バンク・オブ・ミドルイーストに移管し、1980 年にロンドンでのリテール業務を再開するまで、顧客と金融当局の両方から距離をおくこととなった[85]。こうした英国における消極的な活動は、1981 年のロイヤルバンク・オブ・スコットランドに対する敵対的買収の際に、英国当局が否定的な決定を下す遠因であったともされる。英国における劣勢挽回に向けての努力はその後も続き、1987 年の英国 4 大クリアリング・バンクの 1 行であるミッドランド銀行株の 14.9% 取得、そして 1992 年の完全子会社化に繋がった[86]。

ミッドランド銀行は、1836 年に工業化の進む英国バーミンガムに複数の銀行を統合する形で設立された。1898 年に本店をロンドンに移転した後も、マンチェスター地方を中心とした商工業企業向けの手形割引取引を拡大し、積極的な買収行動を続け、1920 年代には世界最大の銀行に成長した[87]。しかし、巨大化したミッドランド銀行には特有の弊害が顕在化していた。(1) 肥大化する集権的な官僚主義、(2) 融資を始めとする支店業務の本部による平準化、(3) 設立の地である北西部のマンチェスター地方及び地場産業の重工業との強い結びつき、(4) 支店開設をともなわないコルレス業務及びコンソーシアム協定を通じた国際金融業務展開、(5) 地元支店での勤続年数の長い行員中心の経営陣、さらに (6) 経営幹部間の激しい権限争いである。マンチェスター地方特有の石炭業や鉄鋼業、造船業を中心とする重工業や繊維産業分野での企業融資が、環境の変化への迅速な対応の困難な組織文化をもつ大銀行により行われていたといえる[88]。ミッドランド銀

行の問題は、国内で急速に発展の進む南東部への進出を遅らせ、一方で 1967 年の英国のポンド切下げによる損失に始まる国際金融部門の低迷を招いた。業績不振の続く中、ミッドランド銀行は 1974 年まで海外に全く支店をもたなかった従来の海外進出への消極姿勢を転換し、1980 年、米国カリフォルニア州のクロッカー・ナショナル銀行の買収を実行した。しかし、買収後に初めて、クロッカー・ナショナル銀行の中南米向け融資や商業用不動産関連の巨額の不良債権が明らかになった。その後も経営の主導権を握ることができないまま資本を注入し続け、1986 年にウェルズ・ファーゴに売却することとなる。売却後も引き継いだクロッカー・ナショナル銀行の不良債権による 10 億ドルを超える損失に加え、ミッドランド銀行自身の累積債務国向け不良債権の貸倒れも加わり、経営はさらに不安定になった[89]。

　危機に瀕するミッドランド銀行の経営再建に向け、イングランド銀行から会長兼 CEO に就任した元副総裁のマクマホンは、香港上海銀行との提携関係の構築に努めた。米国からコンピューター分野を専門とするジーン・ロックハートを採用し、リテール部門を中心に、小切手決済や証券業務の事務処理、マネーマーケット入金や住宅ローン貸付業務の集中化、さらに支店の閉鎖を実行した。マクマホンはまた、非戦略部門の売却や早期退職などによる人員削減を進め、1987 年、香港上海銀行から 14.9% の資本参加を受けることに成功した[90]。しかし、1989 年 12 月決算で 2 億 6,000 万ポンドの赤字を計上したミッドランド銀行は、1990 年代に入って景気の低迷が深刻化する中で、さまざまな施策にもかかわらず高コスト体質から抜け出すことができなかった。1990 年 1-6 月中間決算でも、当初予想の 2 億ポンドを大きく下回る 3,600 万ポンドの税引き前利益にとどまった。これに加え、香港上海銀行自身も不良債権の増加に苦しむこととなり、1990 年中に実現するとみられていた経営統合は見送られることとなった[91]。

　1991 年 3 月、ミッドランド銀行救済のために再び介入したイングランド銀行は、バークレイズ銀行に要請して CFO のピアースをマクマホンの後任としてミッドランド銀行の CEO に起用した。さらに、ブリティッシュ・ペトロリアム会長でナットウェスト銀行の取締役も務めていたウォルターズの会長就任実現に動い

第 2 章　HSBC

2-23　英国4大銀行経費利益率（1988 − 89年）

	経費利益率 (%)	従業員1人当たり資産 （100万ポンド）	従業員1人当たり税引き前利益 （ポンド）
バークレイズ	64.0	1.20	15,952
ナットウェスト	66.6	1.04	14,839
ロイズ	63.5	0.77	14,206
ミッドランド	72.4	0.96	11,966

出所：Ackrill, Margaret and Leslie Hannah, *Barclays: The Business of Banking, 1690-1996*, Cambridge University Press, 2001 より筆者作成。

ており、イングランド銀行、バークレイズ銀行、さらにナットウェスト銀行が共同でミッドランド銀行の救済にあたったといえる。

　前任者マクマホンによる積極的なIT化と業務の集中化による改革に懐疑的であったピアースは、地元と密着した個人顧客と法人顧客の両方の接点である、それぞれの支店独自の運営を重視した。本部の規模を縮小して権限を弱める一方で、支店の運営は各支店長の判断に任せるという方針をとった。沈滞していた行内のモラル向上に努める一方で、支店の閉鎖と従業員の解雇などの合理化によるコスト削減を進め、1991年後期には業績回復の兆しが見え始めた[92]。

　こうしたミッドランド銀行に対し、規模の拡大による競争力強化を目指すロイズ銀行が1991年末に買収の意思を表明すると、香港上海銀行は翌1992年に入り、改めて100%子会社化する形での買収を提案した。ミッドランド銀行の経営内容が十分改善されたとはいいがたい状況ではあったが、1997年の香港の中国返還問題を目前にして、本国である英国への本格進出の機会を逸することへの強い危機感が、香港上海銀行による思い切った行動に繋がったといえる。

　ミッドランド銀行の買収については、将来香港上海銀行が中国の管轄下に入るとの見方もあり、金融当局はロイズ銀行による買収に積極的との憶測も流れた。しかし、英独占合併委員会は最終的に、ロイズ銀行による買収で国内の中小企業金融分野の寡占化に繋がる巨大銀行を誕生させるよりも、海外銀行として国際業務に強みをもつ香港上海銀行をロンドンのシティに移すことを得策とした[93]。買

2-24　英国4大銀行支店数及び従業員数の推移

	支店数（店）			従業員数（人）		
	1990年末	1991年末	増減率	1990年末	1991年末	増減率
バークレイズ	2,586	2,496	▲3.5%	84,700	81,600	▲3.7%
ナットウェスト	2,805	2,683	▲4.3%	85,900	81,700	▲4.9%
ロイズ	2,111	1,929	▲8.6%	56,600	52,500	▲7.2%
ミッドランド	1,957	1,824	▲6.8%	47,100	43,700	▲7.2%

出所：『日本経済新聞』1992年8月26日より筆者作成。

収に際しては、香港上海銀行が本店を香港からロンドンに移転することを強く求めた上で買収を認めたとされる[94]。香港上海銀行はこの買収に先立つ1990年に、香港上海銀行の本店を香港に残しながら、英国登記で全額出資の子会社を持株会社のHSBCに昇格させていた[95]。一方のミッドランド銀行も、合併後に大規模な支店閉鎖と2万人に上る従業員の削減による業績の回復を表明していたロイズ銀行に対する警戒感が強く、香港上海銀行による買収を好感した[96]。こうして1992年、香港上海銀行によるミッドランド銀行の100%買収が実現した。

　1993年1月に香港上海銀行の持株会社であるHSBCに就任したジョン・ボンドは、3月の記者会見でミッドランド銀行の買収に関連して、(1)ミッドランド銀行の買収が欧州の基盤づくりに最適な方法であったとした。また同時に、(2)ミッドランド銀行にとっても親会社としての香港上海銀行の存在は有効であり、(3)買収で抱えたミッドランド銀行の不良債権も1993年中に予想される英国景気の回復とともに改善するとの見通しと、同行を通じた中小企業融資と生命保険業の強化、さらに、(4)香港市場を引き続き重視し、(5)ロンドン、東京、ニューヨークを3つの大きな事業基盤ととらえながら、急成長を続けるアジアを中心に積極的な展開を推進する方針を明らかにした[97]。

　一方、ミッドランド銀行は、おもにリテールや為替取引などでの好業績により、1991年末に5,000万ポンドの赤字を計上した商業部門が、HSBCの傘下に入った1992年の末には1億3,800万ポンドの黒字となった。翌1993年上期決算

第 2 章　HSBC

でミッドランド銀行は、前年同期比 6.4 倍の税引き前利益 3 億 8,500 万ポンドを上げているが、そのうち 77.4% にあたる 2 億 9,800 万ポンドは商業部門によるものであった。収入に対して経営コストが占める割合を示す経費利益率も、前年同期の 73.3% から 61.4% と低下した。しかし、当初ミッドランド銀行の経営に対し静観する姿勢を見せていた HSBC にとり、支店の統廃合を始めとするさらなる合理化に消極的なピアースの下で進む業績回復のペースは、満足のいくものではなかった。買収完了の 1 ヶ月後に副 CEO 就任が発表されたキース・ウィットソンは、MMB の CEO としてコスト削減と組織の再編を実現させていた。1993 年 1 月、ウィットソンの前任者として MMB 再生の実績をもつジョン・ボンドが HSBC の CEO に就任すると、同年 3 月のウォルターズ会長の退任後、大方の予想に反し、それまで後任として有力視されていた CEO のピアースではなく、香港上海銀行会長のパービスが就任することとなった。1992 年に 70% を超えていたミッドランド銀行の経費利益率は、1997 年には 57.5% にまで低下している[98]。

3　ファースト・ダイレクトによる無店舗銀行モデルの確立

1988 年、クロッカー・ナショナル銀行買収後の不良債権償却処理に関連して 5 億 500 万ポンドに上る損失を計上したミッドランド銀行は、事業展開見直しの一環として新たな流通チャネルの模索を目的としたタスク・フォースを編成した。タスク・フォースは従来型の支店業務展開に代わる新たな顧客接点の案出を目指して顧客動向に関わる調査・分析を重ね、顧客の支店利用頻度の低下に関わる課題を特定した。顧客のうち、(1) 40% は過去 1 週間に 1 度も来店せず、20% は過去 1 ヶ月の間に 1 度も来店していない、また、(2) 41% は来店の頻度をなるべく少なくしたいと考えており、(3) 48% は支店長との面識がなく、さらに、(4) 38% は、営業時間中の来店が困難と感じていることが分かった。一方で、顧客は個人的なアドバイスや配慮を望んでおり、約 90% の顧客が支店長との面識がないものの、必要時には相談を望んでいた。また、27% が電話取引を希望しているものの、76% は自動音声応答サービスではなく、担当者との直接対話方式を期待していた。さらに調査の結果、消費者全般に共通している点として、都合のいい

時間に親切で知識豊富な担当者を通じて、取引を早く簡単に済ませたがっていることが分かった。担当者が年中無休で24時間電話取引に対応することは、英国では全く新しい試みであり、調査対象者の56％がこのことに興味を示し、その半数が強い関心を示した。この傾向は女性やATMの高頻度利用者にみられ、金融関連の事柄の管理に自信がもてない消費者に顕著であった。こうした調査結果にもとづいて、ファースト・ダイレクトは当初からのタスク・フォースを中心にして設立された。

　ファースト・ダイレクトは、金融サービス利用者の一部が支店を不要だと考えている事実を重視した。この一部の利用者については、従来型の銀行との取引での支店維持の費用まで負担する理由はないと考え、その希望に応えることを目指した。支店に足を運ぶ時間のない高学歴・高所得者を中心とした利用者を、有望な顧客層と考えたからである。ファースト・ダイレクトを、親会社ミッドランド銀行とは名称の異なる別組織として設立することを決定したのは、ミッドランド銀行自身の経営陣であった。当時、ミッドランド銀行は多額の損失に加え、顧客対応の悪さで評価を大きく落としており、別組織であることを強調するために、広告等にミッドランド銀行の名称を出すことはなかった。一方でファースト・ダイレクトの顧客は、当初からミッドランド銀行の現金自動支払機利用や支店での預け入れが可能となった[99]。

　設立から約20年が経った今日でも、親会社となったHSBCの名称が前面に出ることはない。これは、ファースト・ダイレクトのサービスが従来の銀行とは異なるものであるという印象を与えるためであり、何より独自ブランドでの展開を重視しているからである。この背景には、(1) 従来型の銀行が獲得できない層の開拓を目的として設立され、(2) 実際に設立当初から顧客の8割以上がミッドランドの既存客ではなく、(3) 現在も顧客はミッドランド銀行と取引しているという意識をもっていない、という経緯がある。

　ミッドランド銀行の1部門ではなく別組織として設立されたファースト・ダイレクトには、当初からサービス内容の管理を担当する独立した部署がおかれた。質の向上に向けた施策を、旧来型の姿勢や風土、システムをもつ支店に付加的に

第 2 章　HSBC

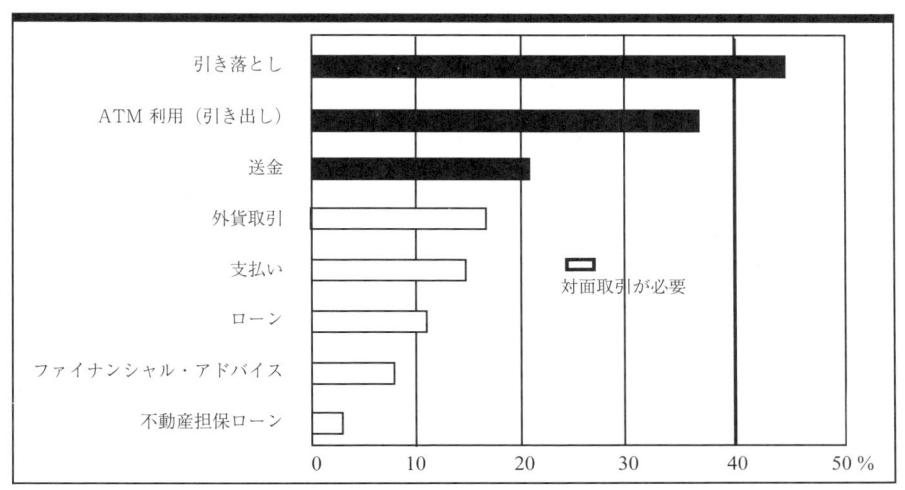

2-25　ミッドランド銀行支店利用状況（1988 年）

項目	%
引き落とし	約44
ATM 利用（引き出し）	約37
送金	約21
外貨取引	約16
支払い	約14
ローン	約11
ファイナンシャル・アドバイス	約8
不動産担保ローン	約3

（対面取引が必要）

出所：Dickson, Louie L., *first direct (A) and (B)*, Harvard Business School, 1998 より筆者作成。

取り入れようとした他行と比較して、費用を抑えながらより容易に実現することが可能となった。個々の顧客の特徴に合わせながら、効率的な対応、高い利便性、そして有利な金利の提供が実現した背景には、独自の体制、システム、スキルの構築、業務プロセスの設計に至るまで、サービスの質を重視する風土を組織内に根づかせる仕組みづくりへの全社的な取り組みがあった。

　ファースト・ダイレクトは、顧客が支店や ATM、PC、インターアクティブ・テレビ、営業担当者などさまざまなチャネルを選びながら利用するものであり、将来的に銀行の支店がなくなるわけでもなく、テレフォン・バンキングは顧客サービスの一環であると位置づけた。支店は広告塔としての役割があるととらえる金融機関が多く、無店舗展開では知名度を上げるのは困難との懸念がある中、新規獲得顧客の約 3 割は既存顧客の紹介によるもので、利用に際しての満足度を高めることを重視している[100]。

　新規口座開設のうち当座預金の申し込みは 95% に上り、残りの 5% が普通預金である。250 ポンドの貸越枠の付いた当座預金の新規口座開設に際しては審査が実施され、35% 程度は通過しない。おもな収益源は普通預金とローン商品と

の利ざやや各種手数料で、当座預金自体からは収益は上がらないが、クレジットカードや普通預金、個人ローンや住宅ローンなど他の銀行取引につながる商品として位置づけられている。顧客の年齢層は25歳から44歳までが全体の50%以上を占め、年収は2万5,000ポンド以上の層が約半数と、他の大手行の顧客と比較して年齢が若く収入が高い。ファースト・ダイレクトは、複数の金融商品を組み合わせて顧客に提供することにより、顧客の生涯価値（ライフ・タイム・バリュー）を高めることに成功し、設立以来95%の顧客を維持している[101]。

　役員のピーター・シンプソンは、テレフォン・バンキング展開に関わる課題として、顧客の納得を得るのに手間がかかることと多くの問い合わせへの効率的な対応を指摘している。ファースト・ダイレクトのテレフォンセンターにはバンキング・レプレゼンタティブ（以下、BR）と呼ばれる行員が1,000人程度常時待機するが、問い合わせが集中する平日早朝と夕方6時前後、そして土曜日の午前中と日曜日の夕方の時間帯にはさらに多くの人員を配置して対応する。顧客からの電話の85%に対応するBRには、それぞれの顧客の多様な問い合わせに即座に対応できるような、豊富な商品知識やコミュニケーション能力などのマルチスキルの習得が訓練され、効率性の向上が図られる。また、先進的な顧客情報システムによる顧客との取引状況や行動データの分析結果は、将来顧客が希望すると考えられる商品の予測や開発に活用されている。

　電話ではおもにローンや旅行保険、自動車保険などの商品を中心に、情報に蓄積のある既存客を対象とした営業が行われるため、信用リスクは低く、ローン商品の場合、平均的な対応時間は7分である。より専門的な問い合わせについてはフィナンシャルサービス・アドバイザーが対応するが、必要に応じて提携先の訪問販売員が直接顧客を訪れ、対面での説明にあたる。電話と販売員の2つのチャネルを通じた取引が実施されているため、全般的に処理費用及び拒絶率は低く抑えられている。

　ファースト・ダイレクトは官僚的な組織の弊害を軽減し、迅速な意思決定と対応を可能にするため、組織階層を3層のみのフラットな体制にしている。革新的な業務展開は、技術やシステム以上に先進的な経営・組織体制によるところが

第 2 章　HSBC

2-26　ファースト・ダイレクトの主な商品・サービス（2007年）

商品・サービス／概要
ファースト・アカウント
資金総合口座
・口座開設後6ヶ月間月1,500ポンド以上の入金でサービス対象。無利息の当座預金口座と優遇利息の普通預金口座を連結。毎月末当座預金を普通預金口座へ手数料無料で自動振替サービス。
・担当者が24時間電話対応。
テキスト・メッセージ・バンキング
・モバイルバンキング・サービス。アラートメッセージ及び金融ニュース配信。
無利息貸越
・250ポンドまでの無利息貸越枠。250ポンド以上は変動金利12.9%。
イーセービングス・アカウント
・オンライン専用普通預金口座。年5.5%の変動金利。毎月利払い。
ニューレギュラーセーバー
・ファースト・アカウント顧客限定。12ヶ月満期で年8%の固定金利。
普通預金口座
イーセービングス・アカウント
・貯蓄用オンライン専用預金口座。1ポンドから口座開設可能。年5.75%の変動金利。毎日複利。毎月利払い。ただし口座引出実施月は利払いなし。
ミニキャッシュ・イーISA
・オンライン専用預金口座。1ポンドから口座開設可能。年5.25%（5.13%非課税）。年3,000ポンドまで所得税非課税。毎日複利。毎月利払い。
ボーナス・セービングス
・オンライン専用預金口座。最低預入残高3,000ポンド。口座引出実施無しで年5.5%までの変動金利適用。口座引出実施月は年3.5%変動金利。毎日複利。毎月利払い。
普通預金口座
・オンライン専用預金口座。預入残高により年4.75%までの金利適用。毎日複利。毎月利払い。
エブリデイ・セービングス
・セービングスカード発行。ファースト・ダイレクト当座預金口座との振替常時可能。預入残高により年2.75%までの変動金利。毎日複利。毎月利払い。
オフセット・セービングス
・モーゲージ連動型預金。普通預金及び当座預金とモーゲージ残高との相殺により差額分のみ金利適用。預金無利息。モーゲージ最低融資残高3万ポンド以上対象。
投資商品・サービス
各種投資信託
・キャピタル・グロース・ファンド、HSBCインデックス・ファンド、インベスコ・ファンド、シュローダー・ヨーロッパ・ファンド
・原則として投資相談サービスなし。ただし、毎月継続して500ポンドもしくは2万5,000ポンド以上の一括投資の場合で5年以上換金予定がない場合は、HSBCの独立ファイナンシャル・アドバイザーに紹介。
株式及び政府債の売買仲介
個人年金
子供信託ファンド
・非課税の政府発行の新生児対象250ポンド以上相当引換券連動。年1,200ポンドまでの追加投資可能。
クレジットカード
ファースト・ダイレクト当座預金口座利用。24時間テレフォン及びオンライン・バンキング・サービス。年会費無料。年20ポンドで連絡前のカード盗難・紛失の被害補償1,000ポンド。連絡後については5万ポンドの被害補償。失業時等のクレジットカード支払いを補償するバランス補償プラン。
モーゲージ
2年、3年、5年、7年、10年の固定金利で繰り上げ返済自由。繰り上げ返済分からの引出可能。当座預金及び普通預金口座との連結、預金とローン残高の相殺により差額分のみ金利適用。他ローン残高の移管とモーゲージ金利の適用可能。担保物件の80%分まで払い出し可能。引越時の手続き手数料無料。
個人ローン
・5,000ポンドから2万5,000ポンドまでの年利7.9%程度の無担保ローン。ファースト・ダイレクト当座預金顧客対象。
・失業時等のローン返済を補償するパーソナル・ローン補償プラン。
保険
各種保険の販売代理
・ノーウィッチ・ユニオン住宅保険、旅行保険、モーゲージ支払い保険、エクイティ・インシュランスグループ自動車保険、リーガル・アンド・ジェネラル生命保険、ウェストフィールド・トントリビュートリー・ヘルス・スキーム・ヘルス・キャッシュプラン、アビバ・インシュランス・クレジット返済補償、カード補償、M&Sペット保険

出所：『2007年ファースト・ダイレクト商品・サービス説明』より筆者作成。

2-27　ファースト・ダイレクト事業概要（2007年）

- 顧客数 120 万人
- 顧客全体のうち 88 万 5,000 人がインターネット・バンキングを使用
- 顧客全体のうち 39 万人が SMS テキスト・メッセージ・バンキングを使用
- 英国最大のテキスト・メッセージ・サービス銀行として月間約 260 万件のテキスト・メッセージを送信
- 社員数 3,400 人（FTE 換算で 2,800 人）拠点数 2 ヶ所（リーズ及びハミルトン）
- 営業活動の 43% がオンライン
- 新規顧客の 3 分の 1 以上が口コミにより口座開設
- 顧客からの連絡の 80% がオンライン
- 週約 23 万 5,000 件の電話数に対応
- 営業時間外の対応電話件数 1 日当たり 1 万 3,000 件以上
- 1 日当たり国際電話件数 500 以上　（ただし英語対応のみ）
- 1995 年以降、黒字を維持

出所：『2007 年ファースト・ダイレクト企業概要』より筆者作成。

　大きかった。近年の金融取引に関わる消費者行動では、利便性と取引のしやすさが金融機関選択の際の 2 大要因にあげられ、提供内容が最大の関心事項となっていることを示している。社会的、経済的、人口統計上の変化は、消費者による取引チャネルの選択に変化を促す。全般的に裕福な消費者が増え、余暇に費用をかけるようになるなど、ライフスタイルが変わる一方で、労働様式も変化して、消費者がより高い利便性を求めるようになったといえる。

　欧米における、金融商品の電話やインターネットを通じた直接販売の成功は、リテール金融における競争優位獲得に際しての流通の重要性を示している。金融商品自体は、無形性と特許取得の困難さから差別化は容易でなく、また、近年の金融制度改革や規制緩和により、金融サービス分野における競争は激化している。金融機関ごとのイメージについても競合他社との差別化が困難になっており、流通手法による差別化は金融サービスの提供に際し、競争優位獲得に向けての新たな要素となった。

　金融商品のイノベーションは模倣が比較的容易であるため、商品の差別化による競争優位の維持は困難である。また、金融商品の流通に関わる消費者意識の多様化にともない、流通の枠組みは重要性を増している。一方で、先進技術を取り入れる

第 2 章　HSBC

ことで生じる取引手順の変更や、複雑化を敬遠する顧客の行動パターンは、必ずしも技術の進歩と整合しない。しかしファースト・ダイレクトは、有望顧客が支店に出向くことなく、電話で相談を交えながら金融取引を行うことを可能にした。取引行動を容易にする方向での変化を提案したことにより変化の定着に成功したといえる[102]。

　ファースト・ダイレクトは、1999 年には英国において初となったテキスト・バンキングとインターネット・サービスを開始し、その後もバーチャル・チャネルに焦点を絞り、2005 年には英国で新たに設立されたモバイル ATM（モバイルネット・バンキング組織）の設立メンバーとなった[103]。 また、ファースト・ダイレクトによる事業展開の手法は親会社である HSBC により世界展開され、特に米国で高い評価を得て、米国市場での成長に寄与している。

4　フランスを拠点とした大陸欧州への進出

　2000 年代に入り、ポーランドを始めとする旧東欧諸国やロシアにおいても国内銀行の買収やリテール業免許の取得により、リテール展開を活発化させているHSBC であるが、大陸欧州への進出は 19 世紀のフランスでの代理店業務から始まっている。

2-28　ファースト・ダイレクトによる業務展開

1989 年	ミッドランド銀行の子会社として業務開始
91	顧客数 100,000 超
92	顧客数 250,000 超
95	顧客数 500,000 超
	黒字化達成
97	パソコン・バンキング・サービス試行
99	SMS テキスト・メッセージ・サービス開始
2000	顧客数 1,000,000 超
	オンライン・バンキング・サービス開始
01	WAP 携帯電話サービス開始
	オフセット住宅ローン発売開始
03	アラート・メッセージ・サービス開始
06	次世代携帯電話による銀行サービスを最初に提供

出所：『2007 年ファースト・ダイレクト企業概要』、Dickson, Louie L., op. cit., 1998 より筆者作成。

HSBC の前身である香港銀行のリヨン代理店は、リヨンで絹産業が盛んであった 1881 年に設立され、貿易金融を中心に業務展開し、20 世紀初頭には絹貿易に関わる信用の 50% を担っていた。絹産業の中心はその後、イタリアや巨大な消費地である米国に移ったため、リヨンの絹産業は衰退したが、リヨン代理店はこの後も、フランスと植民地であるインドシナとの間の貿易金融業務から収益を上げた。フランスにおけるリヨンを中心とした事業展開は、第 2 次世界大戦後に拠点がパリに移るまで続いた。

　リヨン代理店の役割は、ロンドン支店の延長としての貿易金融を目的とした限定的なものであった。フランスの銀行制度の下での支店としての位置付けはもたず、人員を始めとする資源も適正なものではなかった。また、業務内容もアジア支店からの収益の送金・換金に限られ、地場の資本獲得に向けた活動を行うことはなく、フランスによるインドシナ貿易が発達するまでは貿易金融と呼べるものでもなかった。代理店としての存続も、自身が上げる収益や銀行全体への貢献が理由ではなく、極東貿易との連結部分として橋頭堡の役割を果たしていたといえる[104]。

　この背景には、従来フランス金融市場が通貨フランの壁に守られて、フランス銀行勢の独占状態だったことがある。しかし、こうした状況は、通貨ユーロの流通開始により一変する。ユーロの調達はフランス以外の国でも可能であるため、フランス国内の営業網を通じた融資業務の展開には支障がなくなったからである[105]。

　2000 年 4 月、HSBC はクレディ・コメルシアル・ド・フランス（以下、CCF）に対する株式公開買い付けを発表し、フランスの金融機関が初めて海外資本に買収されることが明らかになった。1987 年まで国営銀行であった CCF は、HSBC による買収発表当時、国内 7 位の商業銀行としてパリを中心に国内に 650 の支店をもち、おもに富裕層を対象とした取引で業績を伸ばしていた。HSBC は CCF の約 100 万人の顧客を対象に、フランス国内を始めとしてオランダ、イタリア、ベルギーなどの支店で資産管理業務展開を強化し、富裕層向け分野のシェア拡大を目指した。

第 2 章　HSBC

2-29　フランス大手銀行の主要経営指標比較 (2000 年)　　　　　　　（単位：10 億ユーロ）

	総資産	融資残高	預金残高	自己資金
BNP パリバ	694	203	173	21.6
クレディリヨネ	188	86	66	7.1
ソシエテ・ジェネラル	456	154	124	13.7
CCF	72	30	27	3.7

出所：Retail Banker International, August 22, 2001, Issue 457, p.6 より筆者作成。

　2001 年には、フランス最後の国営商業銀行でリテール金融専門機関であるエルベ銀行の民営化に際し、CCF を通じて株式を取得した。エルベ銀行は 1990 年代前半の不況で経営が悪化したが、民営化時には黒字化しており、BNP パリバやソシエテ・ジェネラルなどの大手銀行も株式譲渡の引き受けを希望したとされる。これに対し、フランス政府は書類審査の結果、エルベ銀行のパリ地域を中心とする 85 支店の拠点網や従業員の維持などの点で、CCF による経営計画が最も優れていると評価し、譲渡を決定した[106]。

　合併統合の過程で、CCF には HSBC の内規や業務手順がまとめられた 5,000 ページにわたるマニュアルが渡され、費用の増加が収益の増加を上回るのを禁じ、収益の 50% を手数料収入とするなど、方針の浸透が図られた。また、組織統合に際して法人部門については CCF の経営幹部が HSBC グループの法人・投資銀行部門や資産管理部門の責任者としてロンドン本部に異動するなど、経営陣の融合が進んだ。一方で、フランス国内で CCF ブランドへの愛着が強いリテール及び富裕層向け事業部門については、現地での自主的な管理に任せる部分がより多く残った。しかし、こうした自律的な経営管理も、1917 年から続いていた CCF の名称と共に 2005 年には変更され、傘下銀行として HSBC ブランドへの統一と、業務の効率性向上に向けた取り組みが強化されることとなった。

V 地域密着型リテール業のグローバル展開

1 リテール業の収益力

2-30 英国5大銀行国内リテール部門経営指標

	資産 (100万ドル)	税引き前 利益 (100万ドル)	グループ 税引き前 利益貢献 度 (%)	金利収入 (100万ドル)	非金利収入 (100万ドル)	費用利益率 (%)	ROE (%)
HSBC	104,785	1,520	8.3	NA	NA	58.0	9.2
ロイヤルバンク・オブ・スコットランド	142,924	6,316	47.4	5,994	3,140	NA	NA
バークレイズ	137,943	1,866	21.1	3,966	2,612	66.0	37.0
HBOS	349,220	3,966	43.2	7,164	1,982	44.1	NA
ロイズTSB	195,702	3,373	50.4	6,160	3,157	49.9	NA

注:HSBCはUK パーソナル・バンキング部門、ロイヤルバンク・オブ・スコットランドはリテールバンキング部門、バークレイズはUKリテールバンキング部門、HBOSはリテール部門、ロイズTSBはUKリテールバンキング部門。
出所:*Retail Banker International,* May 19, 2005, Issue 532, p.13 より筆者作成。

2-31 香港4大銀行国内リテール部門

	資産 (100万ドル)	税引き前 利益 (100万ドル)	グループ税 引き前利益 貢献度 (%)	金利収入 (100万ドル)	非金利収入 (100万ドル)	費用利 益率 (%)	ROE (%)
HSBC	70,564	2,264	39.1	2,671	1,744	45.3	NA
恒生銀行	18,320	877	51.0	734	525	28.6	NA
中国銀行(香港)	40,775	1,090	59.5	1,013	423	38.7	NA
東亜銀行	6,235	131	36.1	224	56	53.4	NA

注:HSBCと恒生銀行はパーソナル・ファイナンシャル・サービス部門、中国銀行(香港)は商業銀行部門、東亜銀行はパーソナル・バンキング部門。
出所:*Retail Banker International,* July 14, 2005, Issue 535, p.6 より筆者作成。

第 2 章　HSBC

2-32　HSBC 部門別利益割合推移

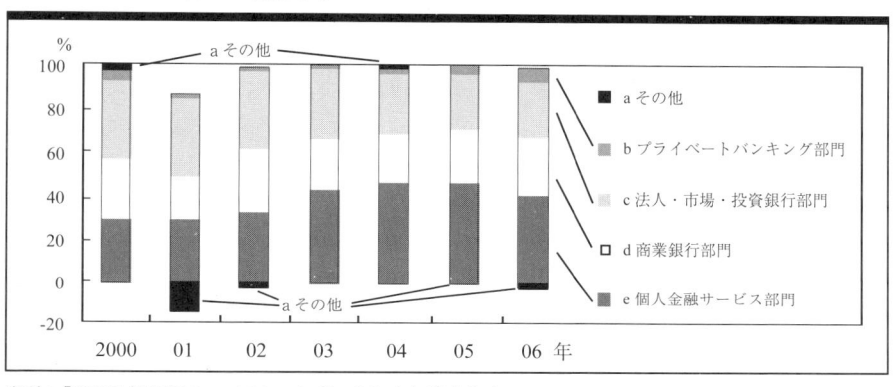

出所：『HSBC 各年度アニュアル・レポート』より筆者作成。

2　経営の統一性と柔軟性

i 他国へのビジネスモデル移転

　商業銀行は投資銀行に比べると地元への密着度が高く、外国人主体の経営は困難とされる。しかし HSBC はこうした課題を、買収した海外の地場銀行の名称はそれぞれ残しつつ、インターナショナル・オフィサー（以下、IO）と呼ばれる国際マネジャーを通じて改革し、克服してきた。1990 年代後半に香港上海銀行頭取を努めるまでの 30 年間、英国本国での勤務が 1 度もなかったとするエルドンは、「1 ヶ国だけでの勤務経験しかない人物に国際コングロマリットの経営はできない」としている。これは、世界各地で経営不振に陥った金融機関を買収し、IO を派遣して経営を再建した後、グループの中核に育てるという、HSBC の中核戦略を堅持する経営陣の重要な一面を示している。IO は、HSBC 内での登用試験に合格した後に得られる資格とされ、毎年大学の新卒組と各拠点の現地採用行員からの登用組により新規メンバーが誕生し、多国籍な構成員から成っている。国際的な幹部候補生として数年にわたる実務経験を経た後、本部の意向にしたがい管理職として世界各地に赴任する。このため IO 間の連帯意識は非常に固く、迅速な意思疎通でグループ全体の経営戦略遂行の原動力となってきた。HSBC を

世界最大規模の金融機関に育て上げ、2005年まで会長兼最高経営責任者を務めたジョン・ボンドは、1990年の買収後も業績低迷が続いたMMBに翌1991年、頭取として送り込まれ実績を上げた。同様に、1992年のミッドランド銀行買収直後にIOのウィットソンが副頭取に就任し、支店長から窓口係、運転手にいたるまですべての行員に対して徹底した再教育を行い、今日の英国本国における強固な事業の基盤を築いた[107]。

近年では、HSBCによる買収後、被買収企業の社員が特定の機能分野においてIOと重なる役割を果たす例も増加している。2003年にHSBCが買収したハウスホールドのIT担当者は、買収前の国内に限定された職務から、現在ではハウスホールドから名称変更したHSBCファイナンスの技術者として、世界各地の個人金融に関わる多様なプロジェクトの管理を担うようになった。

買収後の大規模なグローバル・プロジェクトとしては、HSBCが独自にもつクレジットカード処理システムの複数国展開があげられる。これは2008年までに、現在HSBCファイナンスが本拠とする米国のシステムを、欧州、アジア、南米の少なくとも22ヶ国に拡張するというもので、HSBCファイナンスの技術者は頻繁に国外でのITプロジェクトに従事することとなった。同時に、各国のHSBCの拠点から、IT担当者が研修のために米国に派遣されている。こうしたグローバル・プロジェクトへの参加は、従来、米国の事業環境を前提とした視点に偏りがちであったHSBCファイナンスの技術者の視野を大きく広げ、さまざまな国・地域の事情に柔軟に対応できる能力を育成する効果をもたらしている[108]。

年間25億ポンド以上をITシステム及び自社製の応用ソフトウェア開発に投資するHSBCは、2004年以降は業務処理費用を年10%ずつ削減することを目標とした。2005年には8.8%の削減を実現し、2006年には11%を見込んだ。HSBCのCIOであるケン・ハーベイは、コストの削減は、2003年以降に実施した370のシステム展開とプラットフォーム共有化のグローバルな拡大により実現したとする。この背景には、応用ソフトウェア開発のインドを中心とした低コスト地域に設置されたセンターへの移転の成功がある。中でも、買収時にハウスホールドが有していたクレジットカード業務向け承認及び会計プラットフォームのワー

第 2 章　HSBC

ル・eチャンプは、HSBCによるグローバルな技術展開の代表的な成功例となっている。このプラットフォームは、信用審査、リスクベースの金利決定、カード支払い、事務処理、報告機能などの連結する17のアプリケーションで構成される。HSBCは新規に構築したシステムの世界展開を方針とするが、2006年10月時点でメキシコ、米国、カナダ、英国、オーストラリア、そして中東を含む26ヶ国で現地仕様のワール・eチャンプが導入されており、さらに、11ヶ国への移行が進む。IPベースでインターネット通信を活用する多言語インターフェースにより、機能及びセキュリティのアップグレードを複数国向けに均一に伝えることが可能なため、他国への展開は加速的に進行している[109]。また、ソフトウェア移行時のカスタム化は5%未満にとどまり、開発全体の70%はHSBCのインド拠点で行われる。HSBCのクレジットカード勘定の89%は、ワール・eチャンプのプラットフォームにより英国のデータセンターで処理され、年間4億4,000万件の取引が承認される。ワールにより、年間2,300万ポンドの処理コストの削減と、追加コストの発生なく25%の処理能力の増強が実現している。ハーベイはさらに、オフショアのIT業務に携わる担当者の離職率が他の委託業者と比較して低く、プロジェクトの継続性と効率性の向上に寄与していると強調する[110]。

　HSBCによるグローバル展開の特徴として、国や地域ごとにおもな対象とする顧客グループを特定し、それらのグループ向けに特化した事業活動を複数の国・地域で展開する点があげられる。近年では、2003年のハウスホールドの買収で新たに獲得した消費者金融部門を軸に、中国、インド、メキシコ、トルコなどの新興国で、銀行口座をもたない低所得者層を対象とした事業展開に積極的に取り組んでいる。これには、信用履歴が優良でないために銀行融資を受けられない層の中から、独自のIT技術と統計的技法を活用した貸倒れリスクの低い見込み客の特定が重要となる。しかし米国のように業界内での信用情報の共有が義務付けられている市場においては有効であるが、金融機関間で共有が進んでいない英国のような国・地域では活用が困難なため、HSBCは英国内で自社の有する顧客の信用情報共有化を推進している[111]。この手法はまた、中国で19.9%の資本参加をする交通銀行との、クレジットカード分野における合弁事業でも用いられている

112。一方で、中国におけるクレジットカードの利用傾向はリボルビングローンを多用する欧米とは異なる。2005年5月時点で、6億6,800万の発行枚数のうちリボルビングローンの活用は500万件にとどまる。また、リボルビングローンの平均残高が米国では7,519ドルに上るのに対し、中国では111ドルである[113]。

ii HSBCブランドへの統一と顧客志向の世界展開

HSBCは、1998年に発表した新戦略「価値を目指す経営」で、1998年から2003年にかけての5ヶ年に集中的に取り組む内容を明確にした。世界で統一したコーポレート・ブランドの確立はこの新戦略の一環として進められ、1998年にMMBをHSBC Bank USAに、2000年にミッドランド銀行をHSBC Bank UKに、そして2004年にはハウスホールドをHSBCファイナンスに名称変更した。これは、買収先企業について知名度が高く、顧客の安心感や親近感に繋がる買収前の社名の継続使用を方針としていたHSBCにとって、大きな戦略的転換であったといえる。1980年代後半から積極的に実行されてきた大規模なクロス・ボーダーM&Aを軸とする外部成長から、内部成長を重視した基盤強化への転換を示す行動である。2005年の広告宣伝費が2億5,600万ドルを超えるシティグループや1億7,400万ドルに上るバンク・オブ・アメリカには及ばないが、同年HSBCは、コーポレート・ブランド価値の向上が急務とされる米国で広告宣伝に3,800万ドルを投入した[114]。

数多くのクロス・ボーダーM&Aによって拡張を続けたHSBCは、ハウスホールド買収以降、戦略の焦点を統制の行き届いた成長の実現に移し、経営管理にあたる人材やスキルの限界を見据えて、外部からの獲得や幹部候補者の育成を進めている。大きく変動する環境の中、顧客にとって統制力、安全性、さらに柔軟性は金融機関の重要な要素であり、信頼される国際的な行員の存在は欠かせないという強い意識が、HSBCの新しいマーケティング・キャンペーンでのメッセージにも強調されている[115]。

2001年には新たに、シックスシグマ方式が米国のリテール部門でベストバイやサックス・フィフスアベニューなどの小売業者向けカスタムカード業務の合理化を目的に試行され、2004年までに1,000万ドルのコスト削減をもたらした。ク

第 2 章　HSBC

レジットカード部門に続いて消費者金融部門でもシックスシグマ方式が実施されると、顧客クレームの処理方法が改善され、年間 1,600 万ドルのコスト削減が実現した。また、新たな研修ガイドラインが導入されると、10% の離職率低減で年間 1,900 万ドルのコスト削減が実現した。さらに、支店でのホーム・エクイティー・ローンの見込み案件の優先付けプロセス改善は、9,500 万ドルの年間利益増加に繋がっている。シックスシグマ方式は、こうしてさまざまな業務に応用されながら、全社的な顧客志向戦略を推進するにあたっての重要な要素と位置づけられている。全行的な浸透を目的としたワークショップは、リテール部門の行員を始めとして全行員対象に開始された[116]。

3　ユニバーサル・バンキング型の持株会社経営

英国型ユニバーサルバンクは、商業銀行主義の伝統を残しつつ、子会社方式による金融業務の間接的な結合を幅広く認めている。英国の銀行の多くは事業持

2-33　英国及び米国のユニバーサルバンク組織形態

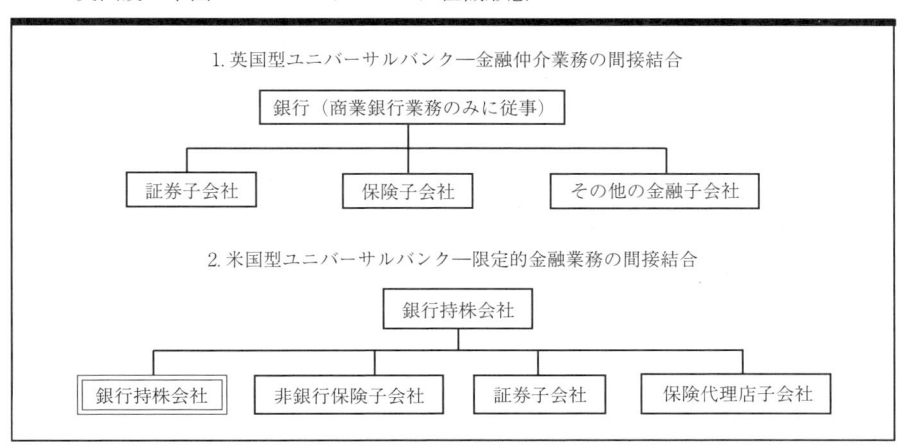

注：米国の銀行子会社は、非保険預金が隔離障壁で護られるという制度上の概念を示す。
出　所：Saunders, Anthony and Ingo Walter, "Universal Banking in the United States: What Could We Gain? What Could We Lose?" *Southern Economic Journal,* Jul. 1994, Vol.61, No.1, p.85, 231. 馬淵紀壽、前掲書、85 ページより筆者作成。

2-34　HSBC ホールディングス組織図

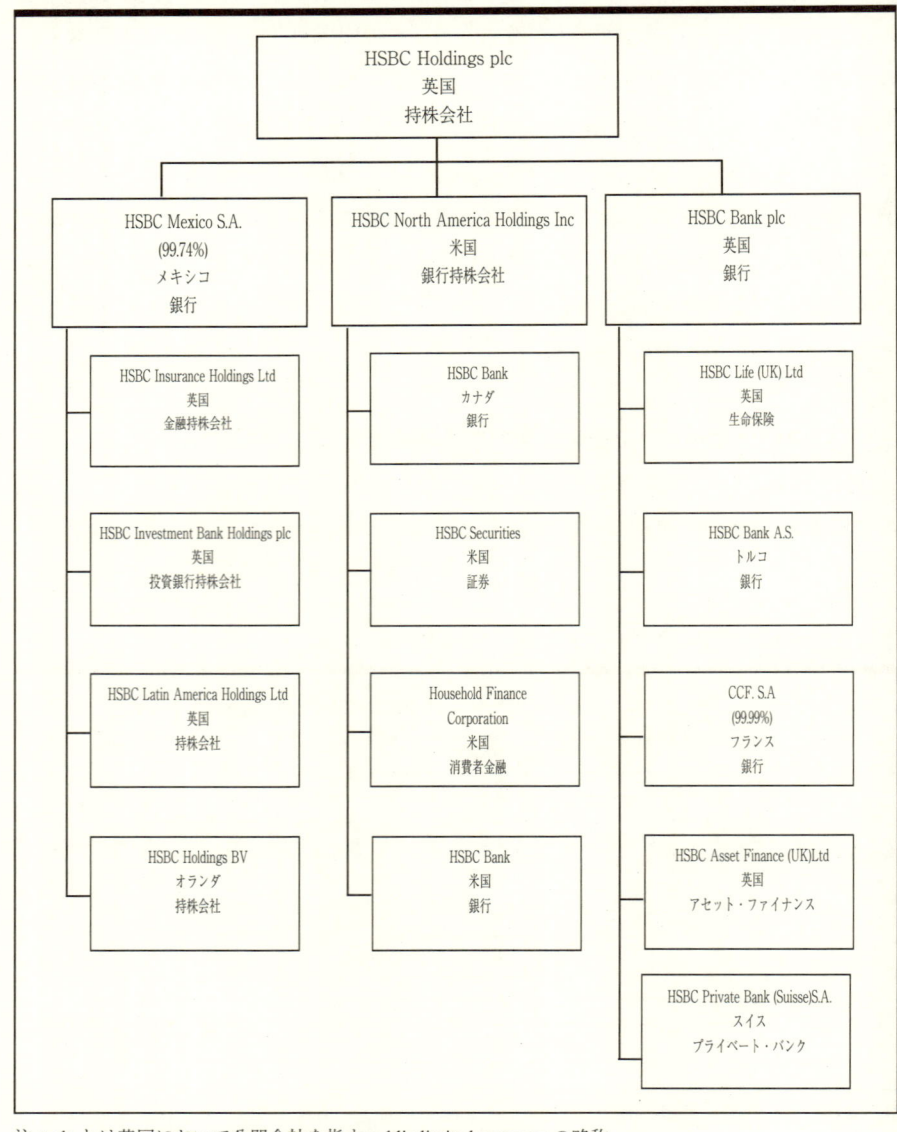

```
                    ┌─────────────────────────┐
                    │    HSBC Holdings plc    │
                    │          英国           │
                    │        持株会社         │
                    └─────────────────────────┘
```

HSBC Mexico S.A. (99.74%) メキシコ 銀行	HSBC North America Holdings Inc 米国 銀行持株会社	HSBC Bank plc 英国 銀行
HSBC Insurance Holdings Ltd 英国 金融持株会社	HSBC Bank カナダ 銀行	HSBC Life (UK) Ltd 英国 生命保険
HSBC Investment Bank Holdings plc 英国 投資銀行持株会社	HSBC Securities 米国 証券	HSBC Bank A.S. トルコ 銀行
HSBC Latin America Holdings Ltd 英国 持株会社	Household Finance Corporation 米国 消費者金融	CCF. S.A (99.99%) フランス 銀行
HSBC Holdings BV オランダ 持株会社	HSBC Bank 米国 銀行	HSBC Asset Finance (UK) Ltd 英国 アセット・ファイナンス
		HSBC Private Bank (Suisse) S.A. スイス プライベート・バンク

注：plc とは英国において公開会社を指す public limited company の略称。
出所：『2006 年度 HSBC アニュアル・レポート』より筆者作成。

株会社であり、所有する子会社は金融関連に限定されて、一般商工業との間接結合は認められていない[117]。

HSBC は、こうした英国型ユニバーサル・バンキングの形態を、数多くの M&A を通じて拡張し、「調整型連合体」のインターナショナル型組織形態による管理を行ってきた。しかし近年、よりマトリックス組織に近い形態へと転換を図っている[118]。これは、従来と比較して、より中央集権的な風土の醸成に向けた試みであり、マーケティングやオペレーション部門のグローバル単位での管理により、拡張する組織の経営効率向上への新たな段階を迎えているといえる。

VI 小括

HSBC はこれまで経営難に陥った競合相手との買収合併を通じて、規模の拡大と地理的な拡張、さらに業態の多様化と拡張後の管理・統制を成功させ、成長を続けてきた。こうした行動は、設立の地である香港に始まり、米国、英国、大陸欧州へと展開され、個人及び中小企業を主要な顧客とするリテール分野を中心に、新たな市場における経営資源と新規顧客の獲得を実現している。香港上海銀行当時から続く緻密な経営管理手法に、先端的な IT やシックスシグマなどの活用を加え、業容を世界規模に拡張した後も拡大した事業基盤のコスト及びリスク管理を機能させている。

HSBC によるグローバルな経営管理を可能にしている要素の 1 つが IO と呼ばれる HSBC における伝統的な国際マネジャーであるが、近年においては IT プロジェクトを始めとするグローバル・プロジェクトに従事しながら、異なる国・地域間を結ぶ役割を担うプロジェクト・スタッフの重要性が増している。また、こうした国際組織・人事管理体制の継続を支えている主要な要因には、勤続年数の長さを含めた経営陣の継続性があげられる。

HSBC における継続性重視の姿勢は、設立地である香港の恒生銀行や MMB を始めとして、ミッドランド銀行、CCF、ハウスホールドと続いた数々の大型クロス・ボーダー M&A においても示されている。これら国内市場重視の地域金融機関の

統合に際しては、地元支店網と顧客基盤、また妥当と判断すれば経営陣をも維持しながら、それぞれの地域で独自のマーケティング活動の展開がなされる。地域市場ごとに金融商品・サービスの品揃えも異なっている。一方で、資産運用、保険、クレジットカードなど特定の商品・サービス分野における企画・提案は、各国・地域代表及びグローバル・レベルの混合チームにより設計される。実践に際しては、商品・サービスごとに詳細段階のまとめ上げを担当する国・地域が指名され、各国での導入に至る。一方では、複数国での金融サービスを必要とする顧客という特定のセグメントに対し、プレミア・サービスと呼ばれる世界各国・地域共通の顧客サービスが提供されている。国際的に活動し、異動する顧客に対して異動先での口座開設や、信用枠の設定を母国と同等の水準で行われるものである。

このように集中的な統制と各国・地域における独自経営を同時に実現することにより、「ワールドローカルバンク」と示されるとおり、地域ごとの違いを理解したグローバル金融機関としての特徴をアピールするブランド戦略が可能になっている。こうした戦略の成功は、特に新興市場におけるブランド・イメージの強化と新規取引の拡大に大きく寄与しており、今後のHSBCの成長において重要な要素となるであろう。

注

1　"HSBC's Killer Move," *The Banker,* October 2003, p.20.
2　King, Frank H.H., *The Hongkong Bank in the period of development and nationalism, 1941-1984 : from regional bank to multinational group,* The History of the Hongkong and Shanghai Banking Corporation; v. 4, Cambridge University Press, 1991, pp.340-341.
3　Gilbart, James W., *A practical treatise on banking*, Adamant Media Corporation, 2000, A reprint of a 1865 edition by Bell & Daldy, London. スコットランドにおける金融システムは、1844年のピール銀行条例の適用を内容とする1845年法が成立するまで、イングランドの銀行制度からは隔離された形で独自の発展を遂げていた。
4　寺地孝之『近代金融システム論』有斐閣、1998年、194ページ。
5　Jones, Geoffrey, *Banks as Multinationals,* Routledge, 1990, p. 26.
6　King, Frank H.H., *The Hongkong Bank in late imperial China 1864-1902 : on an even keel,* The

第 2 章　HSBC

History of the Hongkong and Shanghai Banking Corporation; v. 1, Cambridge University Press, 1987, pp. xxvii, 47-56.

7　Sit, Victor F.S., *Branching of The Hongkong and Shanghai Banking Corporation in Hong Kong: A Spatial Analysis,* Eastern banking: essays in the history of the Hongkong and Shanghai Banking Corporation, edited by Frank H.H. King, 1983, p.633.

8　King, Frank H.H., op. cit., 1991, p.206.

9　小林進編『香港の工業化』アジア経済出版会、1970 年、3-5 ページ。

10　Jao, Y.C., *Financing Hong Kong's Early Postwar Industrialization: the Role of The Hongkong and Shanghai Banking Corporation,* Eastern banking: essays in the history of the Hongkong and Shanghai Banking Corporation, edited by Frank H.H. King, 1983, pp.553-554.

11　King, Frank H.H., op. cit., 1991, p.364.

12　Ibid., pp.616-619.

13　Ibid., p.363.

14　Ngan, Y.P., *Hang Seng Bank Limited: a Brief History,* Eastern banking: essays in the history of the Hongkong and Shanghai Banking Corporation, edited by Frank H.H. King, 1983, pp.709-712.

15　『2007 年恒生銀行商品サービス説明資料』。

16　『日本経済新聞』1997 年 4 月 28 日。

17　『日経金融新聞』1993 年 5 月 12 日。

18　『日本経済新聞』2002 年 6 月 10 日。

19　『日本経済新聞』1997 年 4 月 28 日。

20　『日経金融新聞』2002 年 10 月 23 日。

21　『日経金融新聞』2003 年 12 月 11 日。

22　『新華社企業ニュース』2006 年 4 月 14 日。

23　『日経金融新聞』2006 年 2 月 27 日。

24　『日本経済新聞』2006 年 11 月 17 日。

25　『日中グローバル経済通信』2006 年 12 月 14 日。

26　『ニュース・チャイナ』2007 年 3 月 30 日。

27　『日経金融新聞』2007 年 4 月 27 日。

28　『日経金融新聞』1994 年 10 月 26 日。

29　『日経金融新聞』1997 年 6 月 6 日。

30　『日刊工業新聞』2001 年 4 月 19 日。

31　『日経金融新聞』2005 年 7 月 25 日。

32　『日本経済新聞』2007 年 3 月 30 日。

33　『日本経済新聞』2007 年 9 月 21 日。

34 『日経金融新聞』2001 年 12 月 6 日。
35 立脇和夫『HSBC の挑戦』蒼天社出版、2006 年、43 ページ。
36 『日本経済新聞』2005 年 3 月 29 日。
37 『日本経済新聞』2006 年 7 月 31 日。
38 『日経金融新聞』2006 年 10 月 25 日。
39 『2006 年度 HSBC アニュアル・レポート』。
40 立脇和夫、前掲論文、433 ページ。
41 『ベトナム国営通信』2007 年 3 月 20 日。
42 『ベトナム国営通信』2006 年 11 月 8 日。
43 立脇和夫「香港上海銀行の経営戦略（下）」『早稲田商学』第 387 号、2000 年、432 ページ。
44 『日経金融新聞』2007 年 7 月 10 日。
45 『日本経済新聞』1996 年 2 月 15 日。
46 立脇和夫、前掲書、43-44 ページ。
47 『日経産業新聞』2006 年 12 月 27 日
48 King, Frank H.H., op. cit., 1991, pp. 491-497.
49 Ibid., p.771.
50 Ibid., p.773-780.
51 Zieglar, Arthur B., *Marine Midland Bank in an Analysis of Regulator Environment and Corporate Structure,* Eastern banking: essays in the history of the Hongkong and Shanghai Banking Corporation, edited by Frank H.H. King, 1983, pp.724-726.
52 Ibid., pp.729-730.
53 *The Eurofile,* May 1978, Issue 2, p.7.
54 Zieglar, Arthur B., op. cit., p.731.
55 Ibid., p.717.
56 King, Frank H.H., op. cit., 1991, p.771.
57 *ABA Banking Journal,* 1986, April, p.35.
58 米国では節税効果、不動産投資における収入に対しては減価償却が認められる。不動産購入後の数年間は所得税が大きく軽減されることも珍しくない。従来から、不動産の償却、及び負債（長期借入金）の返済金利は損金として節税を図ることが可能で、これをタックス・シェルターというが、現実の不動産投資では不動産購入後の数年間は所得税がゼロになることも珍しいことではなく、いかにタックス・シェルターを活用していくかが重要となる。
59 *ABA Banking Journal,* 1986, April, p.36.
60 *American Banker,* Oct. 15, 1989, Vol. 154, Iss.201; p.51.

第 2 章　HSBC

61　*Knight Ridder Tribune Business News,* October 8, 2004, p.1.
62　*American Banker,* May 16, 2006, Vol. 171, Iss.93; p.6.A.
63　*American Banker,* Dec. 30, 2003, Vol. 168, Iss. 248; p.10.
64　*Knight Ridder Tribune Business News,* Feb.14, 2005, p.1.
65　『日本経済新聞』2002 年 11 月 18 日。
66　"HSBC's Killer Move," *The Banker,* October 2003, pp.20-21.
67　『日本経済新聞』2002 年 11 月 18 日。
68　*Barron's,* 2004, August 9, pp. 17-18.
69　*USBanker,* Apr. 2004; 114, 4, pp.44-46.
70　*Euroweek,* Mar 18, 2005. p.1, *Knight Ridder Tribune Business News,* Oct. 5, 2004, p.1.
71　*Knight Ridder Tribune Business News,* Feb.14, 2005, p.1, ibid., Oct. 5, 2004, p.1.
72　*USBanker,* Apr. 2004, 114, 4, p.44.
73　立脇和夫、前掲書、77-78 ページ。
74　*USBanker,* Apr. 2004, 114, 4, p.46.
75　渡辺良夫「イギリスの金融システム」高木仁、黒田晁生、渡辺良夫『金融システムの国際比較分析』東洋経済新報社、1999 年、113-118 ページ。多くの英国銀行はリテールバンクであると同時にホールセールバンクでもあったためどちらか主要な事業により分類されている。
76　*Financial Services Distribution,* VRL KnowledgeBank Ltd., No.93, 2003.
77　渡辺良夫、前掲書、117 ページ。住宅金融組合（ビルディング・ソサエティ）は、産業革命期に都市に流入した勤労者が住宅取得のために組織した共同組合方式による住宅金融専門の相互扶助機関であり、従来組合員のみを対象に出資金及び貯蓄の受け入れと住宅資金の貸付を行っていた。住宅金融に対する需要の高まりとともに組合員以外の個人との取引を開始し、さらにその後の住宅建設ブームや政府の持ち家促進政策を背景に個人の預入額で商業銀行を上回るようになった。
78　Cruickshank, William D., *Competition in UK banking : a report to the chancellor of the exchequer,* UK HM Treasury, 2000. D・クルックシャンク著、古川顕訳『21 世紀銀行業の競争―クルックシャンク・レポート』東洋経済新報社、2000 年。
79　全国銀行協会金融調査部「英国における金融サービス法制の変遷とわが国への示唆」『金融』全国銀行協会、2005 年、39 ページ。
80　*Financial Services Distribution,* VRL KnowledgeBank Ltd., No.93, 2003.
81　King, Frank H.H., op. cit., 1991, p.891.
82　Ibid., pp.891-893.
83　Ibid., p. 893.

84 Ibid., pp.894-896.
85 ブリティッシュ・バンク・オブ・ミドルイースト（以下、BBME）は、1889 年イランのテヘランで創業されたイラン帝国銀行を前身とする。BBME は 1959 年に香港上海銀行により吸収合併され、現在では中東地域における HSBC の主要拠点となっている。
86 Ibid., p.633, pp.639-640.
87 Rogers, David, *The Big Four British Banks: Organization, Strategy and the Future,* Palgrave Macmillan, 1999, p.171.
88 Wilson, H., Sir., Chairman, *Committee to Review the Functioning of Financial Institutions: Research Report,* H.M.Treasury, 1978. 西村閑也訳『ウィルソン委員会報告―英国の金融・証券機構と産業資金供給』日本証券経済研究所、1982 年。ウィルソン委員会はこれらの環境変化を報告書で指摘している。
89 Rogers, David, op. cit., pp.173-180.
90 Ibid., pp.183-184.
91 『日経金融新聞』1990 年 12 月 18 日。
92 Rogers, David, op. cit., p.186.
93 『日本経済新聞』1992 年 4 月 30 日。
94 Ackrill, Margaret and Leslie Hannah, *Barclays: The Business of Banking, 1690-1996,* 2001, p.215.
95 『日経金融新聞』1990 年 12 月 18 日。
96 Rogers, David, op. cit., p.190.
97 『日経金融新聞』1993 年 3 月 17 日。
98 Rogers, David, op. cit., p.193.
99 Devlin, James F., "Technology and innovation in retail banking distribution," *International Journal of Bank Marketing,* 1995, Volume: 13 Issue: 4, pp.19-25.
100 2000 年に行われたコマーシャル担当役員のピーター・シンプソンによるインタビューでの説明。
101 Dickson, Louie L., *first direct (A) and (B),* Harvard Business School, 1998.
102 Devlin, James F., op. cit., pp.19-25.
103 "Using distribution to lead the race," *Financial Services Distribution,* Sept 9, 2005.
104 Fivel-Démoret, Claude, *The Hongkong Bank in Lyon, 1881-1954: Busy, but too Discreet?,* Eastern banking: essays in the history of the Hongkong and Shanghai Banking Corporation, edited by Frank H.H. King, 1983, pp.467-516.
105 『日本経済新聞』1997 年 12 月 11 日。
106 『日経金融新聞』2001 年 2 月 28 日。

第 2 章　HSBC

107　『日経金融新聞』1997 年 6 月 25 日。
108　"International IT: Gaining a World View," *Computerworld,* Jan. 14, 2004.
109　IP とはインターネット・プロトコルのことを指す。
110　"HSBC's IT spend reaps rich rewards," *Computer Weekly,* Oct. 17, 2006.
111　*Financial Times,* August 2, 2005, p.19.
112　*Financial Times,* May 25, 2005, p. 29.
113　*Times International,* May 16, 2005, Vol. 165, Iss. 19; p.22.
114　*American Banker,* May 16, 2006, Vol. 171, Iss.93; p.6.A.
115　*USBanker,* Apr. 2004, 114, 4, p. 46.
116　"Take that to the Bank," *Training,* June 2006.
117　馬淵紀壽、前掲書、86 ページ。
118　*Knight Ridder Tribune Business News,* Oct. 5, 2004.

第3章
シティグループ

1998年、シティグループは銀行持株会社のシティコープと証券業と保険業を展開する総合金融会社のトラベラーズとの対等合併によって、トラベラーズを存続会社とする銀行持株会社として誕生した。1999年にはグラム・リーチ・ブライリー法の成立により、傘下に銀行、証券会社、保険会社を有する金融持株会社となっている。

　シティコープは、子会社で中核銀行であるシティバンク・エヌ・エイ（以下、シティバンク）を中心に、多くの国・地域で展開するリテール業を柱として成長した。この成長の根底には、「金融機関としての公的な責任は、消費者及び中小企業に対する適正な金融機能の提供に及ぶとした自社事業の位置付け」、「1民間企業として、株主に対する責任への強い意識」があった。また、リテール分野の積極的な海外進出の背景には、特定の金融機関による国内市場独占を厳しく制限する、米国特有の金融制度の存在があった。シティバンクの本拠地であるニューヨーク州は、世界的な金融先進地だが、大手金融機関の地理的拡大に対しては、1970年代まで他の州と比較して厳しい制約を課していた。このため、シティコープの成長には伝統的な銀行経営手法にとらわれない行動が必要であった。

　本章では、こうした環境の中でシティコープの国際リテール基盤が、顧客の期待する金融機能の提供を目指した経営、その実現のために自社主体で開発を続けた先端技術のうえに築かれたものであることを解明していく。また、これらが、変化を続ける環境への対応を可能にしたダイナミック・ケイパビリティの重要な要素であったことも明らかにする。そのうえでシティコープによる、(1) 個人を中心とした顧客層の金融機能に関わる顕在・潜在需要の充足と収益確保を同時に実現させる姿勢、(2) 多様な経営資源を活用した、国や地域で異なる法制度、顧客性向や競争環境への対応能力、(3) 1つの組織としての統一性を実現した管理統制手法、(4) リテール資源の組織内の蓄積とグローバルな移植行動を中心としたダイナミック・ケイパビリティの創出過程を明確にする。

第3章　シティグループ

3-1　米国銀行持株会社国内上位10社資産総額推移（2005 – 07年）

順位	銀行持株会社	本社所在地	資産総額（1,000ドル） 07年6月30日	06年6月30日	05年6月30日
1	シティグループ	ニューヨーク（ニューヨーク州）	2,220,866,000	1,626,551,000	1,547,789,000
2	バンク・オブ・アメリカ	シャーロット（ノースカロライナ州）	1,535,684,280	1,447,538,298	1,251,045,863
3	JPモルガン・チェース	ニューヨーク（ニューヨーク州）	1,458,042,000	1,328,001,000	1,171,283,000
4	ワコビア	シャーロット（ノースカロライナ州）	719,922,000	553,614,000	511,840,000
5	タウナス	ニューヨーク（ニューヨーク州）	579,062,000	411,251,000	366,293,000
6	ウェルズ・ファーゴ	サンフランシスコ（カリフォルニア州）	539,865,000	499,516,000	434,981,000
7	HSBCノースアメリカ	プロスペクトハイツ（イリノイ州）	483,630,057	466,008,463	372,554,481
8	U.S.バンコープ	ミネアポリス（ミネソタ州）	222,530,000	213,405,000	203,981,000
9	サントラスト	アトランタ（ジョージア州）	180,314,372	181,143,444	168,952,575
10	ABNアムロノースアメリカ	シカゴ（イリノイ州）	160,341,966	158,079,131	145,024,570

注：FRB（連邦準備銀行）による順位付け対象の条件として、銀行持株会社は資産総額以外に5年分のFR-9Cデータの提出及び相当の銀行業務展開が求められる。FR-9Cとは、SEC（証券取引委員会）に対し、資産総額が1億5,000万ドル以上の銀行持株会社が提出を義務付けられている報告書である。複数の銀行の持株会社で直接あるいは間接的に貸付に関わるノンバンク業務に従事している場合は、規模に関わらず提出が義務付けられている。

出所：*Top 50 Bank Holding Companies*, National Information Center, Federal Reserve Board, 2007 より筆者作成。National Information Center は、連邦準備制度により収集された金融関連データ及び各社情報の保管機関である。

I　米国の銀行制度

　米国の銀行法制度は銀行の発券業務を中心に発展した経緯をもち、厳しい規制は、当初は銀行券の信用保護を目的とするものであった。銀行による預金、貸出などの業務範囲等は個別に限定され、認められる業務項目の削減によって規制が強化されたため、経済や市場の環境変化への対応が柔軟でないとされた。これに対し、ユニバーサル・バンキング方式を採用する欧州では、禁止事項や制限事項の個別規制が一般的であり、経済環境や実務的な状況を考慮すれば、米国の規制強化の手法は現実的でないことも多かった。このため米国では、市場環境の変

化に対応した新しい業務形態や商品・サービスの開発などの銀行の試みに対し、銀行法による制約が大きな障壁となった。現実にはこれを迂回するための脱法や違法行為が続いたため、環境変化に配慮しながら詳細な条件を設定して認可業務の内容が変更された。規制強化による監督官庁の権限の増大に対しては、裁判所が行政の法解釈の合理性を検証する役割を担った。一方で、複数の解釈が可能な場合にいずれの解釈を選択するかは行政の政策的な判断であり、司法が関与する問題ではないとされた[1]。

近年では、米国の行政当局による実務側との活発な人材交流が実施され、行政内容も金融市場の変化に敏感で現実的なものとなった。法改正についても実態に即した内容を目指し、行政と司法の両面から段階的に環境変化に対応しながら、実態面での変化が進んだ後に改正を実現する傾向が強まった[2]。1994年のリーグル・ニール法、さらに1999年金融制度改革法のグラム・リーチ・ブライリー法の成立についても同様の背景があったといえる。シティグループ設立後のグラム・リーチ・ブライリー法の成立は、実質的にこの巨大金融機関誕生に関わる実態面での大きな変化を後追いした政策転換を示している。

1 二元銀行制度による国法銀行と州法銀行の併存

米国の金融行政の大きな特徴の1つである二元銀行制度は、第1合州国銀行設立の1811年に開始された[3]。これは、国法銀行及通貨監督庁（OCC）と州法銀行及び州銀行当局が併存しながら、銀行免許の認可と銀行監督を互いに排他的に行う仕組みで、銀行側は国法銀行と州法銀行のいずれかを自由に選ぶことができる[4]。

このうちシティバンクを始めとする国法銀行には、当初、手形引受を始めとする海外での業務が禁じられており、海外業務については州法銀行と比較して大きな制約があった。しかし20世紀に入り、1914年制定の連邦準備法によって海外での業務活動が許可されるようになった。

2 単店銀行制度と支店銀行制度

1994年に成立したリーグル・ニール法は、銀行持株会社の本社所在州以外での銀行買収を認めるものであったため、マクファデン法がそれまで禁止していた州際業務は実質的に解禁された。リーグル・ニール法の成立以前は、支店開設に関わる地理的、量的規制が州ごとに異なり、個々の銀行による国内での活動に大きな影響を与えた。これは、同じ大手金融機関としてリテール業を重視したシティバンクと、現在のバンク・オブ・アメリカの前身である、ネーションズバンク及び旧バンク・オブ・アメリカ（以下、バンカメ）の拡大戦略にも現れている。金融機関の新規支店開設に厳しい制約を課す、限定支店銀行制度州のニューヨークに本拠をおくシティバンクが、事業拡張に向け国外での積極展開を重視したのに対し、州内でこうした制約を設けない、州全域支店銀行制度州カリフォルニアを拠点とするバンカメは、海外で業務展開しながらも、主要な事業基盤は西海岸地域を中心に国内においた。1998年にバンカメを実質的に吸収合併したネーションズバンクは、やはり州全域支店銀行制度州であるノースカロライナ州に本拠をおく地域金融機関として設立された後、国内でのM&Aにより全米規模の金融機関に成長している。このように制約の少ない支店銀行制度下で一部の銀行が大きく成長した一方でコロラド州では単店制度が1991年まで継続された。限定支店銀行制度については、今日においても採用している州が複数ある。

3-2 米国二元銀行制度の展開

(1860 － 2004年末)

年末	全銀行数	州法銀行数 （シェア、%）	国法銀行数 （シェア、%）
1860	1,562	1,562(100.0)	－
70	1,937	325 (16.8)	1,562 (83.2)
80	2,726	650 (23.8)	2,076 (76.2)
90	7,078	3,594 (50.8)	3,484 (49.2)
1900	12,427	8,696 (70.0)	3,731 (30.0)
10	24,514	17,376 (70.9)	7,138 (29.1)
20	30,291	22,267 (73.5)	8,024 (26.5)
30	23,679	16,432 (69.4)	7,247 (30.6)
40	14,534	9,370 (64.5)	5,164 (35.5)
50	14,146	9,175 (64.9)	4,971 (35.1)
60	13,147	8,605 (65.5)	4,542 (34.5)
70	13,487	8,849 (65.6)	4,638 (34.4)
80	14,836	10,411 (70.2)	4,425 (29.8)
90	12,439	8,390 (67.4)	4,049 (32.6)
2000	8,450	6,150 (72.8)	2,300 (27.2)
04	7,630	5,720 (75.0)	1,906 (25.0)

出所：高木仁『アメリカの金融制度―比較社会文化による問題接近をめざして 改訂版』東洋経済新報社、2006年、225ページより筆者作成。

3-3　米国支店銀行制度の展開（1900年 - 2004年）

年	全銀行数	単店銀行数 （シェア、%）	支店銀行数 （シェア、%）	支店数	店舗数
1900	12,427	12,340 （99.3）	87 （0.7）	119	12,549
10	24,514	24,222 （98.8）	292 （1.2）	548	25,062
20	30,291	29,761 （98.3）	530 （1.7）	1,281	31,572
30	23,679	22,578 （95.4）	751 （4.6）	3,522	27,201
35	14,125	13,329 （94.4）	796 （5.6）	3,112	17,237
40	13,442	12,509 （93.1）	933 （6.9）	3,489	16,931
45	13,302	12,201 （91.8）	1,092 （8.2）	3,896	17,198
1950	13,446	12,179 （90.6）	1,267 （9.4）	4,832	18,278
55	13,237	11,509 （86.9）	1,278 （13.1）	6,965	20,202
60	13,126	10,740 （81.8）	2,386 （18.2）	10,556	23,682
65	13,544	10,352 （46.4）	3,192 （53.6）	15,872	29,416
70	13,511	9,518 （70.4）	3,993 （29.6）	21,839	35,350
75	14,384	8,868 （61.7）	5,516 （38.3）	30,205	44,589
80	14,434	7,592 （52.6）	6,842 （47.4）	38,738	53,172
85	14,417	7,393 （51.3）	7,024 （48.7）	43,293	57,410
90	12,347	5,486 （44.4）	6,861 （45.6）	50,406	62,753
95	9,942	3,499 （35.2）	6,443 （74.8）	55,512	66,454
2000	8,315	2,646 （31.8）	5,669 （68.2）	64,079	72,394
04	7,630	2,126 （27.9）	5,504 （72.1）	70,584	78,214

出所：高木仁、前掲書、227ページより筆者作成。

3　クレジット・ユニオンとしての創業と国法銀行への転換

　シティバンクは、1812年にクレジット・ユニオンであるシティバンク・オブ・ニューヨークとしてニューヨーク市に設立された[5]。当初は独立戦争に関わる資金需要を満たす機能を果たしていたが、戦後、事業は商品取引と海運分野にも拡大された。しかし実際は、おもにオーナーの事業資金の調達手段と蓄財のために機能するものであり、当時ニューヨークで最初に破綻する銀行のうちの1行になるだろうとの予想もあった[6]。

　1863年から1864年にかけて制定された国法銀行法は、銀行業への自由参入を認める連邦政府の一般銀行法であり、銀行券発行の統一とその価値の安定化を意図し、各州の自由銀行法に比べて厳格な規制と監督の枠組みをもつものであった。

この厳しい規制と監督から、当初は州法銀行から国法銀行への転換は容易に進まなかったが、1865年に開始された州法銀行券に対する10%の課税を契機に転換が進んだ。シティバンク・オブ・ニューヨークも1865年に国法銀行に転換し、同時に名称をナショナル・シティバンク・オブ・ニューヨークに変更した。1897年の外国為替部門の設立以降は合衆国の国庫銀行としての役割も果たしている[7]。

Ⅱ　リテール業への本格的取り組み

　シティバンクによるリテール業の積極展開は、1920年代にニューヨーク市内において開始された。しかし、米国全土を視野に入れ、さらに、国外でも幅広く展開するという行動は1960年代以降に活発になったものである。この取り組みを率いた当時の会長ウォルター・リストンは、個人金融業への積極的な投資の理由を「そこに資金があるから」とした。「1兆2,000億ドルもの資金が個人金融分野で動いているが、この水準の金額の動きは他のどの金融分野にもみられない」というものであった[8]。

1　国内支店網の拡張と新商品開発

　1921年にナショナル・シティ・オブ・ニューヨークの親会社、カンパニーナショナル・シティ・カンパニー（以下、ナショナル・シティ）の社長に就任したチャールズ・ミッチェルは、前任者フランク・ヴァンダーリップが描いた金融の百貨店化構想を継承した。それは、(1) 世界経済における米国の台頭と国際通貨としてのドルの確立、(2) 証券取引において巨額資金の調達ニーズに迅速に対応できる世界の主要市場としてのニューヨークの確立、それに (3) 国内で顕著になっていた裕福な中間層の台頭など、環境の変化にもとづいたものであった。従来、ナショナル・シティが中心としていた大企業や政府向けの国際業務及びコレスポンデント銀行取引、融資・投資銀行業務に、個人や中小企業を対象顧客としたリテール業を加えたのである。

　ナショナル・シティが本拠をおくニューヨークは、1920年代、他の都市と比

3-4 主要銀行のニューヨーク市内支店数
(1929年末)

銀行名	支店数
コーン・エクスチェンジ	67
バンク・オブ・マンハッタン・トラスト	64
バンク・オブ・ユナイテッド・ステイツ	58
マニュファクチャラーズ・トラスト	45
ナショナル・シティ	37
バンク・オブ・アメリカ	34
パブリック・ナショナル	33

出 所 : Cartinhour, Gaines T., *Branch, group, and chain banking*, 1931, Cleveland, Harold van B. and Thomas F. Huertas, *Citibank 1812-1970*, Harvard University Press, 1985, p.117 より筆者作成。

較して、裕福な企業管理職、証券ブローカー、弁護士などの専門職、そして成功した企業家が多く、個人や事業主を対象とした銀行取引に適していた。米国最大の製造業集積地として国内の工業生産高の10%を占め、ニューヨーク港では対外貿易の約30%を扱い、資金需要は旺盛であった。主要産業であった印刷業や繊維業に従事する数千もの小企業の多くは個人企業主が経営し、証券市場からの資金調達は困難であったため、銀行融資に大きく依存していた。ナショナル・シティはその中でも原料輸入や製品輸出に携わる小企業について、貿易金融サービスや海外の取引先に関する審査情報を提供するなど、世界各国に広がる支店網を活用しながら取引関係を培った。一方、ナショナル・シティの従来からの取引先である製造分野の大企業、ラジオ局や出版社のニューヨーク本社幹部や一般社員も重要な対象顧客であった[9]。

しかし、ニューヨークの州法銀行の多くが、支店銀行として複数の支店を通じた取引を行っていたのに対し、ナショナル・シティは国法銀行法の規定によって、単店銀行としてウォール・ストリートに位置する本店を通じた取引に限られ、リテール展開には大きく不利な立場にあった[10]。ナショナル・シティは支店展開を可能にするために一時は、州法銀行への転換も考慮したが、最終的には法制度改革を待つ決定をした。その後の法制度改正で、1927年にはマクファデン法が成立し、それまで制限されていた、国法銀行による支店を通じた融資業務の取り扱いが認められるようになった。預金業務と融資業務を合わせた総合的な銀行業務を扱う支店展開が可能になったのである。ミッチェルはこの機をとらえて支店の開設を強力に推進し、1920年には本店1ヶ所であった拠点数が、1929年末までにマンハッタン、ブルックリン、クイーンズ、そしてブロンクスの37支店に

第 3 章　シティグループ

3-5　国法銀行上位 15 行の預金残高推移（1922 – 23 年）　　　　　　　　　（単位：ドル）

銀行名	1923 年 6 月	1923 年 4 月	1922 年 6 月
ナショナル・シティ（ニューヨーク）	662,201	651,682	667,039
チェース（ニューヨーク）	399,186	421,272	425,689
コンチネンタル・アンド・コマーシャル（シカゴ）	359,661	380,690	355,371
コマース（ニューヨーク）	345,854	347,424	449,586
ファースト（ニューヨーク）	268,901	237,431	295,102
ファースト（シカゴ）	201,602	203,863	189,514
メカニクス・アンド・メタルズ（ニューヨーク）	186,602	211,046	277,470
ファースト（ボストン）	167,452	157,539	173,993
チャタム・アンド・フェニックス（ニューヨーク）	155,498	165,236	154,189
パーク（ニューヨーク）	155,039	153,293	160,274
ショウムット（ボストン）	135,010	125,502	131,712
ハノーバー（ニューヨーク）	149,792	153,502	161,278
ケミカル（ニューヨーク）	121,417	126,573	145,273
アメリカン・エクスチェンジ（ニューヨーク）	114,959	125,502	141,621
ファースト（セントルイス）	112,109	119,905	110,080

出所："Fifty-Million –Dollar Banks," *Barron's*, August 6, 1923 より筆者作成。

増加した。

　ナショナル・シティは国内支店網の構築に際して、ミッチェルが「小さいが新興の資本家」と呼んだ、消費者という新しい顧客層の獲得を目指した。「銀行取引は、衣類や雑貨、家具の購入などと同様に気軽に行われるべきものである」と考え、最初の支店は個人顧客の利便性を意識して、ホテルや劇場、商店が軒を連ね、交通の大動脈に隣接する 42 丁目の一角に開設した[11]。

　商品面においても、この新しい顧客層の利便性と収入に合わせて当座預金口座の最低預入残高は 500 ドルに引下げたが、実際には、当座預金は実業家や中間層向けの商品となっていった[12]。このため、小口預金者のニーズに積極的に応えるため、金融ジャーナリストの経歴をもち当時研修部門に所属していたステファン・ロジャーを抜擢し、42 丁目支店の地下に新たに複利商品部門を設置して新規の定期預金商品を開発した[13]。1921 年末までには、預入金額 1 ドルから口座開設ができ、残高 5 ドル以上で半年複利の預金商品が開発された[14]。当時のニューヨーク州法では、貯蓄銀行のみに普通預金の名称を商品名に使うことが認められていたため、ナショナル・シティの預金商品は普通預金と呼ぶことはできなかっ

た。しかし、新規に開発されたこの預金商品は、実質的には普通預金として機能するものであった。1922年6月時点では預金件数は6,300件で預金残高は200万ドルに満たなかったが、7年間で23万2,000件に増加し預金残高は6,200万ドルに上った[15]。

　ナショナル・シティは、新規のリテール顧客向け預金商品の開発を行う一方で、個人向けローンの提供にも積極的に取り組んだ。1920年代のニューヨークでは、消費者信用への大きな需要があったにもかかわらず、商業銀行は小口の無担保貸出を行わず、許可を受けた数少ない金融業者や産業銀行がニューヨーク州での法定金利以上の金利で融資を行っていた。しかし、これらの資本基盤は脆弱であり、ローン・ポートフォリオも融資対象が分散されたものではなかった。一方、ジャーナリスト時代からニューヨーク市の不正金融業者問題を扱っていたナショナル・シティのロジャーは、複利商品部門責任者としての小口預金者との取引から、ローン商品に対する需要を把握していた。消費者が小口資金を適正な条件で借入れる選択肢をもたない状況の中で、ロジャーは6%割引の無担保分割ローンで収益を上げることができると確信し、経営陣への進言を続けた[16]。

　1928年初め、ニューヨークの検事総長が金融機関に対して個人向け融資分野への参入を促した際、ニューヨークの商業銀行の中でナショナル・シティがこれに唯一応じ、42丁目支店の地下に個人信用部門が新設された。それまで大手商業銀行は個人融資分野の参入に消極的であったが、実際に取り組みが開始されると、報道機関にも好意的に取り上げられ、ローンの申請を求める預金者が殺到し、業績と企業イメージの両面で大きな効果をもたらした。無担保分割ローンを市場に投入した後7ヶ月で、貸出件数2万8,000件、貸出残高は850万ドルに上った。融資資金は複利部門から3%の金利で調達し、実質金利は12%であった[17]。

　信用リスク管理については、それぞれのローンに2人の連帯保証人が必要と定めた。個々の顧客に関する知識を日々蓄積して、クレジット・スコアリング・システムによる審査能力を向上させ、貸倒れを限定的なものとすると、消費者向け無担保融資業務からの収益は安定し、個人金融事業は黒字化した[18]。ナショナル・シティはさらに、最低預入金額の規定のない小切手口座や投資信託商品も開

第 3 章　シティグループ

3-6　リテール展開に関わるおもな活動と経営責任者

経営者	主な経歴	活動内容
チャールズ・ミッチェル	ウェスタン・エレクトリックで電気機器の営業を担当。信託会社で社長補佐。投資銀行を起業し経営	1921年頭取に就任。シティで初めてリテール業務の将来性に着目。新たな会計及び業務新手順の導入、本店による管理の強化
ジョージ・ムーア	ミズーリ州出身。エール大学で経営工学と化学を専攻。後にナショナル・シティ・バンクに吸収合併されるファーマーズ・ローン＆トラスト入行	部門別損益計算書を開発・導入。従来の業務管理手法を転換。人事制度改革。クレジットカード事業に進出
ウォルター・リストン	コネチカット州出身。学部で化学を専攻。タフツ大学フレッチャー・スクールで法律専攻	海外部門の急拡大と個人金融業務の強化。異業種から人材を獲得、活用。国際部門の長を経て1970年 FNCB の会長兼 CEO
ジョン・リード	シカゴ生まれ。アルゼンチンで育つ。MITで生産管理専攻。グッドイヤー・タイヤ＆ラバー社を経て MIT で生産管理の修士号を取得。1965年入行	リストン統括の国際部門で日本における信用リスクを分析。オペレーション部門、個人金融部門の長を経て1984年会長兼 CEO。業務改革、経営情報管理システム (MIS) の開発、ATM 導入の推進。電子データ処理の研究・開発を推進

出　所：Cleveland, Harold van B. and Thomas F. Huertas, *Citibank 1812-1970*, Harvard University Press, 1985, Moore, George, *The Banker's Life*, W.W. Norton & Company, 1987, Zweig, Phillip L., *Wriston: Walter Wriston, Citibank, and the Rise and Fall of American Financial Supremacy*, Crown Pub, 1996 より筆者作成。

発し、数年後には海外支店でも普通預金の取り扱いを開始した[19]。

　ナショナル・シティは消費者向けの金融業務展開に際し、異業種で標準、あるいは先進的とされていた手法を積極的に学習し、応用した。営業面では、個人層を中心としたマスマーケット向けに、旧来の穏やかで保守的な企業イメージや法人顧客向けの伝統的な営業手法、さらに、研修の内容の見直しを行っている。ゼネラル・モータースやプロクター・アンド・ギャンブルなどによる消費財のマーケティング手法を参考に、ダイレクト・メールの送付や営業担当者間の競技会も実施した[20]。こうした取り組みに追随して、ニューヨークの他の商業銀行も個人金融分野に進出したが、ナショナル・シティの先行者優位は数年続いた[21]。

　ミッチェルは、後に議会での証言で、「顧客が常時、銀行、投資、そして信託サービスのすべてを揃えて提供することを求めるという潮流は、国民一般が示している。こうしたサービスを1つの組織で提供できればより望ましい。……通常の顧客はこれらの取引をまとめて1ヶ所で済ませることを好み、金融機関側も妥当な収益を上げることができる」と述べている。1970年に銀行持株会社として設立されたシティコープによる、消費者向け金融業務のワンストップ・サービスと

金融コングロマリット化を目指す素地は、この時期には醸成されていたといえる。
　しかし、1930年代後半以降は、金融大恐慌と第二次世界大戦による混乱、その後急速に進んだニューヨーク市からウェストチェスター郡を始めとする郊外、他州への人口流出によって、ナショナル・シティの個人金融分野における成長は困難になった。この背景には、1927年に制定されたマクファデン法による州際業務規制及び1934年のニューヨーク州法ステファン法（以下、ステファン法）による、金融機関の業務拡大に対する制限が大きく影響していた[22]。マクファデン法が本店の所在する州外への支店開設を禁じる一方で、ステファン法はニューヨーク市に本店をおく国法銀行については国内支店開設をニューヨーク市内に限定して認めるというものであった[23]。これに対して、ニューヨーク州を本拠とする金融機関でも本店、本社がニューヨーク市以外にある場合は、市内での支店開設が認められており、競争環境は激化した。
　銀行としての成長が制約される中、ナショナル・シティは1955年にニューヨーク市のファースト・ナショナル・バンクと合併し、新たにファースト・ナショナル・シティ・バンク・オブ・ニューヨーク（以下、FNCB）となる。この翌年、連邦法の1956年銀行持株会社法（以下、1956年法）が成立すると、FNCBはウェストチェスター郡最大の商業銀行であったカウンティ・トラスト・カンパニーとの合併計画を発表した。同時に、合併にともない銀行持株会社を設立する予定が明らかになった。新法が、同一州における銀行合併を通じた銀行持株会社の設立に対して寛容であるとの解釈にもとづく、新たな支店網拡張の試みであった[24]。しかし、大手銀行と中小銀行との合併は、事実上大手行による吸収と見なされ、地域住民の利益に反するとの理由から、両行の申請は州議会により否決される[25]。当時のニューヨーク州知事は、州内での銀行持株会社形成を暫定的に凍結する決定を下した。連邦準備制度理事会は、ニューヨーク州によるこうした否定的な動きに対し、1956年法にもとづく銀行持株会社設立の申請については審査を継続するとして、州当局とは異なる姿勢を示している。しかし、設立が計画されたファースト・ナショナル・シティ・カンパニーは、既存のどの銀行持株会社よりも格段に規模が大きく2名の委員の賛成はあったが、独占禁止の観点から連邦準

第3章　シティグループ

備制度理事会も否定的な決定を下した。FNCB は、こうした当局の判断に対して法制度改正の動きを見守る姿勢をとった。1960 年にはニューヨーク州法オムニバス銀行法（以下、オムニバス法）が成立し、ニューヨーク市に隣接するナッソー郡とウェストチェスター郡での支店開設が認められるようになった[26]。

　1960 年代に入り、銀行預金から証券会社により開発された決済機能をもつ金融資産総合口座（以下、キャッシュ・マネジメント口座）に資金が流出する一方、企業は直接資本市場からの資金調達を積極化させた。銀行を取り巻く競争環境が厳しくなる中、FNCB は譲渡性預金（CD）を開発し、ディスカウント・コーポレーションと共同で流通市場を構築するなど普及に努めた[27]。しかし、譲渡性 CD の上限金利は、連邦準備銀行によりコマーシャル・ペーパー（CP）や財務省証券（TB）の市場金利より低く設定され、流通上の制限は解消しなかった。海外市場でのユーロダラー買いによる資金不足の解消も図られたが、ユーロダラー調達コストの上昇が続き、経営を圧迫した[28]。法人顧客の旺盛な資金需要に応えるため、FNCB によるリテール分野での取り組みは、改めて積極的なものとなった。店舗の新規開設のペースを加速し、住宅ローン取引や信用枠付の通知預金などの新商品の開発も積極的に推進した。しかし、これはすでに他行の多くも同様に、ローンを中心に、個人向け業務を強化していた中での取り組みであった。

　FNCB の成長戦略について模索を続けた当時の社長ジョージ・ムーアと部下であったウォルター・リストンは 1965 年に、当時ゼネラル・エレクトリック社（以下、GE）のシンクタンク部門であったテクニカル・ミリタリー・プランニング・オペレーション（Technical Military Planning Operation、以下 TEMPO）に、自社の事業の将来像に関する研究を委託する。1962 年からゼネラル・エレクトリック社（GE）の社外取締役を務め、TEMPO の活動内容を高く評価していたリストンは、ムーアとともに、伝統的な銀行業の枠組みを超え、長期的な世界の潮流を踏まえた視点からの提言を TEMPO に求めた。FNCB は、1967 年に初めての試みとして、10 年の長期事業計画（以下、「10 年計画」）を作成しているが、この計画の前提とされた事業戦略は TEMPO 報告による提言に大きな影響を受けたものであった[29]。

3-7　シティグループのおもな商品一覧（2006年）

ATMカード	シティアシストK-12
ATM・デビットカード	シティアシスト学部生＆院生対象ローン
デビットカード	シティアシスト法科大学院生＆司法試験準備生対象ローン
クレジットカード	シティアシスト健康関連専門職＆研修医対象ローン
ベーシック・バンキング	学生ローン
シティバンクアクセス・アカウント	フェデラル連結ローン
セービングス（普通預金）	フェデラル・プラスローン
ベーシック・チェッキング（当座預金）	フェデラル・スタッフォードローン
EZチェッキング	住宅ローン
チェッキングプラス（変動金利）	ホーム・エクイティーローン
シティゴールド	ホーム・エクイティー信用枠
ザ・シティバンクアカウント	分割ローン
預金証書（CD）	プライシングパッケージ
スーパーイールド・マネーマーケット	シティ定期保険（シティコープ・インシュアランス・エージェンシー）
投資商品（シティコープ投資サービス）	介護保険（シティコープ・インシュアランス・エージェンシー）
トラディショナルIRA	シティバンクなんでもカウント
ロスIRA	ウーマン＆カンパニー
満期書替（ロールオーバー）IRA	

出所：『2006年シティグループ商品・サービス説明資料』より筆者作成。

　「10年計画」が実行に移された1960年代後半から1970年代は、国内銀行に加え海外の金融機関が米国進出を積極化したため、大企業取引分野における競争が激化した[30]。また、ノンバンクの台頭、証券会社による決済サービス商品の提供開始と、異業種、異業態からの進出も急速に進んだ。伝統的な銀行業での競争環境が厳しくなる中、FNCBの新たな戦略は先端技術の活用により、競合他社との差別化を図ると同時に、法制度に先行することの可能な個人金融業務を中心とし

第 3 章　シティグループ

3-8　シティグループ　部門別利益推移

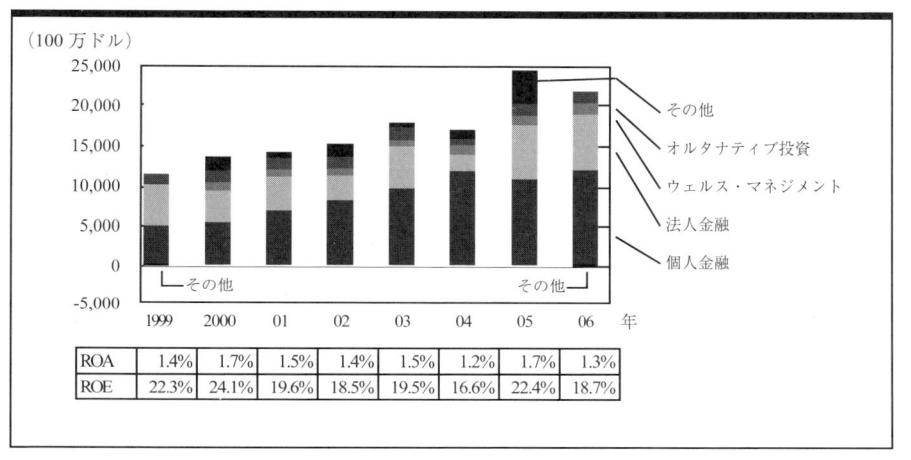

(100万ドル)

	1999	2000	01	02	03	04	05	06
ROA	1.4%	1.7%	1.5%	1.4%	1.5%	1.2%	1.7%	1.3%
ROE	22.3%	24.1%	19.6%	18.5%	19.5%	16.6%	22.4%	18.7%

注：2005年度のその他利益はトラベラーズの生命保険・年金事業の売却益21億ドル（税引き後）及びアセット・マネジメント事業の売却益21億ドル（税引き後）を含む。
出所：『シティグループ10K』、『アニュアル・レポート』、『モーニングスター・レポート』より筆者作成。

たリテール業を重点分野と位置付け、成長するというものであった。

　1970年から個人金融部門を率いたジョン・リード自身、伝統的な銀行家とは異なる視点で銀行業をとらえていた。リードによる個人金融事業モデルとは、個人顧客のもつ、(1) 貸出、(2) 貯蓄、(3) 決済、(4) 相談・提案の4つの基本的な金融ニーズを起点にして、それぞれの多様な組み合わせをパッケージにして商品化し、包括的なマーケティング手法で流通させ、収益を上げるというものであった。このモデルの実現に向けて、伝統的な銀行業務を主体に支店を通じて展開されていた組織に事業部制度を取り入れるという大規模な組織改革が実行された[31]。

　国内外の店舗網の拡張や、先端技術を活用したクレジットカード事業の顧客基盤拡大により、個人金融業務からの利益は1982年度の9,300万ドルから、1990年度には10億ドルに達した。1998年のトラベラーズとの合併によるシティグループ誕生以降も、傘下の銀行持株会社シティコープの個人金融部門として利益を伸ばし、2003年度には90億ドルを超える収益を計上、収益性と成長の両面で事業の柱になった。

シティコープを会長兼 CEO として率い、2000 年までサンフォード・ワイルと共同でシティグループの会長及び最高経営責任者を務めたジョン・リードは、リテール業の多国籍展開においては、金融機能を重視した視点が重要であるとした。これはリードの「世界のどこであっても顧客の間には相違点よりも類似点のほうが多い。金融に関する人々の姿勢は国籍には関係なく、育ち方や受けた教育、さらに価値観の関数である」という見方を示すものであった。こうした視点にもとづいて、リードはクレジットカードの拡販に際しても、「個人客はクレジットカードを必要としているわけではなく購買に際しての利便性を必要としている」と主張した[32]。

2 クレジットカード事業への参入と全国展開

マクファデン法による州際業務規制のため、支店網の地理的拡大は大きく制限され、全米規模の顧客基盤構築のためには支店業務以外の展開は不可欠であった。1950 年代末に、ダイナースクラブにより開始されたクレジットカード業は、成長を目指す大手銀行にも重要な機会を提供することになった。また、クレジットカードの開発は、個人顧客の決済機能及び利便性に関わる需要に応えるものでもあった。

銀行系カードとしては、1958 年にバンカメが最初に分割払い方式のカードを発行し、次いでチェース・マンハッタンが開始すると、他の多くの銀行、金融会社が続いた。しかし、(1) 発行に要する膨大な初期投資、(2) 事務処理に要する高い固定費、(3) 加盟店獲得の負担、(4) 特有の信用管理などの問題から、チェース・マンハッタンを含め撤退する発行会社が相次いだ[33]。

FNCB は、他社の業務管理の手法、業績の推移を慎重に調査した後、1977 年に全米向けに入会勧誘のダイレクト・メールを 2,600 万通送付し、クレジットカード業務を開始した。審査や債権管理体制の不備もあり、年間数億ドルに及ぶ損失を計上しながらも、見直しを重ねて拡大を続けた。今日、クレジットカード業務は、個人金融部門の収益の柱としてシティグループ全体の利益の 20% を上げている。

開始当初、クレジットカード事業は、唯一全米を網羅し州際業務への制約を

打破する事業と位置付けられていた。しかし、業務開始以降の継続的な投資による顧客情報の効果的収集・管理、それにマーケティング、審査、信用・債権管理に関わる体制の確立、先端技術の開発と応用により、当初の想定を大きく超え、世界規模の戦略事業へと成長した。

III 持株会社組織形態でのユニバーサル・バンキング実現

　米国では、地理的な拡張をおもな目的として設立された銀行持株会社には中核的な銀行子会社が存在し、基本的な形態として銀行子会社のみ、または、銀行子会社と非銀行子会社の両方を所有する[34]。

　前章、(図表) 2-33「英国及び米国のユニバーサルバンク組織形態」が示すように、米国型ユニバーサルバンクは銀行持株会社のもとで形成され、銀行業とそれ以外の金融仲介業との間接的な結合の度合いは、英国よりも限定的である。またここでの銀行は事業持株会社でなく、純粋持株会社の子会社として位置付けられる。銀行子会社は、ほぼ例外なく連邦預金保険制度に加入している。被保険預金を他の子会社から発生するリスクから隔離するために、銀行持株会社組織の中に、ファイアー・ウォールと呼ばれる銀行子会社の被保険預金を対象とする業務隔離障壁が設けられているのである[35]。

1　銀行持株会社シティコープ設立の背景

　シティコープの前身である銀行持株会社ファースト・ナショナル・シティ・コーポレーション設立の背景には、連邦法やニューヨーク州法規制により、事業拡張が大きく制限されていたことがあった。1927年に成立したマクファデン法による州際業務規制、1934年制定のニューヨーク州銀行法ステファン法によるニューヨーク市外での支店展開の禁止、さらに、1956年法による、銀行持株会社設立に際しての連邦準備制度理事会の事前承認である。1956年にニューヨーク市郊外への進出を目的に、ウェストチェスター郡の銀行との合併を図った際も、州議会と連邦準備制度理事会の否決を受け実現しなかった[36]。

支店展開の制限による資金の調達難に加え、業務分野規制による事業範囲の制限も大きな課題であった。これは、1960 年に、FNCB が子会社のファーマーズ・ローン・アンド・トラスト・カンパニー（以下、ファーマーズ・トラスト）を銀行本体に吸収する目的で、組織改編を実施した際の政府による介入をめぐる議論にも表れている。信託事業を中心に事業展開していたファーマーズ・トラストは、1929 年に FNCB の前身であるナショナル・シティ・バンクによる吸収合併後に子会社化されていた。しかし、この信託会社の銀行本体との統合による組織の巨大化は、独占禁止の観点から司法省により改めて問題視された[37]。信託事業の分割は免れたが、新規事業のクレジットカード発行を開始するにあたっての他社の買収計画は実現しなかった。

　1966 年、FNCB はクレジットカード事業参入の目的で、コンラッド・ヒルトンが所有するカルテ・ブランシェ株を 50%、1,200 万ドルで買収し、同時に支配権の 100% を獲得した。しかし、司法省はこの買収直後に独占禁止法抵触の判断を下し、大手銀行がクレジットカード分野に参入する際は買収ではなく、自前で新規に立ち上げることを義務付けたのである。ナショナル・シティ・バンクは、いったん獲得したカルテ・ブランシェ株を買収後 1 年で売却している[38]。

　FNCB は厳しい法規制の下で成長に向けてさまざまな試みを続け、1967 年には銀行持株会社の設立に踏み切る。1956 年法及び 1961 年ニューヨーク州銀行法による持株会社規制が、複数の銀行を保有する持株会社を対象とし、1 行のみを支配下におく場合は、銀行持株会社の設立に FRB の承認が必要ない点に着目したのである。銀行持株会社は、1956 年法により 3 つの要件を中心に定義された。すなわち、(1) 2 つ以上の銀行、あるいはこの法律によって銀行持株会社と見なされる会社の議決権付株式の、それぞれ 25% 以上を直接または間接に所有・支配・保有するあらゆる会社、(2) 2 つ以上の銀行の取締役の過半数を選出する何らかの権限を有する会社、(3) その株主あるいは構成員の利益のために、2 つ以上の銀行、あるいは銀行持株会社の議決権付株式の 25% 以上が受託者により保有されている会社である。1968 年 10 月に銀行と持株会社の株式を 1 対 1 の比率で交換する案への株主承認を受けると、単一銀行持株会社ファースト・ナショナル・

第 3 章　シティグループ

シティ・コーポレーションは、税制上有利なデラウェア州に設立され、FNCB はその傘下銀行となった[39]。1974 年には、金融持株会社のシティコープに変更されている。

　銀行持株会社としてのシティコープには、サウス・ダコタやネバダのように、州によりニューヨークに本店をおくシティバンクとは別の国法銀行を子会社としてもつことが可能となった。1980 年 11 月には、サウス・ダコタ州にシティバンク（サウス・ダコタ）N.A. が設立され、続いて 1985 年 4 月にはネバダ州にも新たにシティバンク（ネバダ）N.A. が誕生した。シティバンク（サウス・ダコタ）N.A. 設立の背景には、当時ニューヨーク州では設定されていたが、サウス・ダコタ州には存在しなかった金利の上限規制があった。サウス・ダコタ州で認められた金利は、他州住民の顧客にも適用された。また、サウス・ダコタ州の州所得税はニューヨーク州の税率よりも低く、ネバダ州には州所得税がなかった。これらの理由から、シティバンク（サウス・ダコタ）N.A. は、全国展開を目指すクレジットカード業務をおもに取り扱う銀行と位置付けられ、一方のシティバンク（ネバダ）N.A. はサウス・ダコタ州で政治的変化などの不測の事態が起きた場合の備えという性格をもっていた[40]。

　米国における銀行持株会社設立のおもな背景には、(1) 支店の全国展開、(2) 金利の上限規制、(3) 地方税率の格差という 3 つの要因が存在したが、証券業務を始めとする別業態を傘下にしながら展開できる点も大きな魅力であった。1968 年の銀行持株会社設立に際し、リストンは目標が、「伝統的な銀行業にとらわれることなく、相互に関連性のある金融サービス分野でのシティの競争力を強化し、地球規模での金融サービス企業になること」であるとした[41]。

　FNCB による単一銀行持株会社設立は、伝統的な銀行業の枠を超えた、金融サービス企業としての発展に向けた動きであったとの認識が一般的である。しかし、この「金融サービス企業」は「金融業務を多角的に展開する企業」に限定してとらえられていたわけではない。FNCB が重要視した 1960 年代の TEMPO 分析は、FNCB が銀行業態を越えた金融サービス企業を目指すにあたり、情報サービス業の展開を視野に入れるべきであると言及している。銀行業が本質的に多様な情報

117

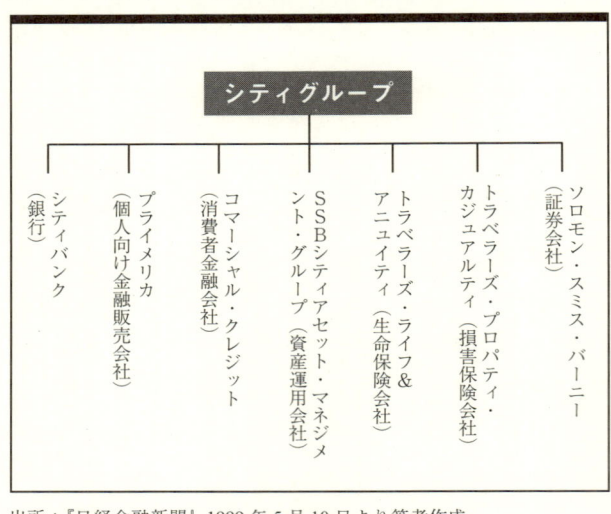

3-9 シティグループ発足時グループ概要（1998年）

```
                       シティグループ
    ┌────┬────┬────┬────┬────┬────┬────┐
  シ   プ   コ   S   ト   ト   ソ
  テ   ラ   マ   S   ラ   ラ   ロ
  ィ   イ   ー   B   ベ   ベ   モ
  バ   メ   シ   シ   ラ   ラ   ン
  ン   リ   ャ   テ   ー   ー   ・
  ク   カ   ル   ィ   ズ   ズ   ス
 （   （   ・   ア   ・   ・   ミ
  銀   個   ク   セ   ラ   プ   ス
  行   人   レ   ッ   イ   ロ   ・
  ）   向   ジ   ト   フ   パ   バ
      け   ッ   ・   ＆   テ   ー
      金   ト   マ   ア   ィ   ニ
      融  （   ネ   ニ   ・   ー
      販   消   ジ   ュ   カ  （
      売   費   メ   イ   ジ   証
      会   者   ン   テ   ュ   券
      社   金   ト   ィ   ア   会
     ）   融  ・  （   ル   社
          会   グ   生   テ   ）
          社   ル   命   ィ
         ）   ー   保  （
              プ   険   損
             （   会   害
              資   社   保
              産  ）   険
              運       会
              用       社
              会      ）
              社
             ）
```

出所：『日経金融新聞』1999年5月10日より筆者作成。

を基盤とする事業であるとの認識をもっていたFNCBの経営陣は、この提言内容に強い興味を示した[42]。FNCBによる1968年の単一銀行持株会社の設立は、銀行持株会社による異業種展開について詳細かつ厳格な規定を含まなかった1957年銀行持株法にもとづいたものであった。設立の背景には、当時の、コンピューターによる情報処理業に代表された情報産業が金融サービス業に密接に関連するとの認識、さらに、成長に向け銀行業のみならず、金融業の枠をも超える視野と事業の多角化への戦略が存在したといえる。

2　トラベラーズ・グループとの合併

　1998年9月、米国連邦準備理事会（FRB）が銀行持株会社で総資産全米第2位のシティコープと、証券会社・保険会社・ノンバンクなどを傘下にもつトラベラーズの合併を条件付きで承認すると、これを受けて翌10月、新会社のシティグループが誕生した。トラベラーズが銀行持株会社に転換して存続会社になるという条件での承認であった[43]。

　この合併に向けてシティコープが重視したのは、証券業や保険業などトラベラーズのもつ銀行業以外の業態であり商品・サービスであった。一方、トラベラーズ側にはシティコープのもつ世界的な顧客基盤が大きな魅力であったとされる。こうして誕生したシティグループは、人生でのさまざまな節目に照準を合わせて、多様な金融商品・サービスを新たに提供するライフ・イベント・モデルと呼ばれ

第3章　シティグループ

3-10　シティグループのおもな個人向け商品及び販売チャネル（1998年）

チャネル／業態・部門	店舗 銀行	店舗 ノンバンク（消費者金融）	渉外担当員 銀行	証券営業員、PFA、（プライベートバンカー） 証券	保険エージェント 保険	コールセンター 銀行	コールセンター 保険	ATM 銀行	インターネット 銀行	インターネット ノンバンク（消費者金融）	インターネット 証券、保険、（消費者金融）
当座預金	○		○			○		○	○		
クレジットカード	○		○	●	●	○	●	○	○		
個人向けローン、住宅ローン	○	○	○	●	●			○	○		
生命保険				●	●	○	●		●		
住宅保険		○			●	○	●		●		
自動車保険		○			●		●		●		
介護保険				●							
投資信託	○			●	●			○	○		●
個人年金	○			●	●				○		
一任勘定口座			○						○		
証券	○		○	●				○	○		●

注：○はシティコープ、●はトラベラーズ提供の商品・サービス。各業態ブランド名は銀行（シティバンク）、消費者金融（コマーシャル・クレジット）、保険（プライメリカ）、証券（ソロモン・スミス・バーニー）を示す。PFAはパーソナル・フィナンシャル・アナリストを指す。
出所：『1998年度シティグループアニュアル・レポート』、Walter, Ingo, *Citigroup*, Stern School of Business, New York University, 1998 より筆者作成。

る手法を積極展開した。これは、学生を対象としたクレジットカードや学生ローンの取引関係から開始される。次に、これら学生顧客が就職し、社会人となる時期に取引関係を変化させ、自動車保険や自動車ローン、住宅ローン、さらに生命保険、損害保険、投資信託、年金商品に移行させるものである。こうした手法は顧客の家族、特に子供世代が成長した後、この世代の金融ニーズに対応する世代

を越えた時間軸で展開され、それぞれの顧客生涯価値（Customer Life Value）の基準となった[44]。

シティグループは発足直後から、シティコープの顧客向けにシティバンク各支店やコールセンターを通じて、トラベラーズの生損保商品やソロモン・スミス・バーニーの投資信託を提供する相互販売（クロスセリング）を開始した。また、全米に1,000店舗以上をもつコマーシャル・クレジットは、シティコープのクレジットカード会員を対象に専任のローン営業担当者60人を編成するなど、個人向けローンの営業体制を強化した[45]。さらに、ソロモン・スミス・バーニーの個人顧客部門でシティバンクのローンが取り扱われ、プライメリカの販売代理人は銀行口座の新規開設やクレジットカードの新規加入勧誘を推進した[46]。

合併後は、プライメリカ会長のジョセフ・プルメリが、シティバンクの支店統括責任者を兼務することになった。プライメリカ方式の営業手法のシティグループへの導入に際しては、シティバンク行員の給与体系を大幅に変更し、営業実績に連動させた。基本給が据えおかれる一方で実績給与制度が採用された。これは、投資アドバイザーであれば預かり資産額や売買手数料が、また、窓口業務担当者であれば口座開設の勧誘実績などがポイント制で計算されてボーナス額が決まるというものであった。こうした人事制度面における大きな変化を背景に、シティバンク各支店の行員には証券投資アドバイスや保険販売の資格取得が奨励され、金融商品のクロスセリングに向けた体制が強化されていった[47]。

Ⅳ　支店網主体から現地法人設立による拡張への転換

シティコープによる1960年代以降の積極的な多国籍リテール展開の背景には、企業金融を中心とした伝統的な銀行業における競争環境の激化と、ニューヨーク市に本店をおく大手行に対する州独自の規制があった。シティコープはこうした課題に対し、消費財メーカーや石油会社など異業種の多国籍企業の行動を参考にしながら、法制度による制約の回避が可能な個人金融業務を中心としたリテール業に重点的に取り組んだ。同時に、自社の業務プロセス改革と先端技術の開発・

第 3 章　シティグループ

活用に向けた投資を続け、国内での拡大と米国本国を起点とした海外への段階的な商品・サービスの移転に成功した。戦略的意思決定は、先進的な金融商品やサービスの開発と試行に適した、立地優位性をもつニューヨークにある本社で行い、米国式の業務手法やマーケティングを活用して、段階的な市場参入アプローチで海外事業基盤の拡張を進めた。

　1909 年にナショナル・シティバンク・オブ・ニューヨークの頭取に就任したフランク・ヴァンダーリップは、財務省副長官として 1913 年末に議会で承認された連邦準備法の草案作成に深く関与し、承認前から中南米での支店業務による収益機会を展開していた。承認後は、国法銀行として初めての海外支店となるブエノスアイレス支店を開設、翌年にはリオデジャネイロとモンテビデオにも新たに支店を開いた。シティバンクの前身 2 行のうち、当初は州法銀行であるインターナショナル・バンキング・コーポレーション（以下、IBC）のみが展開していた海外現地業務が、国法銀行のナショナル・シティバンク・オブ・ニューヨークにも可能になったのである。

　IBC は、1901 年に州法銀行として設立後、英国やドイツを始めとする欧州の

3-11　ナショナル・シティ・バンクの海外支店（1929 年 6 月）
（単位：100 万ドル）

国名	融資残高	預金残高
アルゼンチン	26	31.8
ブラジル	26.2	25.9
チリ	19	11.9
コロンビア	1.3	0.3
キューバ	45.8	54.1
ドミニカ共和国	3.3	4.5
パナマ	3.8	12
ペルー	7.2	2.7
プエルトリコ	10.5	5.2
ウルグアイ	4.9	4.4
ベネズエラ	3.3	7.6
ラテンアメリカ小計	151.4	160.4
ベルギー	8.9	8.7
イタリア	7.7	7.9
英国	35	51.9
欧州小計	51.6	68.6
中国	36.8	53.1
インド	14.1	9.6
日本	28.9	8
ジャワ	1.3	1.5
シンガポール	6.1	3.6
アジア小計	87.1	75.8
合計	290.1	304.8

出所：Cleveland, Harold van B. and Thomas F. Huertas, *Citibank 1812-1970*, Harvard University Press, 1985, p.125 より筆者作成。

銀行から外国為替取引や貿易金融業務に経験豊富な人材を引き抜き、経営陣に加えた。彼らは IBC 設立メンバーの銀行経験と知識不足を補いながら、1902 年にはシンガポール、マニラ、横浜、香港、カルカッタに支店を開設し、国内外で基盤を築いていった。積極的な展開が続く中、1915 年の頭取ハバードの死去をきっかけに株主が保有株を放出すると、ナショナル・シティバンク・オブ・ニューヨークが経営権を握り、IBC がアジア地域にもっていた 17 の拠点とロンドン、マドリード、バルセロナ、サンフランシスコ支店を傘下に収めた[48]。

　銀行の事業拡大に際しては、支店網拡張を中心とする自前主義と既存行の買収合併のどちらがより適正かの議論が多くなされる。シティコープは 1940 年代から 1980 年代にかけて、海外市場への新規参入と事業拡張をおもに自社の支店網の拡充を通じて進めた。この背景には、海外で買収を検討した銀行に往々にして見られた不明瞭な財務管理、銀行オーナーやその一族へ不適正な融資、雇用を行う放漫経営、さらに、買収時のデューディリジェンスの困難さがあった。このため、一般的に現地国内の銀行免許をもつ子会社銀行支店の営業範囲は外国銀行の支店よりも広いものではあったが、シティコープは、外国銀行支店としての新規開設を進めて、海外事業基盤を拡張した[49]。

　1960 年代以降、FNCB の経営陣は海外市場の発展に懐疑的な取締役会の消極姿勢をよそに、積極的に海外での支店網の拡張を続けた。国際貿易が急速な発展を遂げるとの期待の一方で、一部の国ですでに兆候のあったナショナリズムの高まりや外資に対する反発から、将来的に現地での銀行免許の獲得が困難になるとの懸念があったためである。こうして、法的に銀行業の展開が可能で収益化の見通しのある場合は、世界のどの国・地域であっても業務展開することが FNCB の企業目標となった。

　ムーアとリストンはこの企業目標に向け、3 段階から成る実行計画を策定して行動に移した。この計画では、まず第 1 段階で商業的に重要な国や地域を特定し、これらの国や地域に拠点となる支店を開設する。次に、第 2 段階として進出した地域でサテライト支店や小規模支店を設置し、現地通貨建ての預金を集める。さらに第 3 段階でニューヨークを起点に、これらの海外支店に個人向けの商品や

第 3 章　シティグループ

3-12　プロダクサイクル型の商品・サービス国際展開
　　　24 時間シティフォン、ATM サービス、シティゴールド

金融サービス高度先進国	導入期	成長期	成熟期	標準化期		
金融サービス中位先進国		導入期	*成長期	成熟期	標準化期	
金融サービス発展途上国			導入期	*成長期	成熟期	標準化期

注：*成長期は競争優位がシフトした顕在期、↓は新規市場参入の流れを示す。プロダクトサイクル理論モデルでは、新たに開発された商品が導入期から成長期、成熟期、衰退期へといったライフサイクルをたどるとされライフサイクルの変化とともに開発・生産拠点が先進国から途上国へとシフトするパターンを明らかにした。
出所：藤沢武史『多国籍企業の市場参入行動』文眞堂、2000 年を参考に筆者作成。

3-13　シティグループのグループ概要（2006 年）

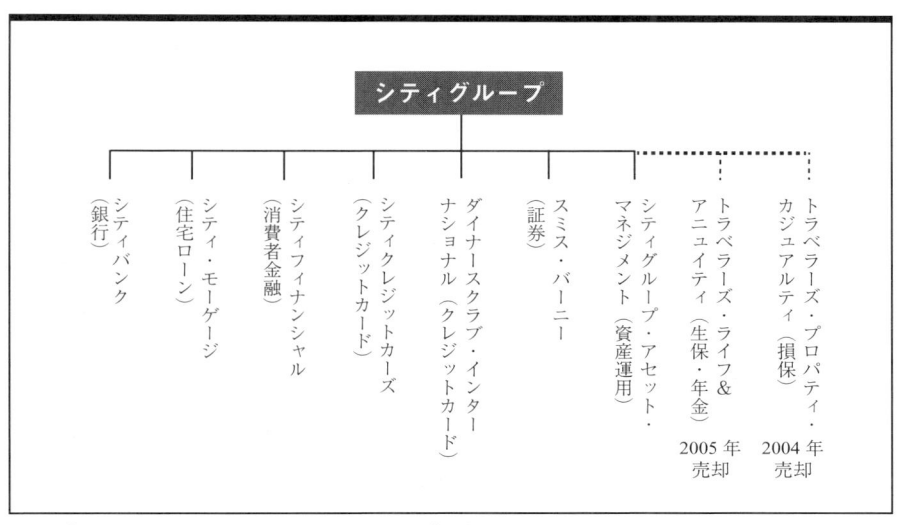

シティグループ
├─ シティバンク（銀行）
├─ シティ・モーゲージ（住宅ローン）
├─ シティフィナンシャル（消費者金融）
├─ シティクレジットカーズ（クレジットカード）
├─ ダイナースクラブ・インターナショナル（クレジットカード）
├─ スミス・バーニー（証券）
├─ シティグループ・アセット・マネジメント（資産運用）
┊─ トラベラーズ・ライフ＆アニュアティ（生保・年金）　2005 年売却
┊─ トラベラーズ・プロパティ・カジュアルティ（損保）　2004 年売却

出所：『シティグループアニュアル・レポート』、『日本経済新聞』2005 年 2 月 1 日より筆者作成。

3-14 シティグループ業務部門別当期利益（2006年）

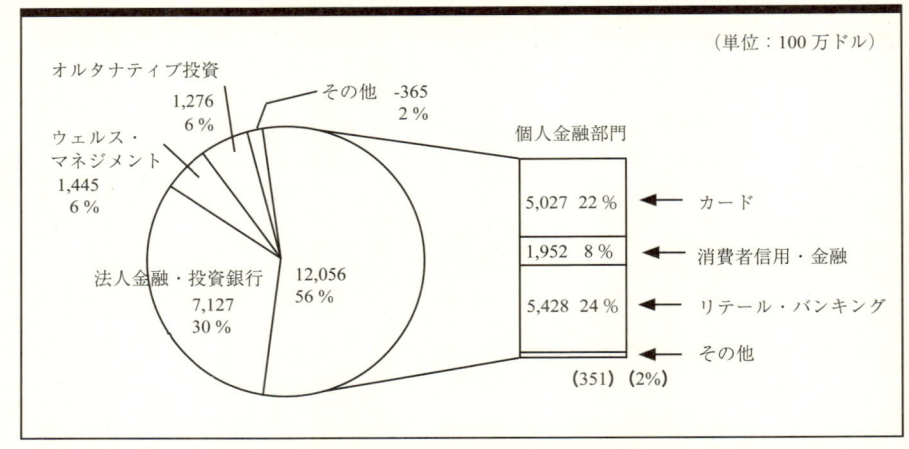

（単位：100万ドル）

- オルタナティブ投資 1,276 6%
- ウェルス・マネジメント 1,445 6%
- その他 -365 2%
- 法人金融・投資銀行 7,127 30%
- 個人金融部門 12,056 56%

個人金融部門
- 5,027 22% ← カード
- 1,952 8% ← 消費者信用・金融
- 5,428 24% ← リテール・バンキング
- (351) (2%) ← その他

注：オルタナティブ投資とは、金融派生商品を活用して相場の動向にかかわらず収益の確保を目指す運用手法のことを指す。具体的には、ヘッジファンド、未公開株、不動産、ベンチャーキャピタルなどの幅広い投資がオルタナティブ投資に含まれる。度のその他利益はトラベラーズの生命保険・年金事業の売却益21億ドル（税引き後）及びアセット・マネジメント事業の売却益21億ドル（税引き後）を含む。
出所：『シティグループ2006年度アニュアル・レポート』より作成。

サービスを中心としたリテール分野における専門的な知識や技術を移植するというものであった。これら各段階の活動は、それぞれ並行したり、重複したりしながら進められた[50]。

一方で、インターナショナル・スタッフ（以下、IS）と呼ばれる国際マネージャーが、進出先の国・地域に事業責任者、もしくは特定業務の担当者として配属された。これらISは、先端スキルや知識を現地に伝えると同時に、本店の方針や企業文化を浸透させる役目も担っていた。

しかし、1980年代に入ると、海外での拡張は新規店舗開設重視から、現地銀行の買収合併と並行した方針に転換された。これは、1983年のスペインにおけるバンコ・レバンテの買収にも表れている。シティコープは経営難にあったバンコ・レバンテを買収し、80店舗を獲得した後、行名をシティバンク・エスパーニャに変更して、リテールを中心とする現地業務に特化した。一方で、合併前に現地

第3章　シティグループ

3-15　シティグループ組織構成（2006年）

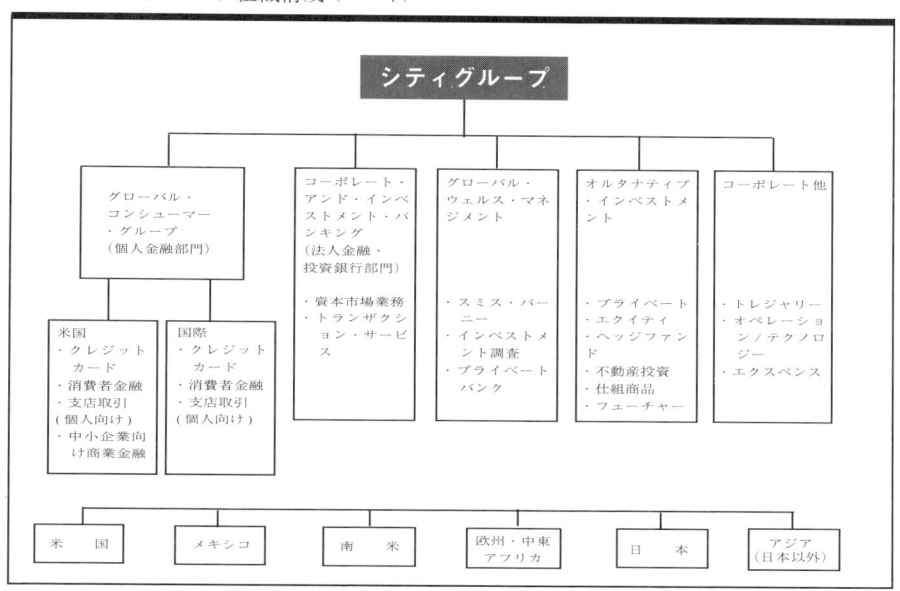

```
                            シティグループ
    ┌───────────┬───────────┬───────────┬───────────┬───────────┐
 グローバル・    コーポレート・  グローバル・    オルタナティブ・  コーポレート他
 コンシューマー・ アンド・インベ  ウェルス・マネ  インベストメン
 グループ       ストメント・バン ジメント       ト
 （個人金融部門） キング
               （法人金融・
               投資銀行部門）
 ┌─────┐   ・資本市場業務   ・スミス・バー  ・プライベート・   ・トレジャリー
 米国   国際    ・トランザクシ   ニー          エクイティ       ・オペレーショ
 ・クレジット   ョン・サービ    ・インベストメ  ・ヘッジファン     ン／テクノロ
  カード      ス            ント調査       ド                ジー
 ・消費者金融                 ・プライベート  ・不動産投資       ・エクスペンス
 ・支店取引                   バンク        ・仕組商品
  （個人向け）                              ・フューチャー
 ・中小企業向
  け商業金融
 ┌───┬───┬───┬───┬───┬───┐
 米国  メキシコ 南米  欧州・中東 日本  アジア
                   アフリカ          （日本以外）
```

注：法的な組織構成とは異なる業務運営上の枠組みを示す。
出所：『シティグループ2006年度10-K』より筆者作成。10-Kとは米国において株式公開企業が米国証券取引委員会（SEC）への提出を義務付けられている年次報告書を指す。

3-16　シティグループ個人金融部門地域別当期利益（2006年）

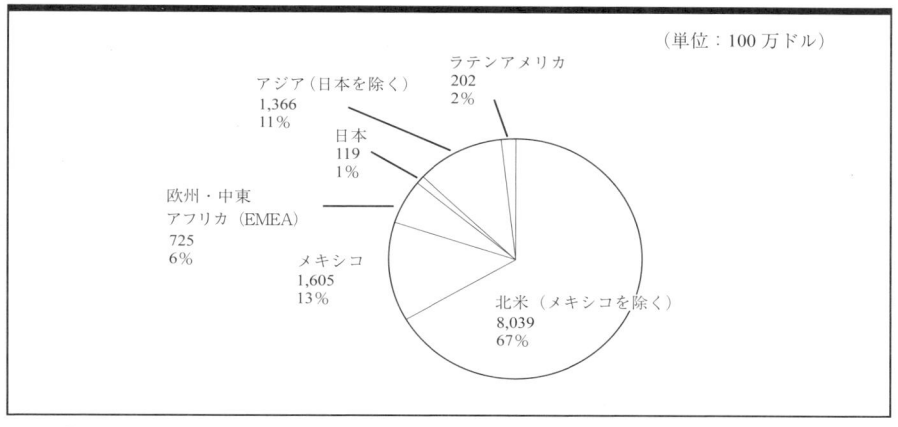

（単位：100万ドル）

- ラテンアメリカ　202　2%
- アジア（日本を除く）　1,366　11%
- 日本　119　1%
- 欧州・中東アフリカ（EMEA）　725　6%
- メキシコ　1,605　13%
- 北米（メキシコを除く）　8,039　67%

出所：『シティグループ2006年度アニュアル・レポート』より筆者作成。

125

3-17　グローバル・コンシューマー・グループのマトリックス組織

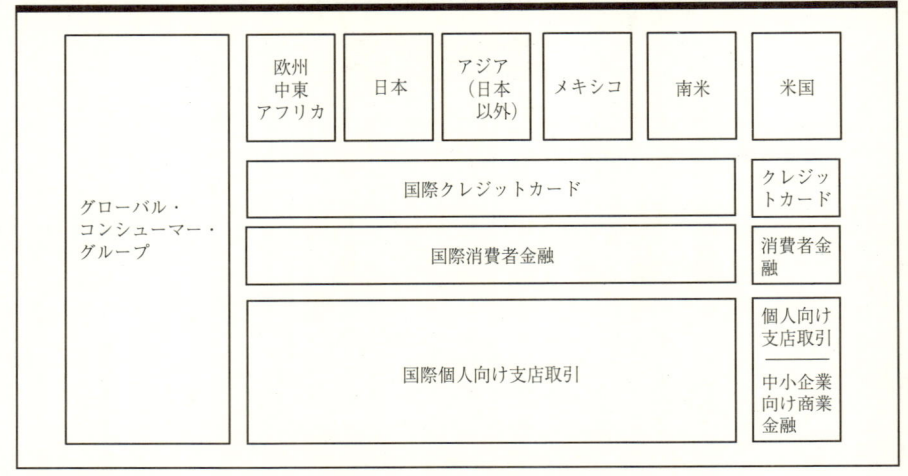

	欧州中東アフリカ	日本	アジア（日本以外）	メキシコ	南米	米国
グローバル・コンシューマー・グループ	国際クレジットカード					クレジットカード
^	国際消費者金融					消費者金融
^	国際個人向け支店取引					個人向け支店取引 / 中小企業向け商業金融

出所：筆者作成。

3-18　シティグループ個人金融部門地域別利益推移

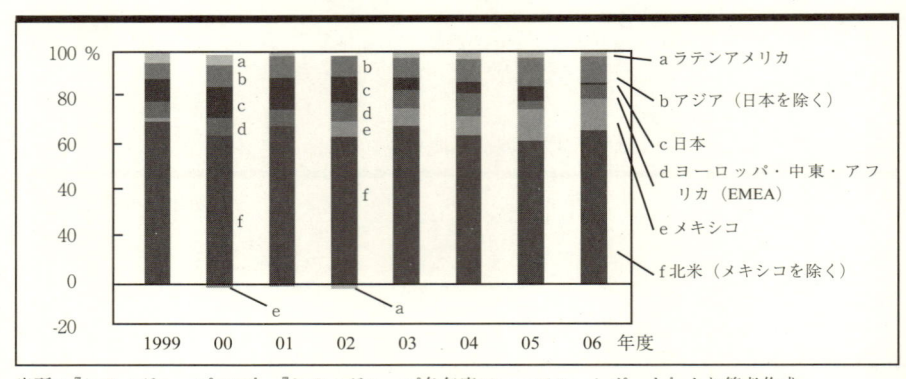

a ラテンアメリカ
b アジア（日本を除く）
c 日本
d ヨーロッパ・中東・アフリカ（EMEA）
e メキシコ
f 北米（メキシコを除く）

出所：『シティグループ 10K』、『シティグループ各年度アニュアル・レポート』より筆者作成。

に開設していた従来のシティバンクの支店は、米系及び欧州系の多国籍企業を対象とした取引に従事するという分担体制がとられた[51]。

　シティバンクが、アジアで新規のリテール金融商品・サービスを導入する際に活用した手法には、1960年代にバーノンが理論化したプロダクトサイクルの

第3章　シティグループ

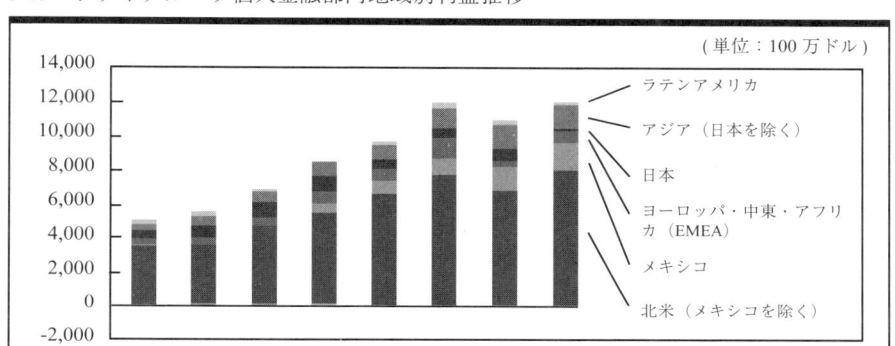

3-19　シティグループ個人金融部門地域別利益推移

(単位：100万ドル)

凡例：ラテンアメリカ／アジア（日本を除く）／日本／ヨーロッパ・中東・アフリカ（EMEA）／メキシコ／北米（メキシコを除く）

出所：『シティグループ各年度10K』、『シティグループ各年度アニュアル・レポート』より筆者作成。

概念が適用されているが、これは、消費財メーカーを中心に、多くの米国系多国籍事業会社が海外市場に進出するにあたって採用したものであった。シティバンクが継続した異業種からの学習、適用、実践の1例であり、近年では中東欧への市場参入に際して活用された手法でもある。さらに、プロダクトサイクル型の展開にとどまることなく地域間、多国間での情報や知識の交換が継続的に実行され、ケイパビリティとして蓄積されて、その後の成長に繋がったといえる。

香港で開発され、米国市場に逆輸入されたマルチマネー口座（現地通貨と外貨の普通預金・定期預金・融資枠がセットになった商品）のような例外はあるが、総じてシティコープによるリテール業の世界展開には、商品・サービスの開発や導入、業務方針に関わる決定権を米国本社が握るなど、中央集権的な特徴があった。これは、海外での事業の拡張がおもに新規店舗の開設による拠点網の拡張により進められ、複雑な組織統合プロセスが発生するM&Aが多用されなかったことからもうかがえる。しかし、かつての発展途上国の多くが新興国として台頭し、先端技術の主要な開発拠点となる一方で、これらの国々の消費者が重要な顧客基盤として成長してきている今日、こうした中央集権的な組織運営の限界も指摘できる。

今日、シティグループは、グローバル・コンシューマー、コーポレート・アンド・

インベストメント・バンキング、グローバル・ウェルス・マネジメント、オルタナティブ・インベストメント、コーポレート他の5つの事業部門から成り運営されている。この中で、海外個人金融部門からの利益は全体の50%以上と大きな割合を占めている。一方で、海外における法制度の変更を始めとした事業環境の複雑化を背景に、2006年には米国内でのリテール業への回帰と強化を中心とする戦略の転換とも受け取れる方針を打ち出した。しかし、米国内ではバンク・オブ・アメリカやJPモルガン・チェース、ウェルズ・ファーゴ、ワコビアなど、かつてのスーパーリージョナルバンクを母体とする大手金融機関がしのぎを削る。また、有力なコミュニティーバンク、さらにHSBCを始めとする多国籍金融機関がリテール基盤の拡充を進めている。この中で、シティグループが他社に対抗できる優位性を展開し維持するのは容易ではない。

1 アジア太平洋市場展開

アジア太平洋地域での個人向け取引業務については、IBCが1900年代に上海支店で現地の米国人宣教師を中心とした預金取引を行っており、早い時期から開始されていた。1959年のマレーシア支店開設、1961年のパキスタン支店、1962年の香港及びマドラス支店、翌年のデリー、さらに1965年には台湾と、新規支店の開設が進められた。香港、オーストラリア、フィリピンでは消費者金融会社との合弁や買収も実行された。1970年代後半には、独立した個人金融部門がアジア太平洋に設立された。この時期のシティバンクのアジア太平洋市場における取り組みは、リストンが示した事業計画の第3段階にあたる[52]。

こうした銀行支店網を中心とする顧客基盤の拡張に加え、1980年代に入ると、1970年代以降、米国内で成長したクレジットカード事業がアジア太平洋地域でも開始された。1960年代の海外進出では取締役会が消極的な姿勢を見せたが、この1980年代のクレジットカード展開についても、ニューヨーク本店とアジア太平洋各国の最高責任者であるカントリー・マネジャーらが強い危惧を示した。当時アジア地域における世帯当たりの平均年収は350ドルで、市場には個人信用は普及しておらず、また、電気や電話通信網などの基本的な社会資本の整備も不

第 3 章　シティグループ

3-20　アジア太平洋州主要各国概要（1988 年）

	香港	インド	インドネシア	マレーシア	フィリピン	シンガポール	台湾	タイ	豪州
人口（100 万人）	5.6	797	167.7	16.9	61.9	2.7	19.8	55	16.5
都市部人口（%）	90	23	25	38	50	100	72	20	85
GNP（10 億ドル）	45.7	222.5	63.4	34.1	32.6	23.8	95.8	51.1	196.8
世帯当たり GNP	8,158	279	338	2,018	527	8,817	4,837	930	11,929
1988 年成長率（%）	7.3	9.7	4.8	8.1	6.8	11	7.3	10.8	4
5 年平均成長率（%）	8.4	6.1	4.2	4.2	0.5	5.6	9.3	7.2	4.6
貯蓄率（%）	30	19.6	27.9	23.8	NA	NA	31.2	10.3	6.7
利用乗用車数（1,000 台）	250	1,351.2	1,170.1	1,578.9	352.9	251.4	650	770.4	7,244
利用電話数（1,000 台）	2,461	4,409	907	1,646	658.4	1,122	7,800	1,000	8,727
政治・経済リスク評価	B	C	C	B	D	B	A	B	A

出所：『1991 年国連アジア太平洋統計年報』Handbook of the Nations, U.S. Central Intelligence Agency, 1991 より筆者作成。

3-21　シティカードアジア太平洋州業績（1988 年）

	香港	インド	インドネシア	マレーシア	フィリピン	シンガポール	台湾	タイ	豪州
支店数	27	6	2	3	3	3	2	1	9
銀行顧客数	130	61	21	29	46	18	16	12	85
銀行口座数	250	165	25	58	85	67	30	16	150
シティゴールド顧客数	7,600	1,000	550	487	2,300	1,300	680	—	—
国際パーソナルバンク顧客数	9,900	—	—	—	—	12,800	—	—	—
自動車ローン顧客数（1,000 人）	200	15	13	—	4	10	11	4	36
住宅ローン顧客数（1,000 人）	22	—	2	9	—	3	2	5	—
カード顧客数	102	—	—	—	—	—	—	—	—
銀行顧客のシティバンクカード保有率（%）	6	—	—	—	—	—	—	—	—
顧客 1 人当たり平均年間利益（1,000 ドル）	36	10	24	14	10	20	25	15	60
顧客 1 人当たり平均預金残高（1,000 ドル）	20	3.5	9	23	4	12	9	5	24

出所：Rangan, Katuri V., *Citibank: Launching the Credit Card in Asia Pacific (A)*, Harvard Business School, 2002 より筆者作成。

3-22 シティバンク香港クレジットカード顧客層別業績(1989年)

年収	カード保有率(%)	平均保有カード数	カード保有者数	発行カード枚数	顧客1人当たりの年間支払利息(ドル)	顧客1人当たりの年間その他売上(ドル)	顧客1人当たりの年間合計売上(ドル)
6,200ドル未満	—	—	—	—	—	—	—
6,200 − 12,400ドル	67.5	1.49	67,507	100,633	102.18	34.7	136.88
12,400 − 23,200ドル	20.9	1.96	20,938	41,118	134.44	62.87	197.31
23,000ドル超	11.6	2.43	11,640	28,249	166.97	82.84	249.81
合計	100	1.7	100,985	170,000	116.46	46.19	162.65

出所:Rangan, Katuri V., op. cit. より筆者作成。

十分であったためである。

　米国内でのシティコープのクレジットカード展開の成功をアジア太平洋地域に移植する試みについて、カントリー・マネジャーらは懐疑的であった。クレジットカード事業を収益化するには一定以上の規模が必要とされ、それまでの支店業務では対象とされていなかった一般消費者向けの展開が必須となる。大企業を中心に事業展開し、個人向けについても中間層及び富裕層をおもな対象とする、国際商業銀行としてのシティバンクのイメージが、毀損される可能性が懸念された。また、初期投資の大きいクレジットカード事業を短期間で収益化するのは困難であり、市場参入後の数年にわたり損失を計上し続けた例もあった。さらに、クレジットカードを通じた無担保融資の実行・管理も大きな不安をともなう試みであった[53]。

　一方で、国内銀行の保護を目的として、アジア太平洋地域の多くの国で実施されていた外国銀行の支店展開に関わる制約は、この地域での事業拡大に深刻な課題となっていた。各国政府の規制はおもに開設可能な支店数を限定する内容で、インドネシア国内では外国銀行はそれぞれ2支店のみ、マレーシア及びシンガポールでは3支店、そしてタイでは1支店のみ開設が許可された。シンガポールではさらに、外国銀行による国内銀行のATMの共同利用が認められず、シティバンクによる個人向けサービスは限定的なものにとどまっていた[54]。多くの課題を

第 3 章　シティグループ

抱えたクレジットカード展開ではあったが、他方米国内同様、支店網の拡張が困難なアジア太平洋地域において個人顧客獲得の重要な手段であった。アジア太平洋地域の個人金融部門では、クレジットカード事業を通じて支店顧客以外の新規顧客を獲得し、シティバンクの銀行商品・サービスを複数提供する戦略が主軸となった。

　香港では、アジア太平洋地域では最も早い 1983 年に、スタンダードチャータード銀行からダイナースクラブ・カード事業を買収し、クレジットカード展開を開始した。1987 年にはバンカメのビザカード営業権を買い取って事業基盤を拡大した。1989 年には香港市場全体の発行枚数 200 万枚のうち、8.7% のシェアを占める 17 万枚のシティカードが、10 万人のダイナースクラブ・カード保有者に加わっていた。当時、クレジットカード専業会社のアメリカン・エキスプレスの発行枚数が 17 万 5,000 枚とされており、香港市場におけるシティカードの成長は顕著であった。

　香港市場での成功を踏まえ、シティバンクは 1989 年から 1990 年までの 18 ヶ月間に、インドネシア、シンガポール、台湾、タイ、オーストラリア、インド、マレーシアの順にクレジットカード発行を開始した。広告宣伝やダイレクト・メールなどのマーケティング活動では一般消費者層も対象とし[55]、これらすべての市場で手数料や金利が最も高く設定されたにもかかわらず、着実にマーケットシェアを獲得した。アジア太平洋地域においては、クレジットカードのサービス内容に対する評価と、国際的な大手金融機関としての信頼の獲得に成功したといえる。

　アジア太平洋地域におけるシティカードの営業戦略で特徴的であったのは、米国では行っていなかった個別の直接営業であった。特にインド市場では、導入後短期間で全対象顧客からのカード申請のうちの 70% を占めた。インドでは、外国銀行による国内銀行の買収が厳しく制限されてきたが、2009 年には買収合併が解禁され、営業が自由化される見通しとなった。インドにおける中間層の台頭や個人所得の増加を背景に、スタンダードチャータードや HSBC など他の大手金融機関と同様、シティグループもリテール強化に向けた取り組みを始めた。2006 年には、従来から資本参加していた、地場住宅金融大手のヘウジング・ディ

3-23　おもな欧米銀行のインド業績　(2006年3月期)

	融資残高 (億ルピー)	総収入 (億ルピー)	純利益 (億ルピー)
シティバンク	2,446 35%	441 30.5%	71 17.7%
スタンダード チャータード	2,408 20.6%	388 28.5%	91 50.3%
HSBC	1,681 33.2%	313 36.8%	52 52.8%
ABN アムロ	1,507 53.2%	199 48.1%	24 24.1%
ドイツ銀行	258 1.6%	116 45.9%	13 63.6%

注：下段は前の期比増加率。
出所：『日本経済新聞』2006年9月26日より筆者作成。

ベロップメント・ファイナンス・コーポレーション（以下、HDFC）に300億ルピーを追加出資して筆頭株主となった。今後に向け、さらに個人向けローンやクレジットカード業務基盤の拡大を目指している。インドではまた、約300万社の中小企業向けに当座預金やカード、ローンなどのサービスを扱う、新部門のシティ・ビジネスを発足させている[56]。

　アジア各国でさまざまな新商品・サービスの展開が進む一方、シティバンクのブランド力向上に向けての試みは世界規模で進められた。世界各地で看板を統一しながらモデル店舗を開発・設定し、全世界のシティバンクの支店について、店内のレイアウトを含め統一感を強化した。こうした試みは、シティグループとなった今日も、国際的に消費者に認知されるシティ・ブランド維持の基盤になっている。

　支店網の拡張に加え、1980年代以降、香港、シンガポール、台湾、韓国ではタッチスクリーン式ATMを始めとして、ニューヨークで開発・展開された最新モデルのATMが新規商品・サービスとして導入された。こうした移転行動は、マルチマネー口座の香港支店での開発を始めとする進出先の地域拠点におけるイノベーション活動にも繋がった。1990年代には、シティゴールドと呼ばれるマス富裕層向け金融商品・サービスのパッケージが米国を起点に海外展開されている。

　2004年には、米国・シンガポール間で自由貿易協定（FTA）が締結され、銀行市場相互開放の合意により、米国銀行による国内銀行とのATM共有が認められることとなった。これを受け、シティグループは個人向けリテール業務を専門とする銀行子会社シティバンク・シンガポールを設立した。従来、在シンガポール

第 3 章　シティグループ

支店を通じて行なっていた消費者向け業務を移管し、QFB として本格展開を開始した。QFB 免許をもつ米国銀行は、2008 年から国内銀行と ATM の共有を交渉することが可能とされたが、現地法人が設立されている場合は交渉を 1 年半早めることができた。このため、シンガポール国内の顧客基盤拡大と強化を目的に、現地法人のシティバンク・シンガポールが設立された[57]。2007 年にはさらに、大手英国生命保険会社のプルデンシャルとの間で、タイ、インドネシア、フィリピンを中心に、アジア市場におけるシティグループの顧客に保険商品を販売する契約を結んだ。2005 年の生命保険部門売却以後、保険分野においては業務提携を通じた拡充が進んでいる[58]。

中国ではシティコープが 20 世紀初頭から拠点をもっていたが、中国当局による人民元の解禁と銀行制度改革を控えた 1993 年、対中国市場の本部機能を香港から上海に移し、人民元の取扱いと個人取引参入に向けた準備を開始した[59]。2003 年には、中国国内の中堅銀行で上場 4 銀行のうちの 1 行である上海浦東発展銀行に、シティグループ傘下のシティバンクを通じて 6 億元（約 7,200 万ドル）を出資した。この出資により、株式の 5% を取得、第 4 位の株主として董事会（取締役会に相当）に構成員 1 人を送り込んだ[60]。資本提携のおもな目的の 1 つであったクレジットカード事業への参入のため、合弁でクレジットカード会社が設立された。翌 2004 年には、ドルと人民元の両通貨で決済できる初のクレジットカードが開発されている。21 歳以上、年収 5 万元以上の対象者向けに、上海を中心とする地域で発行が開始された[61]。クレジットカード分野への参入に加え、個人及び法人を対象としたネットバンキングサービスなど、金融商品・サービスの新たな流通網の拡充も進んでいる[62]。

2006 年には、シティグループが率いる投資コンソーシアムが、フランスのソシエテ・ジェネラルや HSBC が出資する中国平安保険の率いる投資グループを抑え、広東発展銀行の発行済み株式の 85.59% を 242 億 6,700 万元（約 3,640 億円）で取得した。上海や北京など 6 都市の支店を中心に、14 の営業拠点で業務展開していたシティグループの出資比率は 20% で、中国生命保険会社最大手の中国人寿保険や、電力関連大手の国家電網と同率での筆頭株主であった[63]。広東発展

133

銀行は買収時、501の支店と1,200万人の顧客をもつ総資産約480億ドルの中堅銀行で、南部の広東省や上海という中国国内で経済的に最も活発で所得水準も高い2地域を地盤としていた。しかし、その一方で、コスト高の体質など経営内容には問題があるとされ、シティグループの先進的な業務運営手法を活用した事業基盤の強化と収益の拡大が期待されての決定であった[64]。

2　日本市場展開

シティグループにとり、日本のリテール市場は、前身のシティコープが1980年代後半に業務展開を開始して以来、重要市場と位置付けられてきた。しかし、1980年代にアジアの他の国々で好業績をあげる中、経済規模が大きく高い可能性をもつと期待された日本市場では、(1)明文化されていない規制、(2)外国銀行の参入に対する行政及び銀行界の否定的姿勢、(3)預金金利規制、(4)高い経費などの参入障壁が課題として続いた[65]。これに対し、当時会長であったリードは、日本市場が個人金融事業に長期的には成長をもたらすとの見方を変えなかった。アジアの他の国々で多くの買収を実行し、1980年代の半ばには日本での銀行買収も真剣に検討された。しかし、日本における銀行買収については在日代表の意見も取り入れ、株の買収や保有に必要な巨額の資金と買収候補行の企業価値を考慮して、自前の店舗網を構築するグリーン・フィールド戦略による成長を目指すことになった。この戦略で重要視されたのが、日本市場において革新的な個人向け商品・サービスを提供することであった。

複数の通貨と預け入れ期間を組み合わせた外貨預金口座のマルチマネーは、香港での開発・提供開始後、好評を得て、後に香港からニューヨークに逆輸入される形となった。1998年には日本でも提供が開始されている。シティバンクはこうした外貨預金取引の顧客について、取引の動機別に区分し、さまざまな顧客像の把握に努めた。預金口座開設の動機としては、単なる決済口座開設か投資目的の口座開設かに区分し、取引の内容の推移を追跡分析する。さらに、顧客が金利志向かあるいは為替レート志向か、短期取引志向か長期保有志向かという基準で区分し、顧客のセグメンテーションを実施する。一方、ATM及びコールセンター

第 3 章　シティグループ

3-24　シティコープ在日支店の沿革

1902 年	横浜支店を開設し日本進入
1973	持株会社ファースト・ナショナル・シティコーポレーション（後のシティコープ）が東京証券取引所上場
1986	クレジットカード事業への単独参入開始
88	当時の第一勧業銀行と CD オンライン提携。マルチマネー口座開始
1992	シティコープセンター（東京・品川）完工
93	24 時間 ATM サービス開始
94	口座維持手数料を導入。電話による取引、シティフォン・バンキングの 24 時間サービス開始
95	住宅ローン取引開始。世界統一モデル店舗を日本で始めて開設
96	土曜日の窓口営業開始
98	海外利用可能なデビットカード発行開始

出所：『シティグループアニュアル・レポート』、『日経流通新聞』1998 年 12 月 22 日より筆者作成。

3-25　シティバンクによる預金顧客動機別分布

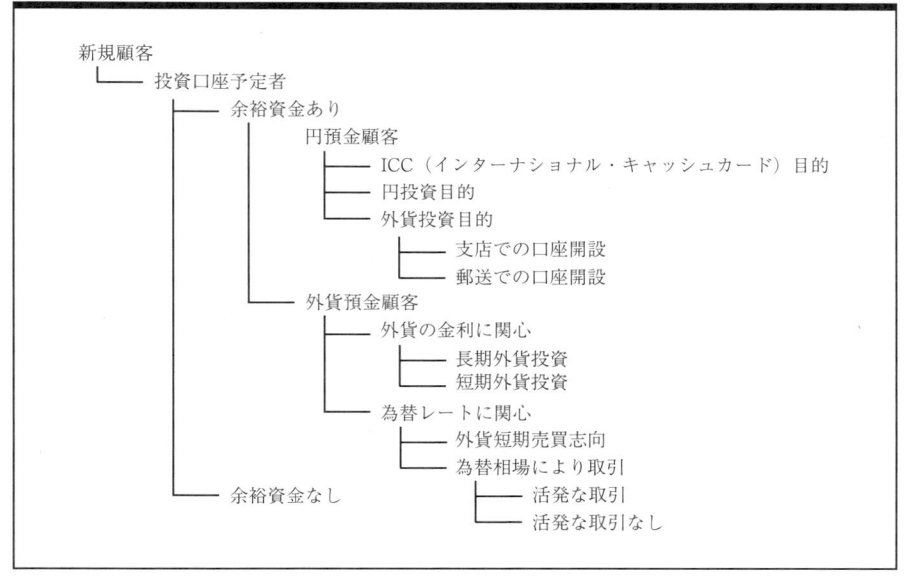

```
新規顧客
  └ 投資口座予定者
      ├ 余裕資金あり
      │   ├ 円預金顧客
      │   │   ├ ICC（インターナショナル・キャッシュカード）目的
      │   │   ├ 円投資目的
      │   │   └ 外貨投資目的
      │   │       ├ 支店での口座開設
      │   │       └ 郵送での口座開設
      │   └ 外貨預金顧客
      │       ├ 外貨の金利に関心
      │       │   ├ 長期外貨投資
      │       │   └ 短期外貨投資
      │       └ 為替レートに関心
      │           ├ 外貨短期売買志向
      │           └ 為替相場により取引
      │               ├ 活発な取引
      │               └ 活発な取引なし
      └ 余裕資金なし
```

出所：青沼丈二『金融はリテールで復活する ― シティバンクの戦略』日経 BP 社、2000 年、132 ページより筆者作成。

3-26 CD及びATMのおもなオンライン提携状況推移

1974年	都市銀行、地方銀行、相互銀行（現在の第二地銀協加盟行）の一部出資によりNCS（日本キャッシュサービス）設立
76	同一地域を地盤とする異業種の金融機関がCD及びATMオンラインの相互利用提携開始（以後、各地で地域オンライン提携進む）
1980	3月 SICS（都銀キャッシュカードサービス）開始
	4月 TOCS（都銀オンラインキャッシュカードサービス）開始
	10月 ACS（地銀CD全国ネットサービス）、SCS（相銀CD全国ネットサービス、1989年より第二地銀協キャッシュサービス）開始
	11月 しんきんネットキャッシュサービス開始
83	4月 SOC（信託銀行オンラインキャッシュサービス）開始
84	1月 BANCS（SICS、TOCSを一本化）開始
	3月 全国農協貯金ネットサービス開始
	4月 ROCS（労働金庫オンラインキャッシュサービス）開始
87	4月 SANCS（しんくみネットキャッシュサービス）開始
1990	2月 MICS（全国キャッシュサービス）開始
	5月 MICSでBANCSとSOCS、SCS並びにACSとSCSの接続開始
	7月 MICSでACSとしんきんネットキャッシュサービス、SACS、ROCS、全国農協貯金ネットサービスと接続開始
	12月 シティバンクとBANCSがオンライン提携開始
91	2月 MICSで7業態（都市銀行、地方銀行、第二地銀協加盟行、信用金庫、信用組合、労働金庫、系統農協）相互間に提携拡大
94	11月 LONGS（長信銀・商中キャッシュサービス）開始、MICSに加盟しBANCSと接続金融機関のノンバンクへのCD及びATM開放が拡大
96	4月 MICSでSOCSとACS、SCSの接続開始。NCSサービス終了
	7月 シティバンクとACSがオンライン提携開始
97	5月 MICSでSOCSとSANCS、ROCS、しんきんネットキャッシュサービス、全国農協貯金ネットサービスの接続開始
99	1月 一部金融機関と郵便貯金オンラインネットワークとの相互接続開始
	4月 都市銀行による証券会社へのCD及びATMの開放開始
2000	12月 SOCSとLONGSがオンライン提携開始
01	6月 BANCSとアイワイバンク銀行（現セブン銀行）がオンライン提携開始
04	1月 統合ATMスイッチングサービス稼働

注：2004年1月の統合ATMスイッチングサービス稼働に先立つ2002年3月、システム更改を控えた都市銀行及び地方銀行によりシステム統合が検討、合意された。
出所：『平成19年度版金融情報システム白書』金融情報システムセンター、2006年12月15日、213ページより筆者作成。

の24時間サービスはニューヨークで開発・導入された後、アジアなどで提供が開始された。こうした競争力のある新規商品・サービスの開発国から他国への移転行動は、シティコープ内では「成功の移植」と呼ばれ奨励された[66]。

「成功の移植」に加え、日本市場での個人金融業務拡張の過程では、早期から決済ネットワークへの加入や郵便局との提携を実行するなど、ネットワーク戦略

3-27 シティバンクによる家計層別顧客区分

家計層	家計層別顧客ニーズ	家計層別主要競合相手
年収2億円以上 富裕層	● 投資収益 ● 税金・不動産対策 ● 事業性貸付	● 大手外資系金融機関 ● 国内大手金融機関 （メガバンク）
年収2,000万～2億円 マス富裕層	● 投資収益 ● 金融相談 ● 税金・不動産対策 ● 事業性貸付 ● クレジットカード、取引口座	● 大手外資系金融機関 ● 国内大手金融機関
年収2,000万円以下 エマージング （新興）層	● 住宅ローン ● 自動車ローン ● クレジットカード、取引口座 ● 預金	● 国内大手金融機関 ● 大手地域金融機関 ● 国内大手金融機関
年収1,000万円以下 トランザクターズ層	● クレジットカード、取引口座 ● 預金	● 国内大手金融機関 ● 地域金融機関 ● 郵便局

出所：青沼丈二、前掲書、129ページより筆者作成。

があったといえる。1988年にはまず、当時の第一勧業銀行とCDオンライン接続を行い、1990年にはBANCSオンライン提携、さらに1999年には、郵貯ATMとの接続を始めとする郵便局との提携を開始している。この提携には1990年代始め、全国銀行協会からの強い反発や当時の郵政省内の抵抗があり、いったんは棚上げとなった。しかし、このプロジェクトには、郵貯側にとってもシティバンクが海外にもつ巨大ネットワークとの接続が可能になるという大きなメリットがあった。1999年の郵便局2万台、シティバンク84台のATMの相互接続は、BANCSオンライン提携によるATM接続とは異なり、お互いのATMで双方の顧客が自分の口座に入出金することを可能にするものであった[67]。郵便局の顧客は、シティバンクのATMを24時間利用できるようになったのである。このATM相

互接続サービス導入後1年間のシティバンクと郵便局間の資金移動は、2,000億円に上ったとされる。

金融界からの強い反発の中、2000年3月には銀行として初めて郵便局との国内相互送金サービスも開始された[68]。この相互送金サービスを通じた郵便貯金口座からのシティバンク向けの送金は、3月30日の開始から約2週間で5億円に迫る金額となったが、それらは外貨預金と投資信託のための資金となり、満期を迎えた郵便貯金資金がシティグループの提供する高利回りの金融商品へと流出することとなった[69]。こうした新たな顧客を含め、シティバンクは家計層別顧客区分として顧客をトランザクター層、エマージング（新興）層、マス富裕層、富裕層に区分し、その各々の層について顧客ニーズや市場の競争状況の分析を行なった。

マルチマネー口座や24時間サービスの提供、銀行として初の郵便局との提携など、1980年代から1990年代にかけての独自の行動に対しては、他行から「顧客が有用と認めない」、「コストに見合わない」等の見方もあった。しかし10年以上経た今日、銀行による投資型の商品や24時間サービスの提供は利用者からは標準としてとらえられている。日本国内でのこうした革新的な行動は、シティコープが米国内を始めとして世界規模で展開した戦略行動の一環であった。

クレジットカード分野においては、1986年にシティコープが外国企業として初めて日本のクレジットカード市場への単独参入を実現した。100％子会社としてシティコープ・カードサービス・ジャパンを設立し、さらに、マスターカード及びユニオンクレジット（以下、UC）と提携し、業務を開始している。

1990年には、それまで保有していた日本ダイナースクラブの株式25％を、当時の富士銀行などに売却し、いったんは事業規模を縮小したが、1999年には、シティグループとして改めて富士銀行とJTBから株式を買い戻し、100％子会社の「シティコープダイナースクラブジャパン」として、日本におけるクレジットカード事業の強化を図っている。この背景には、おもに富裕層を対象顧客とする日本ダイナースクラブの会員数が約84万人であったのに対し、一般消費者を対象としたシティバンクブランドのカード会員は30万人足らずと、伸び悩みを続

けていたことがあった。しかし、シティバンクカードも 2000 年には、インターネットによる申請に対して、最短 10 分でカード発行の可否の自動審査結果を電子メールで通知するなど、新たな商品・サービスの試みを続けている。

1998 年のシティコープとトラベラーズとの合併により誕生したシティグループは、伝統的な銀行業務を中心とする銀行持株会社から、証券業、消費者金融業、保険業を重視する金融持株会社へと事業展開を大きく転換した。新たに証券業がリテール基盤の中軸に加わり、トラベラーズ傘下のソロモン・スミス・バーニーが資本参加していた日興證券との事業提携が強化されることとなった。シティグループは個人顧客を対象としたリテール業においても、日興證券と業務提携を進めることを決定し、外資系金融機関として初となる、日本の金融機関との共同店舗開設及び金融異業態間の営業拠点の一体運営を試みている。この共同店舗は、建物の 1 階と 2 階で日興證券が営業して株式や債券、投資信託を扱い、3 階でシティバンクが普通預金や外貨預金の取扱いを行なうというものであった。

インターネットを通じた個人向け取引については、1999 年に設立された日興證券の子会社で、インターネット取引を専門に扱う日興ビーンズ証券への出資を通じて積極的に進められた。2004 年には日興ビーンズ証券は、やはりインターネット取引を主体とするマネックス証券との株式移転により共同持株会社のマネックス・ビーンズ・ホールディングスを設立した。

シティグループは、2007 年 5 月の日興コーディアルグループ株に対する TOB（株式公開買付）により株式保有分を 61% として子会社化し、7 月には、日興コー

ディアル証券の本支店を銀行代理店にすることを明らかにした[70]。2006年4月に解禁された銀行代理店制度は、銀行代理店による預金や融資などの仲介を可能にするものである。日興コーディアル証券の本支店は、同一顧客に銀行と証券の両方の商品・サービスを提供する欧米型の拠点としてシティバンクの支店と同様に位置付けられた。また、法改正により2007年中に可能になるとされた、投資信託購入の際のクレジットカード決済など、グループとしての包括的な個人金融サービスの拡充に向けた行動が進められた。

　日興コーディアルグループ買収の一方で、シティグループは2007年7月、2,200億円を出資してシティバンクの在日支店を日本の銀行法にもとづく銀行免許をもつ、現地法人のシティバンク銀行に転換した。この転換により、在日支店時とは異なり、円建ての預金については1,000万円までの残高とその利息が預金保険の対象となり、また、新規支店開設の扱いも邦銀と同様とされ容易になった。当時のシティバンク銀行社長のスニール・コールは、若年層から中年層までの幅広い層を対象顧客としながらも、団塊世代を中心に金融資産が5,000万円から2億円程度の個人富裕層に照準を当てる方針を明らかにした。取り扱う商品としては、預金商品以外に、海外の株式や債券などの投資商品や年金商品、さらに、邦銀による取り扱いの少ないヘッジファンドへの投資を組み込んだ投資信託などの新たな提供を発表した[71]。

　消費者金融業については、1978年にシティコープの子会社シティコープ・クレジットを設立し、個人向けに無担保融資・不動産担保融資取引を開始した。しかし、個人信用情報のデータベースである「全国信用情報センター連合会」への加入が実現しなかったこともあり、業績不振が続いた。2000年に買収したアソシエーツ傘下のアイクを通じ、改めて消費者金融業を積極化した際には、従業員向け住宅ローンの保証会社となっていたが、消費者金融業は、日本国内においても一時収益の柱となっていた。しかしその後シティグループは、法改正による業績の悪化を見込んで、この事業を大幅に縮小している。プライベート・バンキングに続く事業規模の大規模な縮小は、日本市場におけるプレゼンスを改めて低下させるものとなった。旧トラベラーズ出身者主体でリテール分野での国際業務管

第 3 章　シティグループ

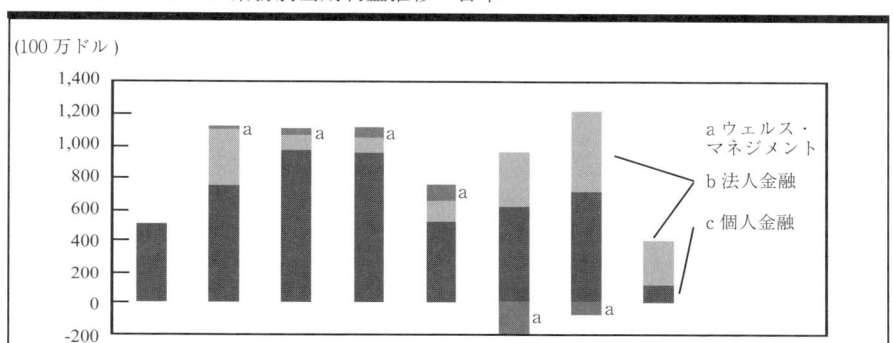

3-29　シティグループ業務別当期利益推移―日本

(100万ドル)

a ウェルス・マネジメント
b 法人金融
c 個人金融

注：1999年の個人金融部門の利益は4億9,400万ドル。個人金融部門以外については国別の数値は公表されていない。
出所：『シティグループ各年度10K』、『シティグループ各年度アニュアル・レポート』より筆者作成。

理の経験に乏しく、日本の金融当局との関係維持にも問題をもつとされる経営陣の正念場はこれからであるといえる。

　日本における保険業展開については、2001年に認められるとされた銀行による保険業参入を見据え、個人と法人の両部門で取扱いを開始する方針を打ち出した。2002年9月には、日興證券との間で成功した合弁会社の設立による市場参入方式を踏襲し、三井住友海上火災保険と合弁で、個人向け変額年金保険商品を主力商品とする生命保険会社、三井住友海上シティ生命を設立している。出資比率は三井住友海上が51％、シティ側が49％で、それぞれの出身者が共同社長に就任した。変額年金の販売額は、開始後4ヶ月余りで250億円と当初の予想を上回る結果となった。2005年には、シティグループが傘下の生命保険・年金部門トラベラーズ・ライフ＆アニュイティを1兆1,900億円で米国保険会社のメットライフに売却し、三井住友海上シティの持株もメットライフに売却したが、三井住友海上は運営を継続している。メットライフは個人年金保険分野に強みをもつ総資産30兆円超の大手保険会社で、シティグループの生命保険部門買収により個人向け生命保険会社としては最大手となった。

シティグループは、2005年のプライベートバンク部門の撤退後、企業統治及び内部管理体制の見直しと再構築を経て、2007年には日興コーディアル証券の買収と本支店の銀行代理店化、シティバンク在日支店の現地法人への転換によるシティバンク銀行の設立を実現した。今後はさらに、日本で金融持株会社を設立し、傘下にシティバンク銀行、個人向け取引を扱う日興コーディアル証券と法人向けの日興シティ証券、クレジットカード会社のシティカードジャパン、消費者金融業のシティフィナンシャル・ジャパン（以下、CFJ）をおき、総合的な金融サービス事業の展開を進めていくとしている[72]。

3　欧州市場展開

　欧州のリテール市場への参入は、破綻した銀行の買収と再生を基本方針として1963年に開始された。しかし、スペインやイタリアでの度重なる失敗から、シティバンクとして自前による支店網の新たに構築を中心とするグリーン・フィールド戦略への転換が図られた。また、欧州各国における支店の新規開設は、外資系の金融機関に対する抵抗が比較的少ない大都市圏を中心に進められた。

　欧州市場においてもシティバンクの基本的な戦略は、マネー・マーケット・ファンドに代表されるような、米国で普及し、すでに成熟期に入っている商品・サービスを、米国内外の市場で培った知識・技術を生かして展開するというものであった。これは、ダイレクト・メールや電話による勧誘などの営業活動においても同様で、米国内では標準的な手法でも、欧州においては目新しいものであった。さらに、米国において革新的とされた商品・サービスについても、導入の試みは続けられた。24時間バンキングサービスを、スペイン、ドイツ、ギリシャの市場で最初に導入したのはシティバンクであった[73]。

　シティコープは1980年半ばに、新たな世界規模の事業戦略として個人金融業務重視の姿勢を明らかにしたが、同時に欧州市場での収益機会についての有望性を再認識した。1973年のクンデンクレディットバンク（KKB）の買収により実現した、ドイツ市場への参入は大きな成功を収めている。ユニバーサル・バンキングが一般的なドイツでは、生命保険、住宅ローン、クレジットカード、そして

第 3 章　シティグループ

3-30　中欧主要各国における上位外国金融機関資産規模順位（1998 年）（数字は各国内順位）

ハンガリー	ポーランド	チェコ	スロバキア
6　ABN アムロ	13　シティグループ	6　BACA	7　BACA
8　BACA（オーストリア）	14　ING ベアリングス	7　ヒポ・フェラインス銀行	13　クレディリヨネ
11　シティグループ	17　BACA	11　BNP ドレスナー	15　ヒポ・フェラインス銀行
13　コメルツ銀行	20　ABN アムロ		16　シティグループ
14　ING バンク	21　西ド立銀行		
16　BNP ドレスナー	22　ヒポ・フェラインス銀行		
17　西ドイツ州立銀行	26　ドイツ銀行		
20　クレディリヨネ	27　ソシエテ・ジェネラル		
23　ドイツ銀行	31　GE キャピタル		
24　ラボバンク（オランダ）	34　クレディリヨネ		
	35　BNP ドレスナー		

出所：『日経金融新聞』1999 年 12 月 15 日より筆者作成。

株式売買の仲介などの多岐にわたる商品・サービスの提供が可能であった。1990年にはドイツ国内の店舗数が 303 に増え、個人顧客数も 200 万人を超えた。翌1991 年末、KKB の名称はシティバンク P.K. に変更され、シティコープの傘下にある銀行であることが改めて認識されてドイツ市場におけるブランド力の強化に繋がっている[74]。

　1998 年のシティグループ誕生時には、ドイツ、スペイン、ベルギー、そしてギリシャなど大陸・欧州諸国を中心にリテール事業の拠点が確立されていたが、中でもドイツのシティバンク P.K. は、欧州で最も収益率の高い銀行となっていた。一方で、EU 統合に続く中欧諸国の加盟を見据えて、中欧主要国における展開も積極化していた。

　シティグループ設立後の最初の大きな動きは、2000 年に実施された、ポーランド国内第 3 位のワルシャワ商業銀行の買収であった。ワルシャワ商業銀行とシティグループのポーランド子会社シティバンク・ポーランドとの合併統合により、当時人口約 3,900 万人で中東欧最大の金融市場を有するポーランドに、総資産 290 億ズロチ（約 6,742 億円）の銀行が新たに誕生した。シティグループは、新銀行についてはワルシャワ商業銀行の名称を継承しながらも、小口金融部門及び店舗はシティバンクに名称変更し、従来扱っていなかった不動産ローンや保険

商品の提供を決定した。また、流通拠点については、店舗網の拡充よりもインターネットやテレフォン・バンキングを通じた取引を強化していった[75]。

　2007 年に入り、シティグループは、生命保険会社プルデンシャルからネット銀行子会社のエッグを 5 億 7,500 万ポンドで買収することを発表した。エッグは、プルデンシャルが従来取り込めなかった若い顧客層の獲得を目指し、1998 年にインターネット専業銀行として設立した銀行子会社であった。親会社とは異なる名称で展開するという、HSBC 傘下のファースト・ダイレクトと同様のブランド戦略がとられていた。2006 年には顧客数が 250 万人を超え、預金残高も 1 兆 2,000 億円、無担保貸出金 1 兆 3,000 億円、住宅ローン 3,200 億円と、ネット専業銀行大手として成長している。

　エッグは、高金利の預金、貸付金利の低い価格戦略で個人向けローン、住宅ローン、生保、損保商品のクロスセリングで業績を上げ、フランス市場への進出も果たした。しかし、物販のポータルサイト運営などインターネット事業の急激な多角化を契機とした資産の劣化から、2004 年にフランスでの事業をオランダの ING に売却して撤退し、2005 年には貸倒れ損失 370 億円を計上した。一方で、英国では 290 万人のクレジットカード顧客をもち、シティグループの既存顧客 80 万人とあわせるとシェアは約 6% になるとされた。また、英国内の中核事業であるクレジットカード部門の高収益により 2006 年には黒字転換に成功している[76]。英国クレジットカード市場で、15% 前後のシェアをもつロイヤル・バンク・オブ・スコットランド、バンク・オブ・アメリカ、バークレイズに大きく後れを取っていたシティグループが、事業強化に向けた行動を開始したといえる[77]。

　シティグループでは欧州部門においても内部統制に関わる問題が発生し、日本市場でのプライベートバンク部門による不祥事と合わせて、米国金融当局による厳しい監視と大規模な M&A 活動の凍結などの処罰の対象となった。しかし、2006 年には、欧州個人金融部門の利益は中東・アフリカを含め、前年比 94% 増となった。欧州諸国全般へのさらなる拡大を目指したエッグの買収は、今後も成長が期待される欧州事業強化への大きな布石といえる。

第3章　シティグループ

4　中南米市場展開

　中南米地域においては、1980年代に発生した累積債務危機、1995年代半ばに深刻化したメキシコ政府の債務危機及び通貨危機、さらに1999年に起きた中南米最大の経済国ブラジルの通貨レアルの切り下げをともなう通貨危機など、経済的に不安定な時期が長く続いた。2000年以降も2001年にはアルゼンチンで金融不安が発生し、深刻な政治経済危機に陥った。こうした中南米経済の混乱は複数の大手米国金融機関を経営危機に追い込み、1990年代後半以降の大規模な再編の遠因の1つになった。

　金融システムの安定化が求められる中、メキシコ政府は1994年以降、従来の外国資本によるメキシコ金融機関株取得の規制を撤廃し、外国銀行による国内銀行の買収を促す政策を実行した。さらに、2001年にはNAFTA（北米自由貿易協定）により、米国及びカナダの銀行、証券、保険、その他金融機関のメキシコへの進出が原則自由化された。スペインや米国を始めとする外国銀行による国内最大手行の相次ぐ買収に対してメキシコ議会の一部には反発もあったが、こうした買収が国内銀行の近代化、融資の健全化に繋がっているという見方が優勢であった。事実、海外からの国内投資増加に対する期待を背景に、シティグループによる買収発表後に通貨ペソが上昇する一方で、市場金利は低下した。メキシコの銀行については、従来からグループ企業への安易な融資、政治家の圧力による情実融資、融資担当者の汚職などが頻発しており、金融当局としてはこうした根強い銀行経営風土の変革と、基盤の脆弱な金融システムの安定化への効果を期待していたといえる。当時のメキシコ大蔵省銀行局長メアデは、「外銀保有によりシステムの安定性が高まり、また、外銀の経営手法の導入により業務の透明性やルールが確立された」と評価している[78]。

　こうした中、シティグループは2001年、メキシコ最大の金融持株会社グルーポ・フィナンシエロ・バナメックス・アクシバル（以下、バナクシ）を125億ドルで買収した。同時に、バナクシの子会社でメキシコ国内に1,300の支店をもつバナメックスを傘下に収め、シティバンクとしての既存の200支店と統合している。シティグループは新興国のリテール市場への参入による、営業基盤の獲得と

145

拡大を重視し、メキシコの首位行であるバナメックスについては買収後も名称変更していない。バナメックスのブランド力を活用しながら、銀行、証券、保険のすべての分野に進出することを目指している。一方で、この買収は米国内のメキシコ系移民との取引の拡大も狙ったものであった[79]。

1999 年に 116 億ドル、翌 2000 年に前年比 13.8% 増の 132 億ドルであったメキシコへの海外直接投資額は、2001 年には 250 億ドルから 255 億ドルに達し前年 2000 年の実績である 132 億ドルからほぼ倍増となったが、この最大の要因はシティグループによるバナクシ買収にあったとされる[80]。

5 プライベート・バンキング

アジア富裕層の中心顧客で従来、財産の自己管理を好む傾向のあった華人実業家には、1997 年のアジア経済危機は大きな転機となった。世界に拠点をもち、幅広いノウハウをもつ専門企業の相談業務を求めるようになったのである。こうした顧客の意識の変化を背景として、アジア地域でのプライベート・バンキング（PB）の成長を期待する欧米の金融機関の多くは、シンガポールを拠点に 100 万ドル以上の投資資産をもつ個人客を対象に PB を拡大した。アジアの顧客について、シティグループ PB 部門のアジア太平洋地区責任者、ディーパック・シャーマは、(1) 国の政治経済的リスク回避のための分散投資が必要、(2) 国内金融市場の発達が不十分、(3) 家族内に異なる国籍保持者がいるため税金や法律の問題が複雑であると指摘している[81]。

シティグループはトラベラーズとの合併以前から、シティコープとして日本市場における富裕層を対象とした PB 事業をいち早く手掛けていた。当時の方針は「資産保全の提案をもって、リスクをとって事業を起こした事業家である顧客を地道に開拓する」もので、複数の金融機関口座の取引内容を一括してまとめるなど、日本の金融機関が実施していなかったサービスを提供していた[82]。しかし、2001 年に続き 2004 年には、日本において海外の生命保険の募集や美術品の取引仲介など、銀行法の認可する業務以外の取引や、マネーロンダリングの疑いのある口座開設の容認、金融商品の説明義務違反、顧客情報管理の不備などが金融庁

により指摘された。同年9月、PB 部門の在日支店が営業認可取り消しの行政処分を受け、翌 10 月には個人資産 5 億円以上の富裕層向け PB 分野で商品設計を担当していた日本法人のシティトラスト信託銀行（以下、シティトラスト）の閉鎖が発表された。2005 年 9 月 29 日には中核拠点であった東京都内の丸の内支店を閉鎖し、シティグループは日本における PB 事業から完全撤退した。

V 収益管理と機能の共有化にみる経営の統一性

1 収益管理システムの開発

　1940 年代のナショナル・シティの業績は、第 2 次世界大戦終結時の財務省による 9 億ドルの預金引き出しとその後の預金量の減少、政府証券の長期金利の上昇による保有資産の平均利回りの低下、そして、大戦後の米国経済の低迷により悪化が続いた。1948 年には、ムーアを中心に収益性向上を目的とした調査委員会が組織され、経費の削減と同時に将来性のある事業分野の見直しが進められた[83]。委員会は取引先である事業会社の経営管理手法を参考にして、部門別収益報告書を考案し、伝統的に規模の拡大を最重要課題としていたナショナル・シティにとっての、収益の確保をともなう成長に向けた経営管理の土台を築いた。

　1960 年代に入ると、国内外で続く好景気に合わせて急速に拡大し、複雑化する顧客からの要求に迅速に対応できるよう、それまでの中央集権的な体制から各部門に裁量権を分散させた組織への大規模な改革が実施された。同時に、従来の、予算や会計報告の数値にもとづく収益管理報告書では、新組織による活動の収益性把握が困難になっていた。この課題の解決に向けて新たに編成された特別チームは、外部の資本市場の動きを反映する市場を銀行内に形成し、部門間の取引金利であるトランスファー・プールレートを金利収入の計算に組み入れながら、日々の収益性管理を可能にするモデルを開発した[84]。

　1960 年代のシティバンクでは、諸業務に付随する活動の可視化と組織内の費用配分にもとづく顧客別・セグメント別収益の把握が大きな課題となった。部門間の資金の預貸プールレートと組織内の共有費用配分の概念を盛り込んだ経営収

3-31　シティグループによるグローバルな知識・情報の共有

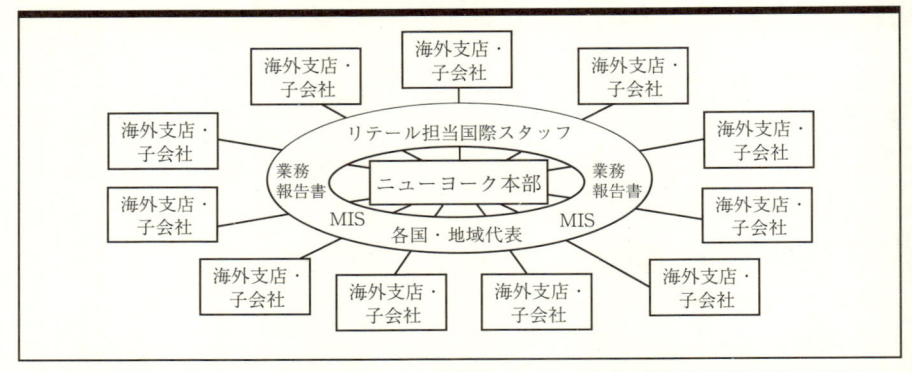

注：MIS（Management Information System）とは経営情報システムの意味で業務及び経営判断上必要な情報を随時提供するシステムもしくはこのシステムから得られるデータを指す。
出所：著者作成。

益モデルは、この問題の解決のために開発された。このモデルは、情報共有化のツールとして国内外でマーケティングや業務部門を始めとするさまざまな活動の基盤となり、さらに、実務担当者への権限の委譲と裁量権の拡大にも寄与した。

2　オペレーションのクロス・ボーダー化

　個人向け取引を中心とするリテール展開において、事務処理に要するコストの管理は最重要課題の1つである。シティバンクにとり、1960年代の景気拡大にともなう取引量の急激な増加は、同時に、営業収益を上回るほどの事務処理コストの上昇を招いていた。事務処理業務の自動化ついては、すでにその必要性が1940年代の調査報告書で指摘されていたが、実現に向けた数々のプロジェクトは失敗に終わっていた。しかし、1969年に新たに組織された業務グループにより編成されたタスク・フォースは、それまでとられていた、既存の業務フローにコンピューターを適用させようとするアプローチとは異なる視点から取り組んだ。まず、機械化によるコスト削減の実現を目標に据え、各機能の定義と業務フローの見直しにより事務処理の自動化を成功させたのである[85]。このタスク・フォースを率いたジョン・リードは、その後、テクノロジーをシティバンクの差別化の

第 3 章　シティグループ

源と位置付け、自社内での新技術開発を強力に推進しながら、リテール分野を中心とする業務展開に先端技術を取り入れた[86]。シティバンクが自社開発を優先した背景には、1950 年代からの自動化の試みに対し、コンピューター技術の銀行業への適用を現実的なものととらえなかった、システムの委託先企業の姿勢もあった[87]。IBM や DEC を始めとする当時のシステム会社は、シティバンクのような特定の大手銀行が進める先端技術の銀行実務への応用について、他行が同様の動きを見せず、一定の需要が見込めない中での共同開発に消極的であった。こうした姿勢は、1960 年代半ば、事務処理業務と同様に実現が急がれていた、クレジットカード決済時の承認手続きの自動化についても見られた。クレジットカードは、当時、シティバンクが全国展開可能な唯一の分野として位置付けており、クレジットカード会社の買収も試みていた。さまざまな戦略分野におけるシステム会社との対立は、1968 年のシティバンク・サービシズ・インクに始まるテクノロジー子会社の設立に繋がる[88]。これらテクノロジー子会社は、シティバンクの新事業展開に不可欠な先端技術の応用開発を広く担い、同時に、シティバンクによる先端技術の自社開発重視の姿勢を支えていく。1970 年代に入り、支店統括責任者らの猛反発を押し切り各店舗に本格導入した、独自開発のシティカード、ATM サービス、そしてクレジットカードの決済システムは、こうして自社開発された技術により実現している。

　1970 年代半ば以降、リードが個人金融部門を率い始めると同時に、IT の開発・活用への積極的な投資による事務処理能力の向上が図られ、決済事務の集中化が進んだ。また、こうした米国内でのオペレーション技術や設備に関わる取り組みは、海外でも同様に実行された。1988 年、シンガポールでのクレジットカード業務を開始した際に設立されたデータプロセスセンターは、稼動開始後に、当初予定していた東南アジア地域対応という位置付けから大きく発展した。アジア、中東、欧州、カリブ、南米のクレジットカード業務関連の事務処理を担うオペレーションセンターへと成長し、1999 年には個人金融業務に加えて法人金融分野の業務処理も担う拠点となった[89]。オペレーションのオフショア化は欧州でのコールセンター運営にも適用されたが、これはコスト削減のみならず、規制による制

約への対応と、顧客サービスの向上に繋がるものとなった。ドイツやベルギー国内では、労働法により日曜日に業務を行うことが制限されていたが、オランダの子会社を通じてこれらの国々の顧客向けにコールセンター・サービスが提供されたのは1例である[90]。

1996年には大手金融機関として初めてシックスシグマ方式を取り入れ、事務処理プロセスの効率化と顧客視点からのサービスの質の向上を目指した[91]。その際にサービスの欠陥として定義したのが、顧客満足度調査の結果、上位2ランクより下と評価された項目すべてであった。こうした定義と顧客からのフィードバックにもとづき、シティバンクは口座開設や顧客明細書作成プロセスを始めとする5つの作業段階において7つの欠陥、さらにそれらの根本的な理由と主要な要因を特定し、改善に着手した[92]。翌1997年には改めて銀行部門を対象に、クロス・ファンクショナル・マッピングにより業務の現状と顧客評価を取り入れた比較分析を行い、現行の人員数や予算を増やすことなく、あるべき形を実現するためのプロジェクトが組まれた。こうしたシックスシグマ方式にもとづくプロジェクトは米国内外で展開され、対象部門も個人金融部門にとどまらずPB部門や法人部門でも実行された[93]。

シティバンクによるこうした先駆的な取り組みは、後にバンク・オブ・アメリカやHSBCも全社的な活動として取り入れている。事務処理から委託会社を含めたシステム開発手順の改革にまで発展させており、さらに、合併統合の過程においても活用している。

VI 企業統治の混乱とシティグループの取り組み

シティグループは2004年以降、欧州や日本を始めとして海外における深刻な内部統制の不備が表出し、信託など一部業務部門の閉鎖を余儀なくされた。2006年には日本市場において、消費者金融分野での上限利率引き下げという法制度の大幅な変更が決定されたが、こうした変化への対応が困難としてこの業務の大幅な縮小に至っている。

第3章　シティグループ

　日本市場における業務内容については、2001年の金融庁による検査ですでに問題行為の指摘を受けていた。しかし、短期的な収益重視の方針もあり、その後も法令順守や内部管理体制の不備に対する根本的かつ継続的な是正が行なわれなかった。シティグループの当時のCEOチャールズ・プリンスは、日本における不祥事について、日本の組織特有の内部管理体制による問題で、類似の問題が世界中にあるとは考えていないとした。しかし、一連の問題に対する責任により、日本の12人の役職員の退職に加え、ニューヨーク本部でも副会長で国際部門の責任者デリック・モーン、資産運用部門の責任者トーマス・ジョーンズ、PB部門のピーター・スカトロの最高経営幹部3人が解任され退職している。

　シティグループは欧州でも、ユーロ国債の大量売却直後に安値で買い戻す不透明な取引をめぐり当局の調査を受け、イタリアでは粉飾会計で経営破綻した食品大手パルマラットから不透明取引に加担したとして損害賠償を請求されている。一方で、不正会計事件を発端に破綻した米国ワールドコムの元投資家への和解金の支払も続き、他の金融機関への悪影響も懸念したFRBは2005年、シティグループによる大型の買収を当面承認しないとの方針を示した。「経営陣が倫理規定や内部統制の強化に完全かつ効率的に取り組み、その間は自社の拡大に着手しないよう望む」との勧告をともなう買収行動の凍結命令であった。

　1998年のトラベラーズとの合併後、シティグループは銀行持株会社としての商業銀行業主体の事業展開よりも、証券業及び消費者金融業に重点をおきながら、米国内外での積極的な買収で事業基盤の拡大と利益向上を目指す姿勢を明確にしてきた。これは、2000年にトラベラーズ出身者主体の経営陣による経営が強化されて以降顕著になっており、米国内でのアソシエーツや日本における日興証券の買収に代表される大型の買収合併は、こうした事業ポートフォリオの見直しを含めた戦略転換を示している。しかし、こうした買収に要する投資拡大の過程で、先端技術の開発に向けた投資は消極化し、技術関連分野は外部委託に依存するようになった。会長直属のインターネット戦略を担う独立部門として、1999年5月時点で米国、欧州、アジアの12ヶ国において7ヶ国語で個人向けインターネット・バンキングを展開していたeシティ（電子シティ）部門も各事業部門に

分散、吸収された[94]。2004年の損保部門の売却に続き、2005年には生保部門も売却し、欧州の金融機関に対抗できるような幅広い業態による商品・サービスのクロスセルを実現することはなかった。インターネット・バンキングについては、2007年に英国のオンライン専業銀行エッグの買収が決定され、改めてこの分野における事業展開を開始することになっている。

　シティグループがシティコープから継承したグローバル経営形態に生じている管理・統制上の課題は小さいものではない。1998年のトラベラーズとの合併後、資産の保全を重視する銀行の風土から手数料収入を重視する文化に変わり、短期的な収益を重視した結果、法令違反によるリスクを顧みない行動に繋がったともいわれる。シティグループは株式総額、経常利益ともに世界最大級の金融機関となってきたが、成長率を含め、同じく多国籍リテール展開を行うHSBCと比較して大きく遅れをとってきているといえる。シティコープが蓄積した多国籍リテール経営の知識及びケイパビリティは、シティグループに適正に継承されているとはいいがたい。

Ⅶ　小括

　シティグループの今日の海外事業基盤は、前身であるシティコープの海外事業を引き継いだものが中心となっている。外国為替取引や貿易金融業務は、20世紀初頭から展開しているが、多くは19世紀に開始されている。しかしその中で、リテール業については、本格的な多国籍展開は1960年代以降に開始された。多国籍リテール展開にあたりシティコープが重視したのは、買収・合併ではなく銀行支店網及びクレジットカード業務の拡大を中心とした、地理的拡張であり内部成長であった。この方針は、基本的にはシティコープが1998年にトラベラーズと合併してシティグループが誕生するまで続いた。

　世界市場を対象に、リテール業を戦略事業の1つと位置付けて内部成長を実現するにあたり、シティコープが重視したのは国際要員としての事業責任者及び実務担当者の柔軟かつグローバルな異動・配置と、自社における先端技術の開発

であった。新たに開発された先端技術は、ニューヨーク本部を中心としたグローバルな情報基盤のMISを活用した財務管理、マーケティング活動、さらに新規商品・サービスの開発と段階的な多国籍展開の中で活用された。新規の商品・サービスとしては、1970年代のクレジットカードやATMサービスの開発、1980年代のATM及びコールセンターを中心とした24時間サービス、そして1990年代のインターネット・バンキングがあげられる。また、顧客のライフ・イベントを契機とした新規取引の開始や取引の深耕に注目した顧客生涯価値の概念が取り入れられた。

　これに対し、シティグループは買収により、グローバルな事業の拡大と強化を加速してきた。しかし、この拡大にともなって複雑化する事業環境や組織に対応できる経営管理を実現できているとはいいがたい。この背景には、1998年の合併後に生じた経営の主導権をめぐる経営陣及び組織内の混乱により、多国籍金融機関であるシティコープの経営管理に関わる経験と蓄積の継承がシティグループに十分行われていないことがあげられる。新興国を中心に、また、一部の先進国においても買収行動を続けた結果として、銀行業を始めとした多様な業態で構成される事業基盤の拡張は実現したが、その統括及び管理については困難を極めている。さらに、シティコープが強みとしたリテール分野における先端技術の取り込みについても、技術分野での自社開発から外部委託への切り替えによる既存技術の利用が中心となり、他社と比較して先端的、もしくは優位性をもつ分野ではなくなっている。

　シティコープとトラベラーズの合併は、グローバル金融市場における主要な競合相手である欧州の金融機関との競争を強く意識し、欧州での標準形態であるユニバーサル・バンキングとクロスセルの実現を目指して実行されたものであった。しかし、生・損保部門の売却に始まる事業ポートフォリオの大幅な変更や、IT分野を始めとする、業務機能の開発部分を含めた外部委託の多用と依存に示されるように、合併後短期間のうちに、重大な戦略転換が行われた。しかし今後の戦略については、改めて顧客の生涯価値を見据えながら長期的視点に立った戦略が前提となるリテール分野の今後の成長にとり抜本的な見直しが必要である。

注

1 高月昭年『米国銀行法』金融財政事情研究会、2001年、24-28ページ。
2 Starr, Peter, *Citibank A Century in Asia,* Editions Didier Millet, 2002.
3 *National Banks and the Dual Banking System,* Comptroller of the Currency, 2003.
4 高木仁『アメリカの金融制度』東洋経済新報社、1986年。安部悦生『金融規制はなぜ始まったのか——大恐慌と金融制度の改革』日本経済評論社、2003年、30-38ページ。
5 高木仁『アメリカ金融システムの構造』高木仁、黒田晁生、渡辺良夫「金融システムの国際比較分析」東洋経済新報社、1999年、38ページ。米国のクレジット・ユニオンは、職域集団を基盤に資力が乏しい勤労者たちが組合員となる協同組織形態の金融組織として始まっており、組合員を対象に預金、貸出を主体として行う。わが国の信用組合と異なり、消費者ローンが中心で、事業貸付は例外的な信用協同組合。
6 Starr, Peter, op. cit.
7 安部悦生、前掲書、30-36ページ。
8 "Because that's where the money is," *Fortune,* Mar. 24, 1980.
9 Cleveland, Harold van B. and Thomas F. Huertas, *Citibank 1812-1970,* Harvard University Press, 1985, p114-115.
10 Cartinhour, Gaines T., *Branch, group, and chain banking,* The Macmillan Company 1931.
11 Cleveland, Harold van B. and Thomas F. Huertas, op. cit., p.119.
12 当座預金口座は、米国において中心的な決済方法である。
13 1919年にナショナル・シティに入行したロジャーは、後にアイゼンハワー政権で業務担当ディレクターを務めている。
14 Cleveland, Harold van B. and Thomas F. Huertas, op. cit., p.120.
15 "Fifty-Million-Dollar Banks," *Barron's,* August 6, 1923.
16 Cleveland, Harold van B. and Thomas F. Huertas, op. cit., pp.120-121.
17 12ヶ月分割の6％割引手形のスプレッドは、十分なものとされた。
18 "Secret History of the Credit Card: Interviews Walter Wriston," *Frontline,* April, 2004.
19 Zweig, Phillip L., *Wriston: Walter Wriston, Citibank, and the Rise and Fall of American Financial Supremacy,* Crown Pub, 1996, p.39.
20 Cleveland, Harold van B. and Thomas F. Huertas, op. cit., p.120.
21 Rogers, David, *Consumer Banking in New York,* Columbia University Press, 1974.
22 Cleveland, Harold van B. and Thomas F. Huertas, op. cit., pp.246-247.
23 Ibid., p.427.
24 Ibid., p.247.
25 八城政基「シティコープの持株会社組織形態成立の経緯・目的」『地銀協月報』1996年1

第 3 章　シティグループ

月、31 ページ。
26　Cleveland, Harold van B. and Thomas F. Huertas, op. cit., p.248.
27　ディスカウント・コーポレーションは、1920 年代に、FNBC の前身であるナショナル・シティやチェースを始めとする大手行が連邦政府有価証券売買の目的で共同出資のうえ、設立された。
28　Moore, George, *The Banker's Life*, W.W. Norton & Company, 1987, p.230.
29　Zweig, Phillip L., op. cit., pp.196-199.
30　Ibid., pp.531-532.
31　"Start with the customer: The Fourth Need," *American Banker*, Feb. 14, 1979.
32　Reed, John, "Citicorp Faces the World: An interview with John Reed," *Harvard Business Review*, November-December, 1990. 河村幹夫訳『ビジネスモデル再構築への軌跡』DIAMOND ハーバード・ビジネス、1991 年 5 月号。
33　Nocera, Joseph, *A Piece of the Action: How the Middle Class Joined the Money Class*, Simon & Schuster, 1994. J. ノセラ著、野村総合研究所訳『アメリカ金融革命の群像』野村総合研究所、1997 年。
34　馬淵紀壽、前掲書、13、47 ページ。
35　同書、86 ページ。
36　八城政基、前掲論文、31 ページ。
37　Moore, George, op. cit., p.250.
38　Cleveland, Harold van B. and Thomas F. Huertas, op. cit., p.274. カルテ・ブランシェ株は 1978 年にシティコープにより買い戻されている。
39　八城政基、前掲論文、32 ページ。
40　八城政基、同上論文、33 ページ。
41　八城政基、同上論文、36-37 ページ。
42　Moore, George, op. cit., p.249.
43　"Citigroup can avoid US regulatory barriers," *International Financial Law Review*, May 1998、高木仁『アメリカ金融制度改革の長期的展望』2001 年。前掲書、2006 年、315 ページ。
44　Rapp, William V., *Information Technology Strategies*, Oxford University Press, Inc., 2002. ウィリアム・ラップ著、柳沢亨、長島敏雄、中川十郎訳『成功企業の IT 戦略』日経 BP 社、2003 年、295-296 ページ。
45　"Citigroup Sees Early Signs of Success In Integrating Its Consumer Operations," *The Wall Street Journal*, December 14, 1998. 『日経金融新聞』1998 年 12 月 22 日。
46　"Citibank Products Offered To Travelers' Independent Agents," *National Underwriter*, December 14, 1998.

47 『日経金融新聞』1999年6月10日。プライメリカは旧トラベラーズ傘下で全米に15万人の販売代理人を通じ、保険を中心とした金融商品を個人向けに販売した。副業として販売を請負う警官、アパートの管理人、電気整備士、会計士などに代理人として販売を委託、週末や昼休みなど生業の合間に営業が行われた。
48 Starr, Peter, op. cit.
49 Moore, George, op. cit., p.198.
50 Zweig, Phillip L., op. cit., pp.101-102.
51 Moore, George, op. cit., p.199.
52 Starr, Peter, op. cit.
53 Rangan, Katuri V., *Citibank: Launching the Credit Card in Asia Pacific (A),* Harvard Business School, 2002.
54 Ibid. 『日経金融新聞』2004年7月1日。
55 Starr, Peter, op. cit.
56 『日本経済新聞』2006年7月31日。『日本経済新聞』2006年9月26日。
57 『日経金融新聞』2004年7月1日。
58 『日経金融新聞』2007年1月31日。
59 『日本経済新聞』1994年11月27日。
60 『日本経済新聞』2003年1月4日。
61 『日本経済新聞』2004年2月7日。
62 『日経金融新聞』2003年2月18日。『日本経済新聞』2003年3月16日。
63 『日経金融新聞』2006年11月17日。
64 『ダウ・ジョーンズ』2006年11月15日。
65 水野隆徳『シティコープ 巨大銀行の21世紀戦略』ダイヤモンド社、1988年、260ページ。
66 Reed, John, op. cit.
67 金融機関のCD・ATMオンライン提携は、地域ごとの地域オンライン提携と業態内及び業態間のオンライン提携の2つの流れにより進められてきた。このうち業態間のオンライン提携は、1991年2月に都市銀行・地方銀行等7業態間のCD・ATM相互接続が全国キャッシュカードサービス（MICS）を介して提携したことから始まっている。1994年には、長期信用銀行等のネットワークである長信銀・商中キャッシュサービス（LONGS）が開始され、MICSと提携した。
68 青沼丈二『金融はリテールで復活する―シティバンクの戦略』日経BP社、2000年、14-15ページ。
69 『日経金融新聞』2000年4月3日。
70 『日本経済新聞』2007年5月10日、7月3日。

第 3 章　シティグループ

71 『日本経済新聞』2007 年 7 月 3 日、『日本経済新聞』2007 年 7 月 10 日。銀行の代理として預金や融資などを仲介する銀行代理店制度は、日本では 2006 年 4 月に解禁された。大手証券会社では、野村證券が野村信託銀行の代理店となっており、インターネットを通じた預金と送金業務を取り次いでいる。
72 『日本経済新聞』2007 年 7 月 3 日。
73 Hoschka, Tobias C., op. cit., pp.221-225.
74 Ibid., pp.225-229.
75 『日経金融新聞』2000 年 11 月 15 日。
76 熊谷優克「成功した英銀のリテール戦略事例評価と邦銀のリテール戦略に示唆するもの」『日本大学大学院総合社会情報研究科紀要』No.7、2006 年、333-344 ページ。
77 『日経金融新聞』2007 年 1 月 31 日。
78 『日経金融新聞』2001 年 6 月 29 日。
79 『日経金融新聞』2001 年 6 月 28 日、『日本経済新聞』2001 年 8 月 6 日。
80 『日経金融新聞』2001 年 6 月 29 日、『日本経済新聞』2001 年 8 月 15 日。
81 『日経金融新聞』2001 年 8 月 31 日。
82 『日経金融新聞』2006 年 5 月 25 日、久保田達夫氏インタビュー。
83 Cleveland, Harold van B. and Thomas F. Huertas, op. cit., pp.223-224.
84 Ibid., pp.286-287.
85 Ibid., p.293.
86 Zweig, Phillip L., op. cit., p.292.
87 Ibid., p.276.
88 Ibid., p.285.
89 Starr, Peter, op. cit.
90 Ibid.
91 Pande, Peter S. and Robert P. Neuman, Roland R. Cavanagh, *The Six Sigma Way Team Fieldbook: An Implementation Guide for Process Improvement Teams,* McGraw-Hill, 2001.　ピーター・S.パンディ、ローランド・R. カバナー、ロバート・P. ノイマン著、高井紳二訳『シックスシグマ・ウエイ実践マニュアル―業務改善プロジェクト成功の全ノウハウ』2003 年、4 ページ。シックスシグマ方式は標準偏差「σ」を語源としたデータの統計学的な解析にもとづいて製品の不良率を引き下げる品質管理手法で、ばらつきを抑えて標準偏差を最小化し、自社の商品やサービスがほぼ例外なく顧客の期待するレベルに達する、あるいはそれを上回るようにすることを目的とする。正規分布において、ある値が平均値から 6σ の範囲に入らない確率は 100 万分の 3.4 であることから「100 万回の作業で不良が発生する回数を 3.4 回未満にする」ことを目標にする言葉として定着した。大きな特徴として、顧客

の視点から目標を設定し、潜在的な問題の発見を重視する点があげられる。顧客は自分が購入した製品やサービスの品質を平均値で評価するわけではなく、自分が使用している製品固有の品質で評価する。このため、企業は顧客に提供する製品の品質を可能な限り均質にする必要がある。そこでシックスシグマでは，製品に不良があった場合に発生するコストを定量的に把握し、その改善の必要性を明確にする。こうした数値から解決すべき問題を決め、具体的な改革活動を開始する。

92 Biolos, Jim, "Six Sigma Meets the Service Economy," *Harvard Management Update,* Vol.7, No.11, November 2002.
93 Rucker, Rochelle, "Citibank Increases Customer Loyalty with Defect-free Processes," *The Journal for Quality and Participation,* Fall 2000,23, 4, pp.32-36.
94 『日経金融新聞』1999 年 5 月 12 日。

第4章
バンク・オブ・アメリカ

I　地域金融機関としての設立と成長

　1874 年に設立されたコマーシャル・ナショナルバンクと 1901 年設立のアメリカン・トラストは、ともに州全域支店銀行制度州であるノースカロライナのシャーロット市を本拠とする地域金融機関であった。国法銀行のコマーシャル・ナショナルバンクは、当時シャーロット郊外での人口増加により拡大する個人向けリテール業に強みをもっていた。一方、州法銀行で単店銀行のアメリカン・トラストは、地場銀行とのコレスポンデント・バンキングと担保融資を軸として、州法銀行には許可されていた保険業でも好業績を収めていた。1957 年、これら 2 行は合併し、国法銀行のアメリカン・コマーシャルバンクが誕生した。この国法銀行への転換にあたり、アメリカン・トラストの保険部門を切り離して事業の幅を銀行業務に絞り、スキルの向上や顧客層の拡大による強化を目指した。1960 年にはこのアメリカン・コマーシャルとセキュリティ・ナショナルの中堅行同士の合併が成立し、ノースカロライナ州第 2 位の規模をもつノースカロライナ・ナショナルバンク（以下、NCNB）が誕生した。

　これらの合併に共通していたのが、M&A の準備段階での社外取締役の重要な役割である。それぞれの金融機関の本拠地の地場企業を代表する社外取締役たちは、合併候補行の特定、評価、仲介交渉、そして意思決定に深く関与しながら、ノースカロライナ州最大の銀行であるワコビアに匹敵する金融機関の設立を共有の目標とし、合併の実現に大きく貢献した[1]。

　NCNB 設立に至る M&A 準備段階では、シャーロット市とグリーンズボロ市におかれた統合 2 行それぞれの本部の継続運営計画、日常の業務手順、組織運営などの統合により、双方の組織を急激に変化させない方針が決定された。このため設立当初、NCNB は 2 つの組織の集合体としての運営が続き、大きな経営課題となった。一方で 2 行の統合作業は、買収行による被買収行の併合あるいは 2 行の融合というよりは、新銀行設立の形で進んだ。職務分掌は、外部コンサルタントのアシスタントとして新入行員が他の行員に聞き取り調査を行い、それぞれの

第4章　バンク・オブ・アメリカ

職務内容と時間配分を参考に新たに作成された。日常銀行業務にも内部管理の視点が新たに取り入れられ、信用審査基準や手法が新規に設定された。また、部門長とのコミュニケーションを含め、新しい経営方針と体制を組織内に浸透させる目的で、心理学者によるカウンセリングも活用された。活発な買収活動の一方では、NCNB の将来に向けての成長のため、若手行員の抜擢と外部人材の登用が積極的に行われた。また、行内の重要なポジションにはそれぞれ、現在の役席に代わり翌日からでも後任を務めることのできる人材と、2 年以内には務められる人材の 2 人を育成する方針がとられた[2]。

　NCNB の新銀行としての組織改革と銀行持株会社への移行によるグループの再編が進む一方で、1973 年にはワコビアを抜きノースカロライナ州最大の金融機関となる悲願が達成された。しかし、翌年、おもに金利の急激な上昇と米国南東部の不動産不況による景気後退から不良債権が増加し、大幅な減益を計上することとなった。この 1974 年から 1975 年にかけての経営危機を乗り切ると、改めて自行の脆弱な財務基盤やリスク管理の甘さが問われた。当時、ノースカロライナ州最大の金融機関となっていた NCNB であったが、地域金融機関としての州内を中心とした業務展開による成長の限界、この限界を踏まえての成長戦略、そして将来の他州への進出に向けた方策が真剣に検討された[3]。

　その後、他行の買収統合を成長への中心戦略と位置付けた NCNB は、1992 年の C&S ソブラン・オブ・アトランタ・アンド・ノーフォーク（以下、C&S ソブラン）との合併にあたってネーションズバンクに名称を変更した後も、米国南東部を中心とした積極的な買収行動を続けた。1980 年代には総資産ランキング第 30 位前後の規模であったが、50 件以上の M&A を経て、1997 年のバーネットバンクの買収後には、全米第 3 位の金融機関に成長していた。

　米国の金融分野では、銀行を始めとする金融機関の買収合併戦略と行動が、法制度との相互作用と併せて業界構造を変え、それぞれの金融機関の今日を形作っているといえる。ネーションズバンクは、米国特有の州際業務規制による制限に対し、効果的な買収合併を通じて地理的多角化を実現させ、たび重なる統合を経て今日、シティグループを凌ぐ規模と業績を誇る金融機関に成長している。

4-1 発展へのおもな活動と経営者

銀行・持株会社名称	経営者	おもな経歴	活動内容
アメリカン・コマーシャルバンク及びノースカロライナ・ナショナルバンク（NCNB）	アディソン・リース	国法銀行担当検査官。信託会社社長を経てNCNB前身行アメリカン・コマーシャル頭取。ノースカロライナ・ナショナルバンクCEO	1957年コレスポンディング業務を中心とするアメリカン・コマーシャルとリテール業務を強みとするコマーシャル・ナショナルとの合併を実現。1960年セキュリティ・ナショナルバンクと合併。ノースカロライナ・ナショナルバンク設立
NCNB	トーマス・ストーズ	リッチモンド連邦銀行エコノミスト。ハーバード大学経済学博士。1960年ノースカロライナ・ナショナルバンク入行。1974年NCNBの会長兼CEOに就任	預金量の多いフロリダ州進出。以後州際銀行業務を拡大。1985年の南部州における州際業務規制緩和に影響力を及ぼす
NCNB及びネーションズバンク	ヒュー・マッコール	サウスカロライナ州の銀行家一家出身。ノースカロライナ州立大学ビジネススクール卒業。海兵隊でのレバノン駐留を経て1959年研修生としてアメリカン・コマーシャル入行。1983年NCNB会長兼CEO就任	1991年C&Sソブランとの合併により米国初の複数州・複数銀行持株会社同士の合併を実現。1992年ネーションズバンクに名称変更後数10件のM&Aにより拡張を続ける。1998年バンカメと合併後の新生バンク・オブ・アメリカの会長兼CEO就任
ネーションズバンク及びバンク・オブ・アメリカ	ケネス・ルイス	ミシシッピ州出身。ジョージア州立大学卒業。1969年クレジット・アナリストとしてNCNB入行。1977年よりニューヨークのインターナショナル・バンキング部門管理。1988年ファースト・リパブリックバンク買収後NCNBテキサス社長。2001年バンク・オブ・アメリカのCEO就任	個人及び中小企業向け取引を中心とするリテール事業を統括。マッコールによるM&A実行後の組織統合で中心的役割を果たす。顧客志向とサービスの質の向上を重視。2003年フリート・ボストンの合併により北東部でのリテール基盤構築、全米展開を実現

出所：*The New York Times,* Oct. 17, 1991, "NationsBank: E pluribus Unum," *The Economist,* Dec. 5, 1992, Vol. 325, Covington, Howard E. Jr., and Ellis Marion A., *The Story of NationsBank: Changing the Face of American Banking,* The University of North Carolina Press, 1993, *The New York Times,* Jul. 8, 1985 より筆者作成。

1 ノースカロライナ州における州全域支店銀行制度と競争環境

　現在、バンク・オブ・アメリカの本社所在地であるノースカロライナ州シャーロット市には、やはり大手行のワコビアも本拠をおき、ニューヨーク市に次ぐ米国第2位の金融センターとなっている。ノースカロライナ州では、他の多くの州

第 4 章　バンク・オブ・アメリカ

で単店銀行制度が採用されていた 20 世紀初頭からすでに、州全域支店銀行制度が採用され、他州と比較して州内全域にわたる支店網をもつ少数の大規模行が台頭していた。これら少数の大手行は、都市部から農村部にかけて預金量や融資残高をめぐり競争を続け、ノースカロライナは全米で最も銀行間の競争の激しい州とされた。中でも、歴史的にノースカロライナ州を代表する銀行として州政府や州に本拠をおく大企業との取引の中心にあり、1972 年まで常に預金量第 1 位であったワコビア、積極的な M&A で急成長を遂げた NCNB、さらにこれら 2 行を追う立場にあったファースト・ユニオンの 3 大銀行による競争は熾烈なものであった[4]。これら 3 行のうち NCNB は、1991 年の C&S ソブランとの合併によるネーションズバンク設立を経て、1997 年には総資産で全米第 3 位となり、翌 1998 年にカリフォルニア州を拠点とするバンカメと合併した。一方、ファースト・ユニオンは 2001 年にワコビアを事実上吸収合併して新生ワコビアを設立している。

　19 世紀に始まるノースカロライナ州における銀行法制度には、州全域支店銀行制度に代表されるように、後に米国最大級の金融機関が誕生する素地が見られた。1804 年、バンク・オブ・ケープフィアーの支店開設が認められ、支店銀行制度が施行されている。1860 年代前半の南北戦争後に単店銀行の設立が増えると、1887 年には、支店開設に際して銀行免許に関わる特定の法的承認を不要と定め、州全域支店銀行設立を奨励した。これは、当時他州の多くが単店銀行制度か、限定支店銀行制度を採用していた中での判断であり、この後、ノースカロライナ州の有力行は、単店銀行をおもな買収対象とし、買収行を新たな支店として運営しながら拡大に向けた行動を続けた。こうして蓄積された合併統合の経験は、後の州際業務解禁の際に大きな強みとなっている。

　ノースカロライナ州の銀行法制度にみられる革新的な姿勢の背景として、建国当時の東部 13 州の 1 州でありながら、伝統的に人口の多くが農場や小さな町に暮らす田園州であったという地域的特徴が指摘できる。特に初期の発展段階においては、銀行が支店展開なしに預貸業務を中心とした事業展開を成立させることは困難であった。これに対し、大都市や人口の密集した地域を多く抱える州においては、支店網をもたない単店銀行でも事業展開は比較的容易であった。また

一方で、大都市に営業基盤を確立した有力行に対して、競争力の弱い地場の銀行保護のため、小規模都市や町への支店開設による進出を制限する独占禁止に配慮した政治的な圧力も存在した。銀行の自主性を重んじるノースカロライナ州において規制当局が設立されたのは、全米48州中最も遅い1931年であった[5]。

2 州際業務規制による限定的な M&A

米国における1990年代の金融機関再編は、1980年代から1990年代にかけての金融危機と、州際業務を厳しく制限していたマクファデン法の緩和を契機とす

4-2 米国銀行・銀行持株会社によるおもな買収合併（1994 – 2003年）

順位	買収行・持株会社	被買収行・持株会社	買収年	被買収行・持株会社 総資産（100万ドル）	預金量（100万ドル）	拠点数
1	ネーションズバンク	バンカメリカ	1998	201,576	129,723	1,960
2	ノーウェスト	ウェルズ・ファーゴ	1998	96,316	70,875	1,459
3	バンクワン	ファーストシカゴNBD	1998	90,700	53,578	648
4	ファースター	U.S. バンコープ	2001	85,402	53,289	1,053
5	チェース・マンハッタン	JPモルガン・チェース	2000	73,832	4,676	3
6	ケミカルバンク	チェース・マンハッタン	1996	71,913	35,815	349
7	ファースト・ユニオン	ワコビア	2001	70,022	41,538	786
8	ウェルズ・ファーゴ	ファーストインターステート・バンコープ	1996	59,187	48,510	1,130
9	フリートフィナンシャル	バンクボストン	1999	50,722	34,648	451
10	シティグループ	ゴールデンステートバンコープ	2002	50,680	22,978	357
11	ワシントンミューチュアル	アーマンソン	1998	50,291	37,611	416
12	ファーストシカゴ	NBDバンコープ	1995	46,606	29,735	611
13	ネーションズバンク	バーネットバンク	1998	44,066	34,450	670
14	ファースト・ユニオン	コアステート・フィナンシャル	1998	43,967	21,201	575
15	ネーションズバンク	ボートメンズ・バンクシェアズ	1997	43,034	30,933	607

出所：Pilloff, Steven J., "Bank Merger Activity in the U.S., 1994-2003," *FRB Staff Study*, 176, 2004 より筆者作成。

るものであった。この再編の特徴として、規模の大きさや創業以来の歴史の長さで勝る金融機関が、経営内容の悪化を理由に合併統合される例が続いたことが指摘できる。NCNB を始めとする一部の金融機関は、再編の過程で他行を吸収すると同時に、他州という新規市場への参入を果たし、業務範囲を拡張していった。

II　ノースカロライナ州から他の南東部州への拡大

　買収合併の歴史ともいえるネーションズバンクの歴史は、1957 年のアメリカン・コマーシャルの誕生に始まる。その後、1960 年のセキュリティ・ナショナルとの合併によるノースカロライナ・ナショナルバンク（後に NCNB に名称変更）、1992 年の C & S ソブラン買収によるネーションズバンク、そして 1998 年のバンカメ買収による新生バンク・オブ・アメリカの誕生と、ネーションズバンクの成長には買収行動が中核的な役割を果たした。バンカメ以外にも、1990 年代にはバンクサウス、ボートマンズ、バーネット等、規模的には中堅ながらも特定の地域において圧倒的なシェアを誇る銀行を買収し、地盤固めを行っている。

1　保守的なフロリダ州への進出と新たな組織統合

　NCNB の資産規模は、ノースカロライナ・ナショナルバンクの銀行持株会社として設立された 1968 年当時、4 億 8,000 万ドルであったが、ノースカロライナ州内での新規支店開設や M&A による拡大で 1980 年には 70 億ドルを超えた。南東部最大で国内 29 位の銀行持株会社となり、海外には 4 支店を開設していた。しかし、競争の激化するノースカロライナ州内に限定された展開では、長期的な成長は困難であった。また、主軸とするリテール業の利幅の薄さから収益力強化には規模の拡大が不可欠とされ、NCNB 経営陣による州及び連邦の規制当局や業界団体に対する州際業務展開の重要性を訴える発言が続いた[6]。

　1980 年に行われた NCNB 戦略会議では、不安定な金利動向、物価の高騰、国内大手行との競争の激化、規制緩和によるノンバンクなどの他業態の銀行業への参入、預金量の不足と資金ベースの脆弱さ、州際業務規制による業務範囲の限界

4-3 ネーションズバンク及びNCNBによる1990年代のおもな銀行・持株会社買収

(単位:100万ドル)

年	被買収行・持株会社	総資産	買収行・持株会社	総資産
1998	バンク・オブ・アメリカ (バンカアメリカ) NT&SA	171,413	ネーションズバンクコープ	271,951
	バンク・オブ・アメリカ (バンカアメリカ) NA	7,576	ネーションズバンクコープ	271,951
	バンク・オブ・アメリカ (バンカアメリカ) Texas NA	5,270	ネーションズバンクコープ	271,951
	バーネットバンク NA	42,828	ネーションズバンクコープ	193,364
97	ボートマンズ・ナショナルバンク・オブ・セントルイス	11,180	ネーションズバンクコープ	173,424
	ボートマンズ・ファーストナショナルバンク・オブ・カンザス	4,160	ネーションズバンクコープ	173,424
	ボートマンズ・ナショナルバンク・オブ・オクラホマ	2,559	ネーションズバンクコープ	173,424
	サンウェストバンク・オブ・アルバカーキ NA	2,204	ネーションズバンクコープ	173,424
	ボートマンズ・ナショナルバンク・オブ・アーカンソー	1,653	ネーションズバンクコープ	173,424
	ボートマンズ・ファーストナショナルバンク・オブ・アマリロ	1,575	ネーションズバンクコープ	173,424
	ボートマンズ・バンク・オブ・サザンミズーリ	1,252	ネーションズバンクコープ	173,424
96	バンクサウス NA	6,867	ネーションズバンクコープ	156,422
92	メリーランド・ナショナルバンク	11,835	ネーションズバンクコープ	127,427
	アメリカン・セキュリティバンク NA	3,727	ネーションズバンクコープ	127,427
91	ソブランバンク NA	14,259	NCNB コーポレーション	68,454
	シティズンズ&サザン・ナショナルバンク・オブ・ジョージア	13,249	NCNB コーポレーション	68,454
	シティズンズ&サザン・ナショナルバンク・オブ・フロリダ	6,504	NCNB コーポレーション	68,454
	ソブランバンク・セントラルサウス	5,128	NCNB コーポレーション	68,454
	ソブランバンク・メリーランド	4,392	NCNB コーポレーション	68,454
	シティズンズ&サザン・ナショナルバンク・オブ・サウスカロライナ	4,099	NCNB コーポレーション	68,454
	ソブランバンク・DC ナショナル	1,094	NCNB コーポレーション	68,454

出所:Rhoades, Stephen A., Bank Mergers and Banking Structure in the U.S., 1980-1998, *FRB Staff Study,* 174, 2000 より筆者作成。

第 4 章　バンク・オブ・アメリカ

など社内外の重要課題が明らかにされた。こうした経営課題に関わる議論は、行内の危機意識の共有につながっている。NCNB はマネーセンターバンクによる買収も大きな脅威ととらえていたが、この脅威は州政府も共有するものであった。

戦略会議の場で、NCNB にとっての最重要課題がノースカロライナ州外への拡大であることが確認されると、社内弁護士、当局対応者やロビイスト、さらにマーケティング、広報、企画部門の担当者が参加する州際業務グループが組織された。この中では、州際業務規制の改正や緩和を待たず早期に州外進出を実現させる方策が検討され、進出の際の業務範囲及び進出先市場についての分析も行われた。一方で、NCNB 以外のノースカロライナ州の金融機関は、ノースカロライナ州内での既存の取引関係を守ることを優先し、州外への進出を重要課題と考えることはなかったため、州際業務規制の打破についても積極的な検討は行なっていなかった。

NCNB による他州市場への参入は、まずフロリダ州で開始された。南東部最南端に位置するフロリダ州には、1970 年代、ニューヨークやシカゴなど北部の富裕層が温暖な気候を好んで定年退職後に多く移り住み、個人金融の分野で高い成長性をもつ巨大かつ優良な市場を形成していた。フロリダ州では、単店銀行制度の中で創業され、保護規制を受けた数千もの小規模な銀行による独占状態が続き、銀行間の競争が国内で最も緩やかな州とされていた。このフロリダ市場への他州からの参入については、1956 年法に加えて、フロリダ州法の制限的規制とフロリダ銀行業界への保護的な行政が最大の課題とされていた。このフロリダ州法は、他州に本拠をおく銀行による業務展開を禁止する目的で 1972 年 12 月 20 日に制定され、フロリダ州特有の参入障壁を代表していた[7]。しかし NCNB は、州法成立前の 1971 年にオーランドの信託会社を買収しており、この信託会社を通じた信託及び銀行業務展開、さらに、銀行買収に関する既得権を強く主張して認められた。この既得権条項の適用を受けた州外金融機関は、シカゴのノーザン・トラスト・カンパニー、カナダのロイヤル・トラスト・カンパニー、NCNB の 3 社のみであった。他州からの新たな参入による競争の激化を恐れたフロリダ州の銀行は州当局に働きかけ、信託会社の買収を禁じる法案を成立させている。1978

4-4　特定地域内互恵州際業務を認める州及び施行内容一覧（1986 年時点）

州名	1986 年の営業銀行数	州際業務規制
アラバマ	229	一定地域内の銀行は相互に州が認め合う限りにおいて参入可能
アーカンソー	256	一定地域内の銀行は相互に州が認め合う限りにおいて参入可能
コネチカット	60	一定地域内の銀行は相互に州が認め合う限りにおいて参入可能
デラウェア	34	一定地域内の銀行は相互に州が認め合う限りにおいて参入可能
フロリダ	411	一定地域内の銀行は相互に州が認め合う限りにおいて参入可能
ジョージア	369	一定地域内の銀行は相互に州が認め合う限りにおいて参入可能
ハワイ	10	一定地域内の銀行は相互に州が認め合う限りにおいて参入可能
マサチューセッツ	102	一定地域内の銀行は相互に州が認め合う限りにおいて参入可能
メリーランド	91	一定地域内の銀行は相互に州が認め合う限りにおいて参入可能
ミネソタ	727	一定地域内の銀行は相互に州が認め合う限りにおいて参入可能
ミズーリ	610	一定地域内の銀行は相互に州が認め合う限りにおいて参入可能
ミシシッピ	141	一定地域内の銀行は相互に州が認め合う限りにおいて参入可能
ノースカロライナ	64	一定地域内の銀行は相互に州が認め合う限りにおいて参入可能
ニューハンプシャー	53	一定地域内の銀行は相互に州が認め合う限りにおいて参入可能
ロードアイランド	14	一定地域内の銀行は相互に州が認め合う限りにおいて参入可能
サウスカロライナ	73	一定地域内の銀行は相互に州が認め合う限りにおいて参入可能
テネシー	283	一定地域内の銀行は相互に州が認め合う限りにおいて参入可能
バージニア	171	一定地域内の銀行は相互に州が認め合う限りにおいて参入可能
ウィスコンシン	566	一定地域内の銀行は相互に州が認め合う限りにおいて参入可能
カリフォルニア	445	一定地域内の銀行は相互に州が認め合う限りにおいて参入可能
イリノイ	1,219	互恵条件で合衆国全州からの参入を認める
インディアナ	355	互恵条件で合衆国全州からの参入を認める
ルイジアナ	298	互恵条件で合衆国全州からの参入を認める
ペンシルバニア	302	互恵条件で合衆国全州からの参入を認める
バーモント	25	互恵条件で合衆国全州からの参入を認める
ワシントン	94	互恵条件で合衆国全州からの参入を認める
コロラド	438	あらゆる州外銀行の参入を認める
ネバダ	16	あらゆる州外銀行の参入を認める

出所：Nolle, Daniel E., "Banking Industry Consolidation: Post Changes and Implications for the Future," *Working Paper, 95-1, Economics and Policy Analysis,* Washington, D.C: Comptroller of the Currency, April, 1995 より筆者作成。

年には、ニューヨーク州に本拠をおくバンカース・トラストが、訴訟によりフロリダ州での他州銀行による信託会社設立を認める最高裁判決を勝ち取ったが、これも総合的な銀行業務について認可する内容ではなかった[8]。

　1980 年代の南東部における銀行の再編は、1985 年 6 月に最高裁が下した州の立法府による地域互恵銀行協定の制定を認める判決後大きく加速した[9]。この協定

には、互恵地域内の州における銀行業務展開の垣根を取り払う一方で、地域外の銀行の参入を阻止する効果があった。同様の協定は、ニューイングランドや西部地域においても制定されていた。しかし、米国中で最貧とされる地域を抱える南東部州を本拠としていた銀行にとり、営業基盤の拡大と強化を可能にする地域協定の意義は、銀行存続のためにも重大なものであった。地場に安定した産業をもち、国内最大級の銀行が複数本店をおく西部や中西部、ニューイングランド地方とは異なる背景があった。翌7月には、フロリダ、ジョージア、ノースカロライナ、テネシー、バージニアの5つの州で、さらに1986年1月1日にはサウスカロライナ州でも互恵銀行法が発効した[10]。

　NCNBは1981年、資産高2,400万ドルのフロリダ州の小規模行ファースト・ナショナルバンク・オブ・レイクシティ（以下、レイクシティ）と経営統合することで合意し、翌年買収を完了、フロリダ州への本格的な進出を開始した。フロリダ州での銀行買収に際しては、本格的な銀行業務展開の足掛かりとしての実績作りが最重要課題とされ、それまでNCNBが買収対象行に求めていた規模の大きさや地域的な戦略性は二義的なものとなった。レイクシティの買収に関しても、NCNBの法的な立場の解釈について当局の反応を試すことが、おもな目的の1つであった。当時経営難にあったレイクシティの買収は、発行株式の81.5%を保有するアイオワ州の実業家からの売却の申し出を契機としたものであったが、NCNBによる申請後、連邦政府の裁定までに6ヶ月を要した。

　米国において州ごとに異なる銀行法制は、金融機関の成立から組織の風土、業務展開の手法に関しても大きな影響を与える。NCNBは、フロリダ州で数年の間に複数の銀行を買収し、短期間での収益向上を目指したが、ノースカロライナ州の銀行法制度や業界風土との違いがさまざま形で大きな障害となった。州全域支店銀行制度の下、1950年代にはすでに銀行の買収行動が活発であったノースカロライナ州とは対照的に、フロリダ州では1980年代に至っても、銀行間の競争を制限しながら個々の銀行を保護する政策がとられていた。新銀行の設立に否定的な規制当局は認可を制限し、まれに認可する場合でも審査を長引かせ、銀行統合や大手行の成長、さらには新規支店の開設についても消極的であった。こう

した保守的な環境の中で、各銀行による業務区域は細分化され、事実上固定化された。このような制度的環境は、個々の銀行の風土にも影響を与えていた。

　NCNB はレイクシティに続き、1982 年には定年退職した富裕層が多く住むフロリダ州ボカラトンを本拠とする資産高 6 億 6,500 万ドルのガルフストリームを買収した。また、翌 1983 年には、有力貿易港を抱える新興工業都市タンパのエクスチェンジ・バンコープの買収に成功している。しかし、これらフロリダの銀行では、伝統的に本部による管理が緩やかで、営業及び業務担当者が大きな裁量権を握っていた[11]。これに対して NCNB の方針は、業務コスト管理や新規採用などの人事分野に MIS を活用し、本部が集中的に管理するというもので、被買収行による NCNB への反発は強かった。買収後 1 年以内にガルフストリームの幹部 45 名中 41 名が、また、エクスチェンジ・バンコープでも全 300 名の役職のうち 150 名以上が 1 年半以内に入れ替わり、その多くは競合する他行へ移った[12]。

　買収直後のこうした集中的な離職は地元での評判に影響を与え、同時に銀行顧客との関係が各行員に依存した属人的なものであったことから NCNB にとり、大きな打撃となった。事態を好転させる目的でノースカロライナから多くの役職級の行員が派遣されたが、逆に地元での警戒心を煽る結果となった[13]。

　統合担当幹部の交代などを経てこれらの問題は数ヵ月のうちに沈静化し、一方で、こうした合併統合に関わる多様で複雑なプロセスの詳細は、失敗例、成功例とも NCNB 内で蓄積されていった。実質的に州際業務規制の壁を乗り越える実績作りの第一歩となったフロリダ州への進出は、その後のテキサス州やジョージア州、米国全土へと広がる NCNB の業務拡張への大きな一歩となった。また、連邦及び各州の法制度や税制の詳細な分析と、この分析結果にもとづき行われた制度の特徴を利用した買収行動による市場参入と事業の拡張は、その後も NCNB の主要な戦略となった。

　NCNB は、1985 年に資産規模 21 億ドルでサウスカロライナ州第 3 位の銀行、バンカース・トラスト・オブ・サウスカロライナ（以下、バンカース・トラスト SC）を買収した。これは、同年、新たに制定された地域互恵銀行法下で NCNB が行った最初の州際合併であり、同時に NCNB は、南東部 3 州で総合的な銀行業

務を展開する初の銀行持株会社となった[14]。バンカース・トラスト SC はサウスカロライナ州の 45 都市に 110 の支店をもち、個人向け取引を中心に事業展開し、州全体の預金量の 13% を占めていた[15]。大手行であるバンカース・トラスト SC との統合プロセスでは、フロリダでの合併統合の際に起きた数々の問題が大きな教訓となった。人事面を始めとして、変革を急がず細心の注意のもとに進めるなど統合プロセスの見直しと改善の効果は、5% 程度にとどまった役職の離職率にも現れている。

2 ファースト・リパブリックバンクの破綻と買収

1988 年 7 月、FDIC（連邦預金保険公社）は、総資産 325 億ドルのファースト・リパブリックバンク・オブ・テキサス（以下、ファースト・リパブリック）に対して破綻を宣告し、40 億ドルの破綻処理費用をともなう処理内容を発表した。

テキサス州では 1980 年代初めより、不安定な中東情勢を背景とした原油価格

4-5　銀行破綻処理費用（1980 - 2004 年）　　　　　　　　　　　　　　　　（単位：100 万ドル）

	破綻銀行名（所在州）	処理時期	総資産	処理費用	処理方式
1	ファースト・リパブリック（テキサス州）	1988 年 7 月	333.5	38.5	買収・承継
2	M コープ（テキサス州）	1989 年 3 月	157.5	28.4	買収・承継
3	コンチネンタル・イリノイ（イリノイ州）	1984 年 5 月	336.5	11	OBA
4	テキサス・アメリカン（テキサス州）	1989 年 7 月	47.5	10.8	買収・承継
5	ファースト・シティ・バンコープ（テキサス州）	1988 年 4 月	112	10.7	OBA
6	バンク・オブ・ニューイングランド（マサチューセッツ州）	1991 年 1 月	217.5	8.9	買収・承継
7	ゴールドーム・セービングス（ニューヨーク州）	1991 年 5 月	86.9	8.5	買収・承継
8	キーストーン（ウェスト・バージニア州）	1999 年 9 月	10.5	7.7	買収・承継
9	ニューヨークバンク・オブ・セービングス（ニューヨーク州）	1982 年 3 月	34	7.5	OBA
10	クロスランド・セービングス（ニューヨーク州）	1992 年 1 月	72.7	7.4	買収・承継

注：OBA はオープン・バンク・アシスタンス（非閉鎖処理）を示す。
出所："Ten Most Costly Bank Failures, 1980-1994," FDIC, 1998, p.843, p.861, FDIC Annual Report, 1995-2004, 高木仁、前掲書、2006 年、163 ページより筆者作成。

4-6　買収時の事業規模比較

	買収会社	被買収会社
	NCNB	ファースト・リパブリックバンク・オブ・テキサス
本拠地	ノースカロライナ州シャーロット	テキサス州ダラス
預金量	286億ドル	268億ドル
1988年前期損益	129万2,000ドル	▲23億ドル
従業員数	12,700名	12,200名
支店数	621	134

出所："NCNB wins Dallas bank; FDIC's $4B rescues First Republic," *USA Today*, Aug. 1, 1988 より筆者作成。

の高騰による石油業の隆盛と、ヒューストンとダラスを中心とした不動産業の好景気に沸いていた。しかし、1980年代半ばには景気の落ち込みが始まり、傘下に41の銀行をもつテキサス州最大の銀行持株会社ファースト・リパブリックも、不動産融資を急速に不良債権化させた。1987年に事態の好転を目指して実行されたインターファースト・コーポレーションとの大型合併後も業績の悪化は続き、年末には総資産の16%にあたる40億ドルに上る不良債権を抱えていた。翌1988年には20億ドルを超える損失を計上し、FDICより預金の全額保護措置と10億ドルの緊急融資を受けるに至った[16]。

　FDICはこの破綻処理にともない、ファースト・リパブリックの社債価値はほぼ全額失われるが、預金は全額保護されると発表した。一方、株価も1981年に41ドルの高値をつけて以降、1987年6月のインターファースト・コーポレーションとの合併直後には26ドル50セントに、FDICによる発表当日の1988年7月30日には75セントにまで下落した[17]。

i ブリッジバンク方式による破綻処理案

　NCNBによるテキサス州での初期の買収行動は、フロリダ州の場合と同様、中堅行を対象とした資本参加の形で行われた。これによりテキサス州における銀行経営環境の厳しさや、他行やその取引企業の財務内容の実状把握が可能になり、

4-7 不良債権比率の高い大手銀行―総資産50億ドル超 (1988年6月30日時点)

銀行名	本店所在地	融資額全体の不良債権比率 (%)	総資産 (100万ドル)
ファースト・リパブリック	ダラス、テキサス	22.51	17,085.66
Mバンク	ダラス、テキサス	9.73	7,854.88
テキサス・コマース	ヒューストン、テキサス	9.47	11,638.35
チェース	ニューヨーク、ニューヨーク	7.13	77,152.87
ファースト・インターステートバンク・オブ・テキサス	ヒューストン、テキサス	6.86	5,592.81
マニュファクチャラーズ	ニューヨーク、ニューヨーク	6.81	59,219.00
ファースト・ペンシルバニア	バラ・シンウィッド、ペンシルバニア	6.73	6,011.43
メロン	グリーンズバーグ、ペンシルバニア	5.96	22,737.46
シティバンク	ニューヨーク、ニューヨーク	5.93	152,940.00
ケミカル	ニューヨーク、ニューヨーク	5.87	58,203.00

出所："Banks with the Most Dramatically Changing Loan Portfolios," *Bankers Monthly,* Mar. 1989 より筆者作成。

適正な買収見通しが設定されていった。同時に、石油関連産業の不況により多くの石油関連融資で巨額の不良債権を抱え、破綻に瀕していたテキサス州の銀行を管理していたFDICとの関係が強化された[18]。

ファースト・リパブリックは1988年3月に不動産及びエネルギー関連融資と、途上国向け融資に対する引当金を積み増して15億ドルの損失を計上、深刻な経営不安が表面化した[19]。FDICは同月、10億ドルの緊急融資を実行して経営再建支援を図ったが、5月には長期債務の利払いが停止、6月には格付け機関S&Pにより劣後転換社債の格付けがシングルCからDに格下げされた[20]。

米国では、1984年に総資産400億ドルのコンチネンタル・イリノイ・バンクが破綻した後、1987年に金融機関競争衡平法が成立し、破綻処理費用を抑えることを目的としたFDICによるブリッジバンク設立が認めらた。しかし、実際にブリッジバンク方式で処理された銀行数は少なく、資産規模で最大であったファースト・リパブリック破綻処理に際しては、FDICにより40億ドルが初期処

理費用として準備された。これは、緊急融資10億ドルの返済免除、債務超過額11億ドルへの充当分、ブリッジバンクの買収・承継銀行普通株式の80%にあたる9億6,000万ドルの出資、さらに、破綻銀行保有資産の時価評価への切下げ償却分10億ドルの負担を合わせたものであった[21]。

日本では1998年に導入が決定したブリッジバンクであるが、そのモデルとなった米国での設立に際してのおもな特徴として、早期処理、安易な救済に歯止めをかける行政と経営者の責任の明確化、そして納税者ではなく銀行業界によるコスト負担の原則があげられる。1991年末には議会という公開の場における論争を経てFDIC改善法（FDICIA）が成立し、(1) 自己資本比率で銀行を5段階に分類し、資本不足とされた銀行には早期に当局が経営に介入する早期是正措置、(2) 銀行経営者の解任、出資者の排除、監督責任のあった通貨監督庁（OCC）長官の議会による再任拒否を含む、経営者と行政の責任追及、(3) 処理費用としての公的資金の導入を禁じ、銀行の支払う保険料率を1989年までの0.083%から0.23%にまで高めることで、銀行業界に負担を求める自己責任原則の3つを軸とする、金融界の信頼回復に向けた銀行処理の大原則が確立した[22]。日本版ブリッジバンクではこのうち、銀行経営者、出資者、行政当局の責任の追及と、納税者ではなく銀行業界自体による処理コスト負担の原則の2点が大きく異なり、金融界への国民の信頼は未だ回復していないといえる[23]。

ファースト・リパブリックの破綻処理にともなう買収の競争入札には、NCNBのほかに、産油州テキサスでの不況終息後の業務拡大を見込んだシティコープや、カリフォルニア州の大手行ウェルズ・ファーゴが参加していた。さらに、ファースト・リパブリックの暫定最高経営責任者アルバート・ケーシーを中心としてMBO（マネジメント・バイ・アウト）を目指す旧経営陣がこの3社加わった。FDICは、入札金額が13億ドルと最も高く、次点のウェルズ・ファーゴによる提示金額との間に7億ドルの開きのある買収案を示したNCNBを買収行に選定した。テキサス州を本拠にせず、資産規模が289億ドルとファースト・リパブリックよりも小さい中堅行であるNCNBの選定については、地元を中心に強い懸念が示された。これに対して当時のFDIC総裁ウィリアム・シードマンは、選定理

第 4 章　バンク・オブ・アメリカ

4-8　資産保護に関わる FDIC による支援処理

実行日	1988 年 7 月 29 日
買収企業	NCNB コーポレーション
被買収企業	ファースト・リパブリックバンク・コーポレーションの子会社銀行（管財人管理下におかれ全資産及び負債は後に NCNB が獲得するブリッジバンク、JRB バンク、ナショナル・アソシエーションに移管。NCNB テキサス・ナショナルバンクに名称変更
FDIC 分担分	1　融資残高 10 億ドル免除 2　債務超過額充当分現金 10 億ドル 3　新銀行普通株の 80% 相当で無議決権株式購入のため 8 億 4,000 万ドルから 9 億 6,000 万ドルの資本注入 4　NCNB、関連会社、取締役、職員、従業員、代理店に対する補償
資産条項	1　問題資産 100 億ドル中 50 億ドル相当償却後の貸借対照表共同管理清算銀行移管分 2　90 日以内と 13.5 ヶ月後の NCNB による問題資産の無制限の追加的移管を可能とする 3　7 億 5,000 万ドルを上限として 27 ヶ月後の NCNB による問題資産の追加的移管を可能とする 4　共同管理銀行の資産中損失分は FDIC が補填する
回収分割当率：	
FDIC・買収企業	1　NCNB は共同管理銀行の資産管理対価として基本報酬及び特別報酬を収受 2　共同管理銀行の資産は NCNB による NCNB テキサス・ナショナルバンク普通株 51% 取得時に NCNB 管理の下清算銀行に移管
サービシング	1　全共同管理資産は合意対象期間中 NCNB が管理する 2　NCNB は資産回復に関連して全共同管理資産回収分の一定割合と共同管理銀行管理に対する報酬を収受
合意対象期間	5 年間
特記事項	第 1 項 NCNB は NCNB テキサス・ナショナルバンクの議決権株 100% 相当にあたる 2 億 1,000 万ドルから 2 億 4,000 万ドルを貢献 第 2 項 NCNB は FDIC 保有の無議決権株について次の額面超過額での購入が可能 　　　経過年　　　　簿価超過率 　　　　1-3　　　　　　115% 　　　　 4　　　　　　 120 　　　　 5　　　　　　 125 第 3 項 NCNB には全優先株の 80% 取得と同時に残余分買収の義務が生じる

出所："Assisted Acquisition In The Bush Era," *Bottomline,* May, 1989 より筆者作成。

由を NCNB による、(1) 過去の複数の M&A 及び統合後の経営実績、(2) 1987 年金融機関競争衡平法に着目して、ブリッジバンクを活用した株式交換や新たな

融資の必要のない方式の提案、(3) 税法の分析にもとづく IRS との交渉の結果、FDIC 負担の破綻処理額を他社案と比較して 10 億ドル程度低く抑えたことにあるとした[24]。

　NCNB は、ワシントン D.C. のミルバンク・ツイード・ハードリー＆マックロイ法律事務所にファースト・リパブリック買収に際しての顧問を依頼し、NCNB にとり有益で、かつ FDIC が売却を適正と判断できるような案の取りまとめに成功した。当時の担当弁護士で、FRB 出身のボールドウィン・タトルは、こうした銀行破綻に関わる買収案件には標準となる形式はなく、クライアントの経営目的と FDIC の公共政策主体の視点の両方を理解したうえで便宜を図り、買収案を作成する必要があるとした。タトルは、1987 年金融機関競争衡平法で可能になったブリッジバンクの設立とファースト・リパブリックの資産及び負債の移転、NCNB による資産の管理、そして、不良債権処理についてのリスクを FDIC が負うとする内容の枠組みを考案した。これにより NCNB は継続銀行の所有権の 20% として 2 億 1,000 万ドルを出資した。残りの 80% を所有する FDIC は新たに 8 億 4,000 万ドルを出資し、NCNB はこの 80% について 5 年以内の買い取り可否の決定権を独占的に与えられた[25]。

　NCNB による提示案の大きな特徴としてブリッジバンクの活用に加え、税制を始めとする法制度に関わる詳細な分析にもとづく IRS との交渉の結果、優遇措置が盛り込まれた点があげられる。IRS による決定は、ファースト・リパブリック買収に際して欠損金税額繰越控除を認めるものであり、28 億ドルの優遇措置は最終的な破綻処理費用の低減に繋がった[26]。NCNB による買収後、継承銀行はテキサス州最大の銀行 NCNB テキサス・ナショナルバンク（以下、NCNB テキサス）として業務を続けた。1988 年末には 2,020 万ドル、さらに翌 1989 年の上半期 6 ヶ月で 1 億 2,120 万ドルの利益を計上し、同年 4 月には所有権の 29% を 3 億 1,000 万ドルで買い増し、テキサス州第 1 位の銀行としての基盤を強固なものにしていった[27]。

　景気低迷の続くテキサス州で NCNB テキサスの収益の柱となったのは、単一銀行制度の下で発展し、原油を始めとするエネルギーや不動産関連の融資を中心

176

に展開していた地場銀行が軽視していたリテール業であった。テキサス州は、預金量1,750億ドルでカリフォルニア州、ニューヨーク州に次いで全米3位の規模のリテール市場を擁していた[28]。NCNBテキサスはこの巨大なリテール市場で買収に際しての税控除の優遇措置を利用しながら、他行より低いローン金利を設定し、同時にシステム化された厳しいクレジット・スコアリング基準を適用することによりリスク管理を徹底し、市場での優位性を高めていった[29]。

ii 統合プロセス

破綻したファースト・リパブリックの合併統合は、NCNBによるそれまでの買収合併行動の集大成と位置付けられ、フロリダ州で数多くの買収合併に携わった担当者を中心に進められた。NCNBの最高幹部10人のうち、中核銀行のノースカロライナ・ナショナルバンク社長を務めていたフランシス・ケンプ、NCNBフロリダの社長で現在バンク・オブ・アメリカの会長兼最高経営責任者を務めるケネス・ルイスを含む5人が、幹部としてNCNBテキサス・ナショナルバンクに赴いた。ケンプはNCNBテキサスの会長に、ルイスは社長に就任した。さらに、NCNBの最高財務責任者であったハートマンは副会長兼最高財務責任者として、また、不動産融資部門の責任者であったカレスティオも赴任した。一方、FDICによる破綻宣告と同時に、テキサス州の各支店では幹部5人とともにノースカロライナ州から派遣されたNCNBの行員250人が、推定総額200億ドルの健全な融資と50億ドルに上る不良債権との選別を開始していた[30]。

買収直後にテキサスで行われたNCNBテキサスでの全体会議では、ヒュー・マッコールを始めとするNCNBの経営陣がファースト・リパブリックの行員と、人事や融資業務に関わる方針、店舗展開、そして人員削減の計画などについて質疑応答を行った。経営陣はその際、ノースカロライナ州における業務方針がテキサス州では必ずしも適正でないことへの理解を示し、地元の環境に合った展開を進めることを伝えた。フロリダ州での苦い経験を生かし、性急な統合行動はとらず時間をかけて組織内部の融合を図ると同時に、進出市場でのニーズに応えていくというアプローチへの転換であった。一方、事務の効率化に向けては、当初1,000種類以上あった書式関連のプラットフォームを63種類に、また、822の預金商

品を 10 に、そして 40 の電信室を 1 室に削減するという大規模な総合作業を合併後 3 年以内に実現した[31]。

　NCNB の組織については、本部主導の経営計画と集権的な管理に特徴があるとされるが、同時に、実務担当者は業務遂行に際して大きな権限をもっていた。こうした権限は、顧客セグメント別、商品別のマーケティングを重視した事業戦略にもとづく共同体（チーム）としての高い業務遂行能力に立脚していたといえる。NCNB はこの業務遂行能力が、商品自体の機能を補完すると同時に、戦略と戦術とのバランスを取るものであるとして、自らの競争優位ととらえた。こうした能力にもとづく買収合併は、より多様な商品を顧客に提供する機会であり、同時に、既存の商品やサービスの新規参入市場への導入を効率的に実現するとした[32]。NCNB のもつ共同体としての高い業務遂行能力は、1982 年以降フロリダ州で中小の金融機関を対象に実行した、再生をともなう多くの買収統合の成功に寄与している。ファースト・リパブリック買収に先立つ 1987 年には、フロリダからの利益は NCNB 全体の約半分を占め、大きく貢献していた。

　1985 年の州際業務規制の緩和以降、米国南東部では預金金融機関を中心に、業績の改善、資金の調達先や収益源の多様化、規模の経済の実現、さらに取引の深耕を目的とした数多くの買収合併が実行され、市場は急激に変化した。特に大手銀行持株会社は、他州の大手行や地域的に集中する中小の金融機関の買収、さらに中規模行をおもな対象に連続して行った買収を通じて、全州規模の拠点網の構築を進めた。こうした行動の要因として、(1) 地場の景況、(2) 本拠地における金融再編と収斂、(3) 州内よりも州際の買収行動志向、(4) 南東部の銀行による他州行の所有増加があげられる[33]。NCNB は、ノースカロライナ州最大の金融機関ワコビアに匹敵する規模への成長を目指し、また、潤沢な資金確保を最重要課題として、個人向け取引を中心に豊富な預金量獲得に向け、リテール基盤の拡大と強化を図った。その目的が達成されると、次にはニューヨークやシカゴ、サンフランシスコなど、大都市を拠点とするマネーセンターバンクに対抗することを目標とし、米国南東部最大の金融機関への成長を目指して買収合併による拡大を続けた。

第 4 章　バンク・オブ・アメリカ

3　コミュニティ再投資の課題

　米国の地域再投資法（以下、CRA）は、地域金融の円滑化を意図した法律として、わが国でも 1990 年以降金融制度調査会などで議論された[34]。CRA は、1977 年の成立当初、おもに住宅ローン取引について、金融機関が白人以外の住民や低所得者の居住地域を区別して貸出を回避するなど、人種差別問題および低所得者層のローン需要への対応を目的とした政策としての性格をもっていた。そのため、それぞれの金融機関の安全性および健全性に弊害を生じさせないという前提で、各営業地域で公平な信用供与を行うことを求める法律として制定された。その後、1995 年までに行われた改正により、対象は中小企業向け及び地域社会発展を目的としたローンに拡大され、現在では、地域の再開発及び活性化に活用されるようになっている[35]。

　1989 年の NCNB による C&S ソブランの吸収合併に際しては、この CRA への対応と公約が重要な要素となった。米国南東部での拠点網拡大を進めていた NCNB は 1989 年、ジョージア州アトランタに本店をおくシチズン & サザン（以下、C&S）に対し、敵対的株式公開入札を行った。しかし、C&S はこれに対抗して他の有力行との合併を模索し、翌 1990 年、バージニア州最大の銀行であったソブランバンクとの合併を実現させた[36]。この合併により総資産 470 億ドルの C&S ソブランが誕生したが、米国の景気後退と不動産不況の中で多額の不動産融資を不良債権化させた。一方で NCNB は、米国南東部から南部にかけての 9 つの州で、地域ごとに異なる景況から損失を相殺する体制を整え、財務体質の強化に成功していた。全国規模の展開を目指した全米 7 位の NCNB は、1991 年、同 12 位の C&S ソブランを株式交換により買収し、名称をネーションズバンクに変更した。これにより、首都ワシントンから南東部一帯とテキサス州に支店をおく資金量全米 3 位、預金量 1 位のネーションズバンクが誕生した[37]。

　合併に際しては、全米最大の低所得者団体であるアソシエーション・オブ・コミュニティ・オーガニゼーション・フォー・リフォーム・ナウ（以下、ACORN）が合併否認要求を FRB に提出するなど、CRA 問題が大きな障害となった。FRB が実施した調査では 1990 年の住宅ローン実績として、全米の白人中間

層は銀行預金1ドルあたり7セントの住宅ローンを受けたのに対し、少数民族の中所得者層は同条件での住宅ローンが2セントにとどまっていたことが明らかになっていた。こうした中、NCNBとC&Sソブランは合併合意に際し、合併成立後の10年間について毎年、両行の総資産合計1,180億ドルの0.84％に当たる約10億ドルを地域開発のために融資する計画を発表した[38]。これは、両行が拠点をおく地域の開発を重視し、地域貢献の促進を目的とするCRAの趣旨に沿って融資実行時に優遇措置をとるとしたものであった。合併後に、総額100億ドルの住宅ローンを市場金利よりも1％低く提供し、地元住民の利益を重視する姿勢を示した。ACORNは最終的にこの計画内容に合意し、FRBへの合併否認要求を取り下げた[39]。おもな融資対象となったのは、一戸建て及び集合住宅の建設や商業用不動産への融資、自動車・住宅購入に際しての中・低所得者向けローンであったが、地域経済の活性化に貢献する政府機関・非営利団体などへの融資も含まれた。この決定に際し、当時のNCNB会長マッコールは、この大規模な融資計画は合併により初めて可能になると合併による便益を強調し、規模や影響力の拡大に関わらず、基本的に地域社会を重視した銀行としての業務展開を継続する姿勢を明らかにした[40]。

　他行の買収合併に際して、毎回一部の活動団体からそれぞれの地域に対する金融面での貢献を強く迫られたNCNBであったが、コミュニティ開発の分野においては、最も早い段階から積極的な取り組みを行った銀行であったといえる。これは、NCNBが本拠をおくノースカロライナ州シャーロットにおいて、NCNBが直接関与した開発プロジェクトに始まる。シャーロットは1970年代、1世帯当たりの殺人件数が全米で最多の都市で、不動産開発業者による開発プロジェクトは皆無に近い状況にあった。当初は開発業者への融資を通して荒廃した地域の開発を進める方針であったNCNBは、融資案件が極端に少なかったことから、1977年に自ら非営利のコミュニティ開発会社（以下、CDC）を子会社として設立した。CDCは設立と同時に、シャーロット中心部のフォースワード地区において低廉で良質な住宅の供給を目的とする再生プロジェクトに着手し、廃墟同然であった地域のアパート群の建て替えを進めた。プロジェクトには地域住民団体

も参加し、発足後 5 年間で 1,400 世帯が住宅関連ローンを利用して移り住み、地域の地価も 3 倍以上に上昇した。シャーロットの再生プロジェクトはその後も継続され、2006 年には 8,300 軒の住居を含む 50 区域におけるプロジェクトに発展している[41]。米国においてコミュニティ開発会社のモデルとなった NCNB の CDC は、1980 年代以降もネーションズバンク CDC、そしてバンク・オブ・アメリカ CDC として成長を続けた[42]。2006 年には、2016 年までの 10 年間に一定の条件を見たすコミュニティ再開発を目的とした投融資もしくは贈与資金として、7,500 億ドルを提供することを決定している[43]。

III　リテール業を中心とした全国展開の実現

1　バンカメの買収統合

1998 年に合併したネーションズバンクとバンカメは、それぞれ、リージョナルバンクとしてノースカロライナ州とカリフォルニア州を本拠とし、地場の中小企業と個人顧客をおもな取引先としていた。このため商品構成など、事業展開の内容には類似点も多かった。両社に戦略的違いが見られたのは、消費者金融業への取り組みで、ネーションズバンクがクライスラー傘下の消費者金融会社を買収するなど拡大基調であったのに対し、バンカメは撤退方向にあった。

i バンカメのリテール銀行としての創業

バンカメの前身行で、1904 年にサンフランシスコの実業家アマデオ・ジアニーニにより創設されたバンク・オブ・イタリーは、米国において最初にリテール業を本格的に手がけた大手商業銀行であった。サンフランシスコのイタリア人地区に拠点をおき、農民、商人、労働者や小規模企業をおもな対象顧客としたが、その多くは英語が満足に話せない移民であった。銀行業には素人だったジアニーニではあったが、成功した実業家として金融機能への需要の高まりを敏感にとらえ、個別訪問を通じて預金と融資を売り込みながら顧客数を増やす一方、同様の方法で新規の株主を獲得していった。

カリフォルニアでは 1909 年当時、州内全域での支店業務を可能にする支店銀

行制度が認められており、ニューヨーク州の銀行と比較して、小口取引の拡大と成長では圧倒的に有利な環境にあった。この支店銀行制度については、大手銀行にとって有利なものであるとして多くの小銀行経営者から反発があった。ジアニーニは、カナダにおける自らの視察にもとづき、銀行支店網の全国規模の広がりにより、地方の小規模支店が単一制銀行にはできないようなサービスの提供を可能にすると強調し、支店銀行制度の実施を強く支持した。

　バンク・オブ・イタリーは、おもに他行の買収を通して州内で支店網を拡張させる一方、買収後は支店長を始めとして、取引顧客に関する知識の豊富な地元の担当者を継続雇用した。これにより地元との取引関係が維持され、営業のほか審査、信用管理の強化にも繋がった。主要業務であった融資取引については、カリフォルニア州全域にわたる多数の農業従事者、工場経営者、労働者などに貸付を広く分散させ、リスク集中の回避に努めた。ポートフォリオ管理の手法をリスク管理に適用したものであるが、これは地元企業や産業に限定的に融資を実行していた他行とは大きく異なっていた[44]。

　ジアニーニは1929年に総合金融会社のトランザメリカを設立する。トランザメリカは、バンク・オブ・イタリーやバンク・オブ・アメリカ・オブ・ニューヨーク、後のシティバンクであるナショナル・シティ・バンクの持株会社でもあった。トランザメリカは、実質的に全米規模での事業展開を目的とした金融持株会社であった。

　また、トランザメリカは金融デパート構想——すなわち1つの金融機関で銀行、信託、投資銀行、証券、保険業を営むという現在の金融コングロマリット展開の先駆けでもあった。しかし、こうした拡大・多角化政策は、監督当局からの強い抵抗を招いた。大恐慌後、多くの不正金融業者に加えて急速に拡大を続けていたトランザメリカへの警戒から、1933年と1935年に連邦議会で商業銀行の業務範囲を厳しく制限するグラス・スティーガル法が成立した。銀行持株会社は連邦準備銀行の管理下におかれることになり、州際支店制度を許可する一連の法案も成立することはなかった。

　バンク・オブ・イタリーとしての創業時から1950年代まで、バンカメは、大

第4章 バンク・オブ・アメリカ

4-9 米国主要銀行持株会社（1929年末）

会社名	所在州	傘下銀行数	貸付・投資額 (1,000ドル)
トランザメリカ・コーポレーション	ニューヨーク	18	1,418,361
ゴールドマン・サックス・トレーディング・コーポレーション	ニューヨーク	5	814,684
ファーストナショナル・ピープル・グループ	ミシガン	21	705,032
ファーストナショナル・オールドコロニー・コーポレーション	マサチューセッツ	20	568,312
ファーストナショナル・バンク・シカゴ	イリノイ	7	512,669
ユニオン・トラスト Co.	ペンシルバニア	6	458,901
マリーンミドランド・コーポレーション	ニューヨーク	19	425,436
ガーディアン・デトロイト・ユニオン・グループ	ミシガン	35	403,996
ノースウェスト・バンコーポレーション	ミネソタ	92	339,754
ファースト・バンク・ストック・コーポレーション	ミネソタ	78	339,267
マンハッタン Co.	ニューヨーク	3	328,789

出所：高木仁『アメリカ金融制度改革の長期的展望』原書房、2001年より筆者作成。

企業を優良顧客としては見なさず、むしろ小口顧客の銀行へのロイヤリティを重視するカリフォルニア州の1地方銀行としての性格を強くもっていた。国際業務を展開する一方でカリフォルニア州内での個人向け取引の積極展開を続け、1930年代初めには自動車ローン市場で75％、1950年代のピーク時には85％のシェアをもっていた。しかし、1950年代以降、こうした特徴は創業者一族から経営を継承した新しい経営陣により、大手企業向け融資と国際金融を業務の中心とするものに大きく変わっていく。小口金融部門が最大の収益を上げる中、1970年にバンカメの法人融資部門の長であったクローセンが社長に就任すると、1960年代の方針が踏襲された。大企業融資を中心に、貸付の規模と市場占有率が重視される一方で各四半期の収益増大が優先され、将来に向けての投資はほとんど行われなかった。

ⅱ リテール分野における取り組みの消極化

バンカメによるリテール業務への取り組みが消極化したのに対し、ニューヨークの大手行でこの分野での展開を重視するケミカルバンクやシティバンクは、新規サービスであるATMの導入を進めていた。

　1965年に英国で開発されたATMは、米国では、ニューヨークのケミカルバンクが最初に導入した新規サービスであった。その後、リテール展開を積極化していたシティバンクが、反発のある中、小口取引を行う各支店内外にATMを設置するため、他行を上回る数億ドルに上る巨額の投資を行った。将来に向け、顧客に24時間対応で利便性の高いサービスを適正な料金で提供することを目指しての行動であった。これに対してバンカメは投資コストの大きいATMは利用法が複雑で故障も多く、顧客には受け入れられないと設置には消極的であった。しかし、1980年代には、全国の大手銀行の中で保有台数で最下位となり、競争の激化する個人金融分野でATM利用を標準サービスとする多くの顧客を繋ぎ止めるため、それまでの方針は転換を迫られた。その後バンカメは、年間1億ドル以上をかけてATMの設置を推進することになった。

　経営管理面の分野でも、他行ですでに取り入れられていた詳細な業務評価や収益予想の仕組み、分権的な組織管理体制は採用されず、MIS（経営情報管理システム）の導入も遅れた。1980年代には、1970年代後半に急激に拡大した国内外の大口融資の焦げ付きや、1982年のチャールズ・シュワブ社の買収と4年後の売却に代表される、戦略的な意図が不明瞭な買収行動により、バンカメの経営の混乱は深刻化していた[45]。

　1990年にローゼンバーグがCEOに就任すると、米国西部を中心とした積極的な買収合併を行い、1992年には、当時史上最大規模とされたセキュリティ・パシフィックとの買収合併を実現させた。しかし、統合後の大規模な人員削減と支店閉鎖に続き、1996年以降は、信託、証券、消費者金融部門が売却され、総合的な金融サービスの提供は打ち切られた。1998年にノースカロライナ州のネーションズバンクにより実質的に買収統合された後は、「バンク・オブ・アメリカ」の名称を継承して米国内でのリテール業務を中心に戦略展開を続け、世界最大に迫る規模に成長している。

第 4 章　バンク・オブ・アメリカ

4-10　発行会社別米国クレジットカード部門利益（2003 年第 4 四半期）

発行会社	利益額 （100 万ドル）	前年同期比較（%）
シティグループ	1,140	22% 増
MBNA	704	30% 増
アメリカン・エキスプレス	606	10% 増
バンクワン	347	8% 増
バンク・オブ・アメリカ	323	3% 増
キャピタル・ワン	266	11% 増
チェース	171	25% 増

出所：*CardData Financial Surveillance*, CardWeb.Com, 2004 より筆者作成。

iii クレジットカード事業の開始

　第 2 次世界大戦後、分割ローンは急成長を遂げ、バンカメの 700 を超える支店で提供される消費者向けの小口融資は債権総額の大部分を占めた。その中でバンカメでは、簡便な消費者信用供与を可能にする多目的型クレジットカードの開発を戦略課題としていた。クレジットカードは顧客にとり、資金決済と資源の移転機能を飛躍的に向上させるものであった。

　行内での開発に際しては、すでにチャージカードの流通を実現させていた、シアーズやモービル石油など他業種カードの信用供与手順に関わる調査が行われ、1958 年 9 月、後に VISA カードとなるバンカメリカード業務が開始された。高い収益を上げたバンカメの成功により、他行の多くもカード発行を開始した。その多くはバンカメリカードの被ライセンス銀行となり、同時に全国レベルの支払システムが構築されていった。

　クレジットカード事業のイノベーターとして先行者優位の立場を築いていたバンカメであったが、運営上の問題から、1969 年に設立され、後に VISA となるナショナル・バンカメリカード・インコーポレーテッド（NBI）にクレジットカード・システム運用の権限を委譲することになった。委譲後は被ライセンス銀行メンバーとしての業務拡大に専念している。

　クレジットカード業務は、今日のバンク・オブ・アメリカにとって大きな

収益源である。しかし 2003 年のシアーズのカード部門買収にもみられるように、大胆な投資を惜しまずに続けてきたシティグループと比較しても、利益額は 30％程度にとどまり、今後に向けての課題といえる。

2 個人向けサービスの拡充

1998 年に、バンカメとネーションズバンクが合併して誕生した金融持株会社バンク・オブ・アメリカは、2006 年末には時価総額でシティグループを抜いて

4-11 バンク・オブ・アメリカ事業部門別収入（2006 年度）

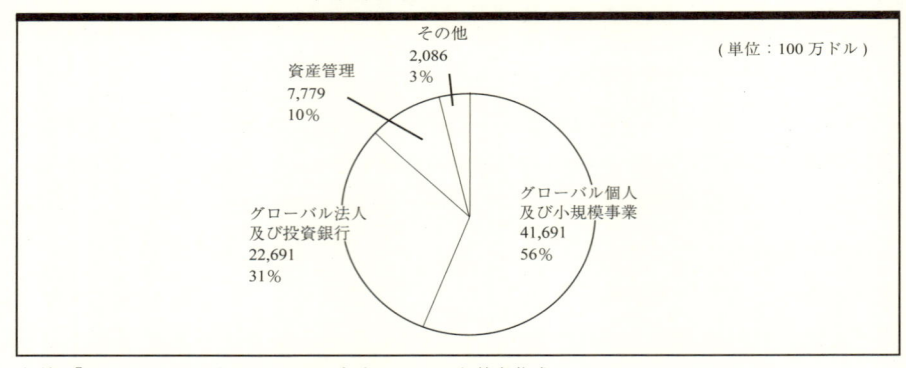

（単位：100 万ドル）

- その他 2,086 3%
- 資産管理 7,779 10%
- グローバル法人及び投資銀行 22,691 31%
- グローバル個人及び小規模事業 41,691 56%

出所：『バンク・オブ・アメリカ 2006 年度 10-K』より筆者作成。

4-12 バンク・オブ・アメリカ グローバル個人・小規模事業利益内訳（2006 年度）

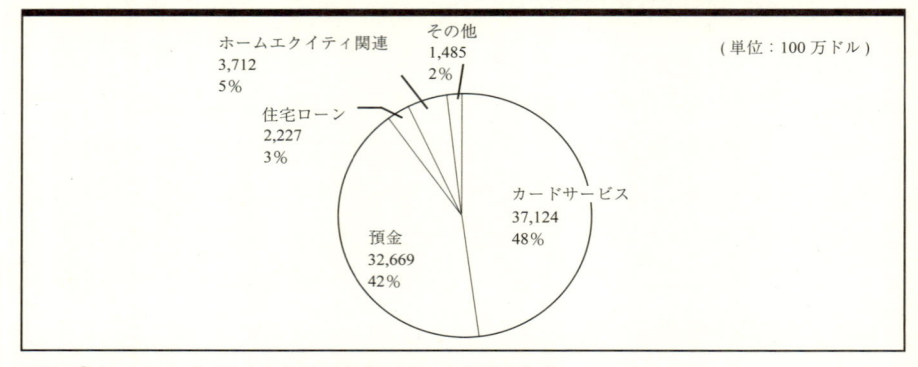

（単位：100 万ドル）

- ホームエクイティ関連 3,712 5%
- 住宅ローン 2,227 3%
- その他 1,485 2%
- 預金 32,669 42%
- カードサービス 37,124 48%

出所：『バンク・オブ・アメリカ 2006 年度 10-K』より筆者作成。

第4章　バンク・オブ・アメリカ

4-13　預金量及び米国内マーケットシェア（2006年6月30日時点）

順位		預金量（億ドル）	マーケットシェア（%）
1	バンク・オブ・アメリカ	5,906	9.2
2	JPモルガン・チェース	4,623	7.2
3	ワコビア	3,790	5.7
4	ウェルズ・ファーゴ	3,090	4.8
5	シティグループ	2,246	3.5

出所："B of A starts talks to raise cap on deposits," *Knight Ridder Tribune Business News,* Jan. 17, 2007 より筆者作成。

世界1位となった。おもな事業部門としては、グローバル個人及び小規模事業向け取引部門、グローバル法人及び投資銀行部門、資産管理部門、その他部門があるが、この中で、収入、税引き後利益ともにグローバル個人及び小規模事業が50%以上を占める。グローバル個人及び小規模事業部門の利益内訳を商品・サービス別に見ると、カードサービスと預金業務がそれぞれ40%を占め、ホームエクイティ関連のローン、住宅ローンが続く。

これら4つの主要業務の中でカードサービスについては、欧州を始めとして積極的な海外展開が行われているが、その他については国内にとどまっており、この点でシティグループの事業展開と大きく異なっている。

2003年には、当時資産規模全米7位で北東部を拠点とするフリート・ボストンとの合併を発表し、この合併により預金量で国内シェアは9%を超えた。米国においては、リーグル・ニール法により預金シェアが10%を超える買収合併が制限されており、今後は内部成長を中心とした展開が進められると考えられる[46]。

NCNBは1980年代後半からの5年間に25件のM&Aを繰り返して急成長したが、C&Sソブランとの合併で誕生したネーションズバンクは、NCNBと比較して、個人を中心としたリテール業により大きな比重をおいた。ネーションズバンクのリテール部門であるゼネラルバンクの社長を務めたケネス・ルイスは、急速に拡張する支店網向けに、全店舗共通の商品、システム、業務フローを開発することを決定した。1992年に開始されたこの開発プログラムは「ビジョン'

4-14 個人顧客向けのおもな商品・サービス

サービスマネーマーケット・セービングス	住宅ローン
レギュラー・セービングス（普通預金）	ホーム・エクイティーローン
バンク・オブ・アメリカ・アドバンテージ・チェッキング	ホーム・エクイティー信用枠
シニア対象バンク・オブ・アメリカ・アドバンテージ・チェッキング	生命保険（バンク・オブ・アメリカ・インシュランスサービシズ）
キャンパスエッジ・チェッキング	介護保険（バンク・オブ・アメリカ・インシュランスサービシズ）
マイアクセス・チェッキング	軍関連者、外交官、政府及び民間行政官対象銀行サービス
レギュラー・チェッキング（当座預金）	プレミア・バンキング
預金証書（CD）	ザ・プライベートバンク
チェックカード	学生対象バンキング
クレジットカード	外貨購入
トラディショナル IRA	外貨売却
ロス IRA	トラベラーズチェック購入
オートローン	外貨及びトラベラーズチェック・デリバリーサービス
教育ローン	投資商品（バンク・オブ・アメリカ・インベストメント・サービシズ）
パーソナルローン	電信送金
アクセスローン	振替

出所：『2006年度バンク・オブ・アメリカ商品・サービス説明資料』より筆者作成。

95」と命名され、1995年末までに9州とワシントン D.C. に広がる1,700以上の店舗で扱う個人向け商品数の大幅削減、統一システムと業務フローの導入を目指した。

　ビジョン '95 の一環で、商品構成改革を目的としたプロジェクトの「プロダクト '95」により150種類あったリテール向け商品は35種類に削減されたが、これらの商品は70の異なるソフトウェアを通じて提供されていた。「システム '95」は、システム改革プロジェクトで、ビジョン '95 中、最も規模が大きく複雑で多大なコストをともなうものであった。このため、「システム '95」の中心作業であるシステムの転換については、完了が1996年まで遅れることが懸念された。業務処理についても、データセンター運営のアウトソース先であったペロー・システムのコンピューター欠陥が原因で、ノースカロライナとサウスカロライナで

第 4 章　バンク・オブ・アメリカ

預入れと引出し業務の顧客口座への転記処理が 4 日遅れるという問題が発生していた。ビジョン '95 の第 3 のプロジェクトであった「デリバリー '95」は、支店業務を支えるプラットフォームと顧客情報システムの改善を目的としていた。プロジェクト完了後は、顧客担当者が顧客の年齢範囲や財務状況の迅速な把握により、適正な商品を幅広く販売することが期待された。デリバリー '95 では、さらに、次世代 ATM や最も効果的な DM 広告を始めとする、先端的なマーケティング手法に関する調査も実施された。

ビジョン '95 は、1992 年に全店を対象にプロジェクトが開始される 2 年前に、NCNB テキサスで社長を務めていたルイスが試験的に実施していた。支店業務の簡素化と新しい人員配置モデルの導入により、12% から 15% の費用削減に加え、窓口での待ち時間の短縮など顧客サービスの向上も実現し、業績の改善に大きく貢献した[47]。

限定的な証券売買取引の仲介が銀行による取り扱い業務として認められる米国では、1980 年代初めに多くの銀行が売買の仲介業務に参入したが、期待されたほどには業績は上がらなかった。しかし、その後 10 年間で、銀行では証券売買に加え、投資信託や個人年金商品の提供が強化された。さらに、地域拠点に限られていた流通チャネルも各支店の窓口へと広がり、多様な商品・サービスの広範な販売網での提供が始まった。

ネーションズバンクは他行に先駆けて 1980 年代から、子会社のネーションズバンク証券を通し、証券売買取引のみを対象とするディスカウント業務ではなく、投資アドバイスの提供をともなうフルサービス業務を展開していた。ネーションズバンク証券による営業活動は、銀行とは別の拠点で実施されたが、銀行支店を通じて寄せられる数多くの顧客紹介は対応能力を超えるものであった。1992 年 1 年間に銀行支店から証券営業担当者に寄せられた紹介件数は 5 万件に上り、そのうち 40% が新規口座開設に繋がっていた。こうした背景からネーションズバンクは、1993 年に証券会社のディーンウィッターとの共同出資により新たにネーションズ証券を設立し、ネーションズバンク証券を統合した。流通面で主体的役割を果たすネーションズバンク側と、テクノロジー、人事採用、

そして、研修面で大きく貢献するディーンウィッター側の双方から、合わせて400人の営業担当者が新会社に加わった。ネーションズ証券での営業展開の特徴としては、ワークステーション・テクノロジーの活用があげられる。オプションとフューチャー以外の商品について、営業担当者自身が投資取引関連の業務処理を行うことが可能になり、効率的な営業活動に繋がった[48]。

3 競争環境の悪化と規制による制限の打開

NCNBは1980年代半ばに住宅ローン専門の子会社を設立して、19店舗で業務を展開した。また、証券売買の仲介業務を総合的に取り扱う店舗を次々に新設し、1988年までにこれらのうち9店舗に保険代理店を併設させた。個人向けには、保険、証券仲介、そして銀行業務を包括的に扱う金融サービスセンターのネットワークを構築し、法人取引の分野では合法的な範囲内で、投資銀行業務を拡充していった。

ファースト・ユニオンやワコビアを始めとするノースカロライナ州の他の大手金融機関も同様に、顧客のワン・ストップ・ショッピングによる囲い込みの実現を目指した。子会社を通じて株式の売買や投資信託、保険商品の販売、さらに債券の引受けなどの業務分野への拡張を進めている。銀行によるこれらの業務の直接展開は、連邦法であるグラス・スティーガル法により制限されていたが、異業種や異業態からの参入が続き、預貸業務を中心とした伝統的な銀行業務からの収益確保は困難になっていた。シアーズを始めとする事業会社系ノンバンクは住宅ローンやクレジットカード、保険商品や投資信託、株式売買や不動産仲介サービスの提供を積極化していた。一方で、決済機能を備えた証券口座であるキャッシュ・マネジメント・アカウント（CMA口座）を開発したメリルリンチに代表されるように、証券会社も銀行業務分野への進出を進めていた。

ノースカロライナ州では1980年代以降、3大銀行を始めとして多くの銀行が、投資アドバイスをともなわず証券売買の仲介のみを行うディスカウント・ブローカーとして、積極的に業務展開をしていた。中でもNCNBは、顧客に証券投資アドバイスを提供しながら実際の売買をサポートする、フル・ブローキングサー

第 4 章　バンク・オブ・アメリカ

ビスが、グラス・スティーガル法に違反していないとの通貨監督局の判断により、1987 年以降、証券業務に積極的に取り組んだ。ノースカロライナ州において唯一の、また全米においても数少ない銀行として、フル・ブローキングサービスの取り扱い店舗の展開を開始した。さらに、伝統的に州法銀行には許可されていた保険商品の取り扱いについても、銀行支店の一角を保険代理店であるネーバーフッド・インシュアランス・センターにリースして、自動車保険、生命保険、そして住宅所有者保険の販売を 9 店舗で実施した。NCNB によるこうした強引ともいえる積極的な取り組みの背景として、同様に国法銀行であったファースト・ユニオンによる保険商品の取り扱いがあった。ファースト・ユニオンは、連邦法によって銀行の保険子会社所有が禁止される以前に、子会社を通じて保険商品を販売していたため、その既得権が認められていた。これにより、クロスセルによる自行の既存客に対する複数の金融商品の販売を重視した。一方の NCNB の当時のコンシューマー・バンキング部門の幹部は、リテール市場における幅広い顧客の取り込みに際し、保険商品が大きな可能性をもつとの認識を示した[49]。

　NCNB やファースト・ユニオンを始めとするノースカロライナ州の先駆的な銀行は、将来的には金融サービスのワン・ストップ・ショッピングが行われるようになると考え、複数の業態分野で個人向け取引を強化することを目指した。これに対してワコビアは、「平均的な顧客はそれぞれの業態の金融機関と別々に取引することを好む」という調査結果を支持した。顧客は「1 つのかごに卵をすべて入れること」を避けたがるとの保守的な認識を示した。ワコビアは学生ローンのサービシングや住宅ローン、信託業務、さらにディスカウント・ブローキングサービスからの手数料収入の強化を重視し、証券業務の拡大や保険分野への参入を目指すことはなかった。こうしたリテール市場における戦略行動の違いはそれぞれの銀行の異なった風土を示しているが、保守的な戦略にもとづいて優良な収益内容を維持しながらも、積極的な業容の拡張を図ることのなかったワコビアは、2001 年にファースト・ユニオンに合併統合されている。米国の金融市場においては、金融機関の先進性が M&A に関わるケイパビリティとともに重要であったことを表しているといえる。

4 収益管理体制の確立と顧客志向のイノベーション
i MIS の構築と集中管理

　数多くの M&A により継続的な成長を果たした NCNB の経営手法の特徴として、業務や資金、そして人事関連コストの集中管理があげられる。こうした管理手法の基礎となったのが、1967 年後半に作成、導入した収益計画プログラムである。このプログラムは、(1) プロフィットセンター、(2) 主要事項、(3) 責務の 3 つの報告要素から構成されており、組織内の各部門長への体系的な情報の収集・伝達と、分析を可能にする仕組みとして開発された。各部門の目標設定、業績評価、既存の問題や好機への取り組み、そして新たに発生する好機の把握と対応を、組織全体の短期・長期戦略と整合させ実行することを目的としたものである。また、このプログラム開発の背景には、資金コストや人件費の上昇、利ざやの縮小など、銀行にとって収益の確保が厳しくなっていた 1960 年代後半の米国の経済状況がある[50]。

　プロフィットセンター報告では、プロフィットセンターと位置付けられた部署に関連した、行内利用・提供資金関連の支払及び受取利息、間接部門や他のプロフィットセンター所属員の役務料、その他間接費などが明示され、業務損益が示された。主要事項報告では部門長向けに貸借対照表関連のデータや傾向、人員数分析とともに、計画内容と実績の相違、各種プロジェクトの進捗に関わるデータ傾向や記録も示された。実績が計画と比較して劣る場合は、どのような対応策がすでに講じられたか、また講じる予定か説明が求められた。

　NCNB における収益計画プログラムの基盤であった責務報告は、計画段階と報告段階の 2 段階で成り立っていた。このうち計画段階は、毎年度第 3 四半期末の最高経営幹部による翌年の目標決定により始まった。この決定内容は、各部門長による計画設定前に組織内全体に伝えられた。部門長は各自担当する預金や融資分野における予測と、予測にもとづく期待収益及び関連する費用を、月次ベースで予想することが求められた。各部門長の計画内容はすべて収益計画部門が取りまとめ、内容の不備等の確認後、コンピューター処理で全行単位の予備収益計画となり、取締役会の承認を経た後、翌年の正式な収益計画となった。責務報告

第4章　バンク・オブ・アメリカ

書には毎月第3業務日に全部門長が作成・配布する、担当分野での予測と実績の相違が示された。全報告書は組織内で段階的に統合され、統合の過程で相違内容に関連して各担当部門長が計画目標の達成に向けて対応措置をとる。最高経営幹部による月次収益計画会議では、問題分野について討議され対応が決定された。

NCNBでは、収益計画が実効性をもつためには経営幹部が全報告書を適時受け取ることが重要とされ、責務報告書、プロフィットセンター報告書、主要事項報告書の3報告書は、毎月第10業務日までに作成・配布された。各部門長は内容を確認・分析後、経営幹部に提出し、全管理職による計画プロセスへの関与と計画に対する実績の比較・測定が可能になった。こうした収益計画プログラムにより、組織内での経営管理に関わる意思決定は、収益計画への影響を考慮した上で行われることが通例となった[51]。

ii 顧客からの評価にもとづく総合的な質の向上

NCNBは、1970年代半ば各種取引用紙の大規模な見直しを行った。この見直しは、外部の法律家や言語コンサルタントが共同して、個人を中心とした顧客の視点に立ち、それまでの契約書特有の専門用語の多用や威圧的な白を基調とした色調をほぼ1年かけて、変更するというものであった。用紙の文言の平易化は弁護士を含む多くの個人顧客から好評であったが、この見直しは、銀行のサービス向上を目的として顧客を対象に実施した、詳細なアンケート調査の結果にもとづいた決定であった[52]。

今日のバンク・オブ・アメリカによるリテール展開は、リテール顧客向け銀行として19世紀に創業されたバンカメ設立時の理念と、ノースカロライナ州の地域金融機関として、国内で拡張を続け顧客基盤を確立したNCNBの性格を受け継ぐものである。しかし、事業展開および業務管理の内容は大きく進化しているといえる。

1990年代、NCNBのM&Aによって誕生したネーションズバンクは、個人及び中小・中堅企業を対象に顧客のセグメントテーションを明確に行ったが、その方針は現在のバンク・オブ・アメリカに継承されている。ネーションズバンクは新たに統合した銀行について、商品の整理と顧客の分析を行い、ネーションズバ

ンク流のセグメンテーション手法を導入して、自行と同程度の収益力が備わるよう努めた。また、各セグメントに対して自行が開発したクロスセリング手法を適用し、1顧客当たりの収益性を高める戦略をとった。これを支えたのがデータベース・マーケティングとチャネル関連のシステム基盤であった。

　ネーションズバンクでは、顧客セグメントごとの特徴やニーズ、取引の可能性の高い商品の分析・データベース化を行い、こうした商品の薦め方や薦める時機を含めた設計も行った。銀行買収後の統合過程では、買収先の顧客情報と商品情報はネーションズバンクのデータベースに集約され、独自の顧客セグメンテーションに振り分けられた。ネーションズバンク本部のマーケティング部門は、集約された顧客セグメンテーション関連の情報を活用して、新規に獲得した顧客に対するクロスセリング策を立案し、支店やコールセンターに指示した。顧客への商品・サービス提供のチャネルとして、支店やATMに加え、コールセンター、インターネット、マルチメディア・キオスク、WebTVなどが整備された。これら多様なチャネルが、共通の統合システム基盤を通じて顧客・商品データベースと連動し、支店やコールセンターでの顧客との現時点での取引内容、過去の取引商品やチャネルを含む履歴、さらに潜在ニーズの把握を可能にした。ネーションズバンクでクロスセリングを実現させていた顧客データベースと、買収合併を繰り返しても機能が低下することのない対顧客チャネルの維持・改革は、ITの重要な役割とされ、集中的に投資が行われた。その一方で、ネーションズバンクは勘定系システムには固執せず、新たに吸収合併した銀行の勘定系システムが現行のものより優れた機能をもつと判断すれば、吸収行のシステムに移行した。顧客データベースやサービスチャネルなどについては、自行にとって戦略的に重要であると、その維持に努めたのに対し、基幹業務システムについては自由に接合したり、分離したりできるシステム構造を実現していた[53]。

　1998年に新たに誕生したバンク・オブ・アメリカは、2001年にケネス・ルイスが会長兼CEOに就任して以降、M&A偏重ではなく、顧客志向のイノベーションを実現させることで成長し、世界で最も賞賛される企業となることを目標に掲げた。ルイスは適正と考える買収行動については前向きな姿勢を示しながらも、

第4章　バンク・オブ・アメリカ

過去の M&A による顧客満足度の低下や顧客離反、株主価値の低迷などの状況を転換し、収益を重視した内部成長を目指すことを明らかにした[54]。この背景には、年間2万件に上る顧客からの苦情が、管理職行員の対応を迫っていたという現実があった。バンク・オブ・アメリカでは新たに、企業ブランドの強化、全社員を対象としたストック・オプションの導入、さらにシックスシグマ方式を活用した顧客志向の TQM（トータル・クオリティ・マネジメント）実践への取り組みが始まった。これを受け、業績の評価基準には、社員満足度、業務ミス及び苦情発生率、そして顧客満足度が新たに加えられた[55]。銀行を始めとする金融機関は、従来顧客の視点からはどこも似通っており、特定の銀行と取引関係をもつ理由はないとされていた。これに対して2001年当時、顧客数2,800万で毎秒200件の接客を行っていたバンク・オブ・アメリカは、サービスの質、シックスシグマ方式、顧客の意見を結びつける試みを始め、顧客満足やロイヤルティの測定を開始した[56]。支店、ATM、インターネットを中心としたチャネルや、当座預金口座、クレジットカード、そして住宅ローンなどの商品に関わる満足度について継続的にアンケートで調査した。調査項目には個別の商品のみでなく、バンク・オブ・アメリカとの取引全体を考慮しての満足度を必ず質問した。調査結果は四半期ごとに社内で発表され、改善を要するプロジェクトに繋がった。バンク・オブ・アメリカは、また顧客サービスを重視する他のフォーチュン500企業のビジネスモデルと自社のものとを比較し、自社の運営の顧客視点からの再考に繋げた。戦略的な改善重視をループとして構成することにより、サービスの質とシックスシグマ方式との連結を可能にしたといえる。シックスシグマ方式の活用とサービスの質の向上により、業務手順が効率的かつ効果的なものとなる一方で、顧客データは付加価値の高い商品やサービスの開発に応用され、取引の深耕と売上の向上に繋がった。顧客ニーズの特定を目的とした継続的な顧客データの分析は、より特徴のある商品や取引の開発と、企画のアイディア段階から実現までに要する時間の短縮を可能にした。金融取引の契機を顧客の生活の中から特定することで、顧客に対して適正で時宜を得た提案が実現する一方で、顧客の銀行への期待レベルや不満に対する許容度の測定が可能となった。問題の原因が確認されると修正に向

4-15　改善重視（A Focus on Improvement）と価値創造
　　　（Creating Value）

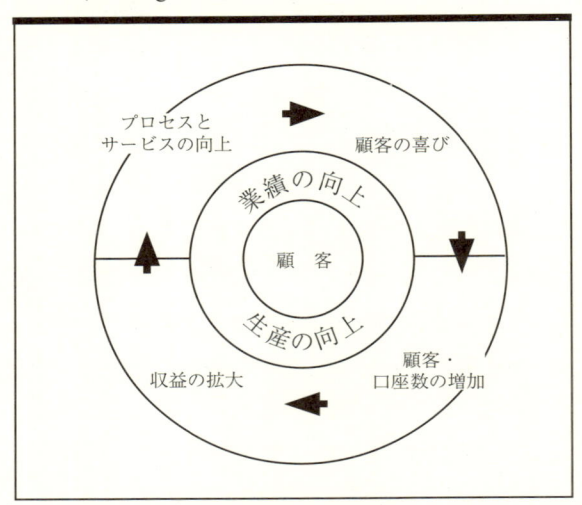

[図：二重円の図。内側中央に「顧客」、その周りに「業績の向上」「生産の向上」。外側には「プロセスとサービスの向上」「顧客の喜び」「顧客・口座数の増加」「収益の拡大」]

出　所："Driving Organic Growth at Bank of America,"
　　　　Quality Progress, Feb. 2005 より筆者作成。

けた行動がとられ、一連の情報が社内に蓄積されることにより再発防止に繋がった[57]。

　標準的なシックスシグマ方式はDMAICと呼ばれる5段階から成り、顧客に関する知識と効果的な測定法を核とする。D：Define（プロセス、商品、サービスに関する顧客要求と問題を定義する）、M：Measure（顧客要求にもとづいてパフォーマンスを測定し、欠陥とプロセスを測定する）、A：Analyze（データを分析して問題の原因を発見する）、I：Improve（プロセスを改善して欠陥の原因を取り除く）C：Control（プロセスを管理して欠陥の再発を確実に防止する）というものである。こうしたシックスシグマ方式は専任のスタッフと経営陣の支援を要するため、大規模な組織でより有効であるとされる[58]。金融機関による導入の先駆けとして、1997年の採用開始後2年間で92,000名の社員を研修に参加させたシティバンクを始めとして、JPモルガン・チェースやHSBCといった世界的な大手金融機関が取り入れ、自社内に大規模な研修及び実践プログラムをもっている[59]。シックスシグマ方式の活用に最も積極的な金融機関のひとつとされるバンク・オブ・アメリカでは、2003年1年間で数千に上るシックスシグマ・プロジェクトを完了させた。プロジェクトは、3,000万ドルの売上と150万ドルの経費削減とを同時に実現した、スポーツ・イベント提供活動の見直しから、合併に際してフリート・ボストンの資本市場部（Treasury）の顧客をインターネットによる報告プログラムのウェブ・コネク

第 4 章　バンク・オブ・アメリカ

トに移行し、30 万ドルの経費削減に成功したというものまでさまざまであった。転居による顧客の離反防止を目的に、テラーが顧客の転居先近くの支店と連携して住所変更の手続きを簡素化し、5 年間で 6,200 万ドルの売上増につなげた例もある。バンク・オブ・アメリカではシックスシグマ方式の効果を得やすい、こうした業務の細部に関わる調査と改善を重視し、顧客に満足感以上の印象を与えると同時に、自社の収益の向上に努めている[60]。

　シックスシグマ方式を 1990 年代後半以降に導入した大手金融機関のうち、JP モルガン・チェースは、GE の前 CEO でシックスシグマ方式を先駆的に採用したジャック・ウェルチをリーダーシップ及び管理職育成分野の顧問として招聘した。一方のバンク・オブ・アメリカは、品質及び生産性部門を新たに設立している。GE 同様シックスシグマ先進企業であったイーストマン・コダックから、導入実績をもつチャック・ゴスリーを担当役員として招き、新設部門の責任者とした。シックスシグマ・プロジェクトはまずリテール部門で開始され、初期のプロジェクトとして、社内で顧客向けに 3,915 あった異なるフリーダイヤルを 1 年で半数以上まで削減させた。また、このプロジェクト後 2 年で、英語、スペイン語など 1 言語につき 1 つのフリーダイヤルに統合して、電話を通じた顧客対応の正確性を 59% 向上させ、年間 580 万ドルの経費削減に繋げた。初期のプロジェクトで成功を収めると、シックスシグマ方式の適用範囲は新規の金融サービスや商品の開発、リテール部門から資本市場関連取引に至るソフトウェア開発、さらに M&A 後の統合作業など、適用範囲は全社規模に拡大している。2002 年 1 年間には、プロジェクトの成果として全社規模での経費削減額 10 億ドルが見込まれ、一方で、全体的な枠組みの策定やプロジェクト推進を目的として、マスター・ブラックベルト有資格者 40 名を含め 100 人が新規採用された。2004 年には 1 年間に 3 万 5,000 人に上る社員がシックスシグマの研修に参加している[61]。1990 年代半ばに実施され短期的な試みに終わっていた業務改革とは異なり、反復的で持続可能な業務改善と、良質な金融サービスの提供が目標とされた[62]。シックスシグマ・プロジェクトの対象となった、定型的な作業を中心とした発生頻度の高い作業や、購買など効率性が大きなコスト削減につながる業務については、不備と見なす内

容が具体的に定義され、測定方法が定められた。さらに、こうした取り組みはアウトソース先からの提案受付手続きや入札過程にも組み込まれ、アウトソース業務の品質査定基準の参考情報とされた[63]。主要なベンダーに対しては、バンク・オブ・アメリカ独自のシックスシグマ研修に参加することが求められている[64]。

2001年にシックスシグマ方式がバンク・オブ・アメリカ内に導入された当初は、特徴や効果について社内に懐疑的な声もあった。しかし、ケネス・ルイスを始めとして経営幹部がグリーンベルト認定を受けたことにより、全社規模での真剣な取り組みとしての位置付けが理解された。2004年7月現在、社内のグリーンベルト及びブラックベルト資格保持者は3,000人に増加し、経費削減と収益拡大の効果は合わせて20億ドルに上ったとされる[65]。

ケネス・ルイスの支持のもと、ゴスリーにより進められたシックスシグマ方式導入の特徴として、顧客による評価を最大限取り入れ、融合させたことがあげられる。バンク・オブ・アメリカで従来実施されていた商品やチャネルごとの顧客満足度調査は、全社単位の「顧客の喜び度合の測定」に置き換えられた。「喜んだ顧客」は10段階の満足度調査で9ないし10の高い評価をするが、「満足した顧客」は6から8までの評価にとどまる。喜んで取引をする顧客は、バンク・オブ・アメリカの内部成長に必要な、より多くの金融商品やサービスの利用を実践し、同時に通常の顧客と比較して4倍も多く、家族や知人に取引を勧める傾向がある。対顧客調査の結果、預金の預入や支払いなど基本的業務が顧客にとって重要な取引経験となることが明らかになると、プロセス・エンジニアリング・チームが組織され、さまざまな業務部門との横断的な共同作業で改善を推進した[66]。

顧客が喜ぶ金融サービスの提供を目的としてウォルト・ディズニー社との間で共同開発された接客研修プログラムは、「奉仕の精神（Spirit to Serve）」と名付けられ、アトランタの20支店で試験的に導入され、続いてフロリダ州での展開を経て、全国14万人の行員が参加した。「顧客は業務の質の最終評価者である」との前提をもとに、低い顧客満足度や顧客の離反を招くプロセスの不備は、特定・数値化され、原因の究明に向けた分析が行われる。顧客の不満足に繋がる業務プロセスの欠陥については根本原因が検討され、複数存在する要因の中でも主要な

第4章　バンク・オブ・アメリカ

点が明確になると、業務向上のための新たな仕組みが構築された[67]。顧客の反応はコールセンターで随時収集されるが、これに加え、顧客向け電話アンケートは四半期に1万人を対象に実施され、さらに最近支店を訪れた顧客9万人に対し、来店時の印象についての聞き取り調査が行われる。またこうした顧客調査に加えてバンク・オブ・アメリカ独自のミステリー・ショッパー調査も実施され、接客態度が誠意を感じさせるものであったかなどの細かい点が継続的に審査される[68]。バンク・オブ・アメリカによるこうした取り組みにより、一部の特定の取引業務が無料化される一方で、20億ドルを超える経費削減が実現したとされている[69]。

　バンク・オブ・アメリカがウォルト・ディズニー社に倣ったのは、接客研修の内容にとどまらなかった。新規に開設した支店では接客時の行員は舞台上にあり、顧客への電話連絡、事務処理、あるいは休憩時は舞台裏と明確に分け、接客時には顧客の視点で最適な行動を取るよう行員の意識変革を促した。こうした試み以外にも、イノベーション開発チームが店舗デザインチームと共同で打ち出した店舗開発関連の新企画は、まず2000年に運用開始したアトランタにある30の実験店舗で試験的に導入された。顧客や行員の反応をアンケート調査等で確かめ、有望な企画には必要に応じて微調整を加えて、さらに広い範囲の支店網に導入し、結果を精査するというプロセスが重ねられ、最終的に4,200支店に及ぶ全米の支店網への拡大が図られた。こうして支店内には新たに顧客用インターネットコーナー、経済ニュースを中心とした大型テレビモニター、さらに貸金庫使用時の本人確認用に掌静脈認証装置が設置された。アトランタではまた、テラー業務を中心とする小規模店舗の「エキスプレス支店」、従来通りの通常支店、そして大規模支店の「ファイナンシャル・センター」が試験展開され、このうちエキスプレス支店を除く2種類の店舗が採用された。エキスプレス支店については、さらに顧客セグメント担当役員の見解を考慮して、将来的な拡大が判断されることとなった[70]。また、新たに音声対応可能なATMモデルが全国規模で設置されるなど、視覚障害者向けサービスも積極的に導入されている[71]。

　バンク・オブ・アメリカの30に及ぶ常設の実験用支店は、新企画に対する既存の顧客や見込み客の反応、社内的な収益や業務手順、さらに行員への影響に関

する分析を可能にしている。こうした体制の構築はケネス・ルイスによる細心の経営手法にもとづくといえる。イノベーション開発部門の責任者であるエイミー・ブレイディは、こうした統制のとれた取り組みにより、イノベーションや重要な変化への対応に際し、設定された仮定を関係者それぞれが将来を見据えながら深く考えるようになるとしている[72]。一方で、新規店舗開設のための立地選択や内装、配属行員の決定に至るまでの過程についてはシックスシグマ方式を適用し、出店準備に要する期間を従来と比較して数ヶ月短縮することに成功している[73]。

Ⅳ 中小企業向け取引への積極的取り組み

ネーションズバンクは、地場の中小企業向け取引を戦略事業と位置付け、この分野においてさまざまな試みを行ってきたが、1992年4月にテネシーに開設したビジネス・リソース・センターも、こうした一連の試みの一環であった。ビジネス・リソース・センターでは、米国の中小企業5社のうち、5年以上事業が継続するのは1社であるとの分析にもとづき、既存顧客と顧客以外の中小企業経営者に起業計画支援を行った。100種類以上の関連資料やビジネス・ソフトウェア、事業計画や会計・財務、経営管理、マーケティングや人事管理など実務関連のビデオ、さらに1,000冊を超えるビジネス関連書籍や180紙の新聞にアクセス可能なデータベースが完備された。4月の開設以降、10月までに900人を越える来訪者があったが、その中には、新規事業の開始に向けた調査の末、自らが準備不足であることを認識し、計画の見直しを考える利用者もあった。ネーションズバンクはビジネス・リソース・センター設立の目的として、短期間での新規顧客獲得ではなく、準備が不十分なままの安易な起業を防ぐ一方で、有力な地場ビジネスの育成に寄与する施設を提供しながら、長期的な取引関係の構築を目指すことをあげた[74]。ベンチャーを始めとした新事業開発と、育成に向けた側面的支援の新たな試みであったといえる。

翌1993年には中小企業向け融資の特別部署を新設し、融資実行の迅速化のため審査担当者を集中化した。1996年までの3年間で、10億ドルの中小企業向け

4-16 米国における中小企業取引—上位10行による融資実績 (2003 – 2004年)

順位		中小企業融資（10億ドル）		
		2004年6月	2003年6月	変化率（%）
1	ウェルズ・ファーゴ	12.7	11.9	5.8
2	JPモルガン・チェース	12.3	12.3	0.3
3	シティグループ	11.4	12.6	-8.9
4	バンク・オブ・アメリカ	9.1	10.1	-9.5
5	USバンコープ	5.8	6.6	-11.6
6	フィフス・サード	5.2	4.5	15.1
7	リージョンズ・ファイナンシャル	5.1	5.2	-1.9
8	サウストラスト	4.6	3.2	45.3
9	ワコビア	4.2	4.2	0.5
10	ナショナル・シティ	4.1	4.3	-6

出所："Segmentation drives service delivery—Highline Banking Data Services," *Retail Banker International*, Feb. 7, 2006 より筆者作成。

融資を目標にして、特別部署170人の営業担当者の報酬を融資実績に連動させ、100人の契約書作成等担当スタッフを配置した。また、中小企業主を対象としたフォーカス・グループ調査の結果から明らかになった、融資実行の可否に関する迅速な決定への強い希望を反映して、48時間以内の決定を目指した[75]。

中小企業向け取引重視の方針を受け継ぐバンク・オブ・アメリカは、2004年にそれまでのコンシューマー・アンド・コマーシャル・バンキング部門をグローバル・コンシューマー・アンド・スモールビジネスとグローバルビジネス・アンド・フィナンシャル・サービスの2部門に分けた。この改組により、中小企業顧客はコンシューマー・バンキング部門に含むとする位置付けが明確になり、大手行が注目していなかった、事業規模が年間の売上げで250万ドル以下の企業との取引を新たに開拓する動きが始まった。これは、中小企業取引を専門とする担当者を主要な都市に重点的に配置することで特有のニーズへの対応を可能にし、同時に最寄の支店での特定の担当者とのやり取りを好む企業側の希望に応える試みであった。

V　MBNA のクレジットカード事業基盤を活かした海外展開

　2006 年 1 月、バンク・オブ・アメリカはクレジットカード事業の強化を目的として、独立系で米国第 3 位のクレジットカード発行会社 MBNA コーポレーション（以下、MBNA）を買収した[76]。この MBNA とバンク・オブ・アメリカ子会社のバンク・オブ・アメリカ・カード・サービシズとの統合により、カード債権の残高は 1,430 億ドルとなり、残高ベースで米国最大のクレジットカード会社の誕生となった。買収は現金と株式交換によるもので、MBNA の株主は 1 株に対し、バンク・オブ・アメリカ株 0.5009 株と 4.125 ドルの割り当てを受け、バンク・オブ・アメリカは約 30％のプレミアムを負担した[77]。

　MBNA は、5,100 以上の企業や教育機関、同窓会組織、慈善団体などと提携して独自カードを発行し、米国内では医者の 75％、弁護士の 54％、技術者の 52％、教師の 40％が MBNA 発行のカードを保有するとされた。カード保有者の平均年収は 7 万 1,000 ドルと高く、提携組織がクレジットカードの利用額に応じた歩合を受け取る条件で、稼働口座数は 2,000 万を超えていた。クレジットカード以外にも、住宅ローン、家財保険、災害保険、生命保険、健康保険、介護保険、さらに、譲渡性預金（CD）などの形で預金商品も取り扱っていた。しかし、銀行との激しい競争によって収益性は悪化し、株価が低迷、単独での生き残りが難しくなっていた[78]。

　米国では 1994 年の法改正により、銀行の州際業務が解禁されたが、同時に、一部の大手金融機関による寡占を防ぐため、10％の預金シェアの上限規制が設けられた。バンク・オブ・アメリカの米国内の預金シェアは一時 9.9％を超え、国内での新たな銀行買収は困難になっていた中で、MBNA の買収により稼働カード口座数を約 4,000 万口座に倍増した。同時に新たに 5,100 社以上の提携先を融資や投資銀行業務の有力な取引先として獲得することに成功した[79]。MBNA は、2004 年にアメリカン・エキスプレス（以下、アメックス）との提携関係を開始し、アメックスが自社の加盟店網を通じて取引業務を処理する一方で、MBNA が請求、

第4章　バンク・オブ・アメリカ

顧客サービス、使用限度額の設定などを行っていた。アメックスは、ビザとマスターカードが同クレジットカードを発行する金融機関に対してアメックスカードの発行を制限していたため、数10億ドルの損害を受けたとして、ビザ、マスターカード、さらに大手金融機関などを提訴していた。しかし、MBNAの買収先であるバンク・オブ・アメリカに対する提訴は取り下げたことから、高額消費者の獲得を狙うバンク・オブ・アメリカは、提携関係の継承とアメックスカードの発行を決定した。ルイスは5,800の支店と、インターネット・バンキング・システムを使ってアメックスカードを提供していく方針を明らかにしている[80]。

バンク・オブ・アメリカは、1993年10月以降、英国やカナダ、アイルランド、スペインなど欧州先進国のクレジットカード分野で事業拡大を続けながら、2004年には上海代表事務所を設立し、中国市場への参入を果たした。中国のクレジットカード市場はいまだ発展の初期段階にあるが、中国経済の急成長にともなって、有担保ローン貸付、自動車ローンなど個人向け貸付業務が急増しており、その額は1,600億ドルを上回る[81]。2007年7月には、翌2008年の日本におけるクレジットカード市場への参入を発表した[82]。バンク・オブ・アメリカ・カード・サービシズの海外事業の拡大は、MBNAの買収によって、新たなリテール業基盤の構築を中心に進むこととなった。

英国ではバークレイズが1970年代にビザカードの発行を開始し、その後、マスターカードを発行するナットウェスト、アクセスカードを発行するロイズとミッドランドの4大銀行による市場の寡占化が続いた。このため、英国の公定歩合が5.75%、インフレ率が2%台となった後も20%を超えるクレジットカードの金利が下がることはなかった。これに対し、MBNAは1993年に英国市場に進出すると、入会後6ヶ月間の金利を8.9%、標準金利を18.9%と設定し、年間手数料も無料にした。MBNAを始めとして、米国クレジットカード会社は英国市場では低料金を強みにしている[83]。また、MBNAは優良な顧客に絞った勧誘活動としてダイレクト・メール攻勢をかけ、利用者が支払った代金の一部を動物愛護などの福祉、文化団体、学校などに寄付する社会貢献型のカードに力を入れた[84]。旅行クラブやフィットネスなど共通の趣味や関心をもつ層を対象とするマーケ

ティングで、アフィニティカードを積極的に発行している。英国では1995年末までに、カードローン債権残高ベースで5%、発行済みカード枚数で3%のシェアの獲得に成功した[85]。こうしたアフィニティと呼ばれる提携手法によりマーケティング・コストの削減も実現させ、アフィニティカードは500種類にまで増加した[86]。同時に英銀系カードの英国内での市場シェアは、1990年末には90%だったが、1996年末は約75%に低下、1997年末には70%をやや下回ったとされている[87]。欧州では1995年にクレジットカード債権の証券化が始まり、格付けは信用度の最も高いトリプルAから投資適格の下限であるトリプルBまで流通している。市場ができてから、英大手銀行バークレイズやMBNAなど米欧8社が累計34件、総額135億ポンドの債券を発行している[88]。MBNA副会長のバーノン・ライトは、証券化したクレジット債権を買い取る投資家獲得のため、1年の7割を海外で過ごしたとするが、証券化した債権の残高は1999年末で540億ドルとなり、資産全体の約6割をオフバランス化している。

2001年には、MBNAは与信残高2億8,900万ポンドのカード資産を英国住宅金融大手のアビー・ナショナルから買収し、カードの発行や決済業務、与信管理など事務処理業務全般を受託した。アビー・ナショナルは競争の激しい住宅ローンから、カードや無担保ローン、普通預金業務を中心とする体制への転換を進めていた。英国のカード市場は大手4行がシェアの6割を占め、シェアがわずか1.3%のアビー・ナショナルが単独で展開するには採算性などの面で課題があった。このため、事務処理部門を切り離し、販売手数料で収益を上げる戦略に切り替えている。MBNAは、新規顧客の申込件数、ローン残高などに応じてアビー・ナショナルが各種手数料を受け取る内容の業務提携を行っている[89]。

VI 小括

現在のバンク・オブ・アメリカは、米国南東部のノースカロライナ州にある1地方都市の金融機関として設立されたNCNBを主体にして、数多くの買収合併によって誕生した米国唯一ともいえる全国規模の金融機関である。国内の中小・

第4章　バンク・オブ・アメリカ

中堅企業及び個人を対象とした取引を中核事業とし、おもに経営不振にあった金融機関を吸収合併しつつ、業容を拡大して今日に至っている。バンク・オブ・アメリカは、リテール業を中軸としながら、一貫性のある地理的拡張を続けることによって得られた豊富な蓄積を活用して、可能な限り統合プロセスを定型化し、合併による変更への対応を比較的容易にする柔軟なIT基盤を整備、さらに持株会社を中心とする厳格な経営管理を行ってきた。また、頻繁に行われる「顧客満足度調査」から得られた膨大な評価データにもとづいて、業務内容や手順の改善を適宜実施している。商品・サービスや店舗の新企画についても試験的な導入と調整を経て、段階的に展開するといった柔軟性のある実践がなされている。

バンク・オブ・アメリカは、米国の他の大手金融機関同様、マクファデン法による州際業務の制限の中にありながら、フロリダ州を始めとするさまざまな州との地域互恵銀行協定の締結を推進して買収行動を続けた。現在では、米国内最大規模の金融機関として、国内預金量は連邦法によって認められた1社当たりのシェアの上限である10%に迫っている。今後さらに成長するには海外展開が必要であり、重点がおかれているのが、中国を始めとする新興国の地場銀行への資本参加、M&Aを通じたクレジットカード業の強化、それに先進国市場への進出である。

先進国のリテール市場では後発であるバンク・オブ・アメリカによるクレジットカード業を通じた市場参入は、支店を通じた預金取引では困難な豊富な顧客情報の獲得と、バンク・オブ・アメリカの認知度向上の契機となりうる。また、バンク・オブ・アメリカ内での、各先進国の個人金融市場に関わる法制度や社会保障制度、消費者性向・動向などの市場環境情報の蓄積にも繋がる。一方で、従来規制によって、外国金融機関による展開が制限されていた新興国や発展途上国においては、いまだ金融サービス市場が未成熟であり、また大手金融機関の数も限られていることから、支店業務を含めた銀行業全般の新規参入において競争優位を得る余地があるといえよう。こうしたバンク・オブ・アメリカによる市場の発展度別の参入行動は、わが国金融機関を含めた後発企業が今後、リテール市場における海外展開を考慮する際に参考となるであろう。

注

1. Covington, Howard E. Jr., and Ellis Marion A., *The Story of NationsBank: Changing the Face of American Banking,* The University of North Carolina Press, 1993, pp.34-35.
2. Ibid., pp.45-50.
3. Ibid., pp.132-135.
4. *The New York Times,* Jun 29, 1981.
5. "The First One Hundred Years of Banking in North Carolina," *North Carolina Banking Institute,* 2005, Vol. 9, pp. 128-131.
6. *The New York Times,* Jun 29, 1981.
7. "NCNB Drops Bid for Florida Banks," *The New York Times,* July 11, 1981.
8. "A Guide to Banking's Hottest Market," *The New York Times,* May 23, 1982.
9. Regional Reciprocal Banking Agreement（地域互恵銀行協定）。マクファデン法により州際業務が禁止される中、特定の州政府は州際業務の規制緩和により州外に本店をおく銀行の誘致を進め、相互に州境を超える銀行進出を認め合う協定を締結した。フロリダ州は、1979年に全米で最初に地域互恵銀行協定を法案化している。
10. "Regional Banking Grows Rapidly in Southeast-Five firms Move to Forefront After High Court Ruling," *The Wall Street Journal,* Oct. 3, 1985.
11. "A Guide to Banking's Hottest Market," *The New York Times,* May 23, 1982. 新規顧客の開拓や既存顧客との取引深耕のため、営業や融資担当者たちによるカントリークラブやヨットクラブでの交流が重要との訴えが強く出された。
12. "North Carolina's Big 3 Move Out," *Business, North Carolina,* Nov. 1985, Vol. 5, Iss. 11, Sec. 1, p.14.
13. Covington, Howard E. Jr., and Ellis Marion A., op.cit., pp.188-191.
14. "Business People; NCNB's Chief Sees Big Regional Banks," *The New York Times,* Jul. 8, 1985.
15. "NCNB to Acquire South Carolina Bank for Total of $306 Million in Cash, Stock," *The Wall Street Journal,* Jul. 5, 1985.
16. "U.S. Will Provide Billions to Rescue Ailing Texas Bank," *New York Times,* Jul. 30, 1988.
17. "NCNB wins Dallas bank; FDIC's $4B rescues First Republic," *USA Today,* Aug. 1, 1988.
18. "U.S. Will Provide Billions to Rescue Ailing Texas Bank," *New York Times,* Jul. 30, 1988.
19. 『日本経済新聞』1988年5月14日。
20. 『日経金融新聞』1988年6月14日。
21. "First Republic Bank Bailout May Damage Capital-Raising Efforts by Other Banks," *Wall Street Journal,* Aug. 1, 1988. 破綻懸念銀行の規模が大きく他の方式を使えない場合、FDICは当該銀行へ資本注入と資金貸出を行い、最長2年間で、(1) 丸ごと売却、(2) 資産のみ売却、

第 4 章　バンク・オブ・アメリカ

(3) 清算のいずれかの処理方式を選択する。

22　ブリッジバンクとは、破綻懸念と破綻処理の間をつなぐ橋渡しの役割を果たす銀行として設立される受け皿銀行の一種で、特徴として FDIC (米連邦預金保険公社) が破綻金融機関を管理し、その店舗や行員を活用して業務を続ける。この方式の実施例は多くなく、表向きは破綻金融機関を受け皿として使う形だが、実際には同公社が出資する新機関に債権・債務を移管させるケースが多かった。

23　高木仁『アメリカの金融制度—比較社会文化による問題接近をめざして　改訂版』東洋経済新報社、2006 年。

24　"First Republic Bank Bailout May Damage Capital-Raising Efforts by Other Banks," *Wall Street Journal,* Aug. 1, 1988. U.S. Will Provide Billions to Rescue Ailing Texas Bank, New York Times, Jul. 30, 1988. 1980 年代テキサス州法の下では、NCNB にテキサス州の銀行株の公開買付は許可されていなかったが、FDIC の管理下にある破綻銀行については例外であった。

25　"The Architect of NCNB's First Republic Buyout," *Bankers Monthly,* May 1989. "First Republic Bank Bailout May Damage Capital-Raising Efforts by Other Banks," *Wall Street Journal,* Aug. 1, 1988. "Dixie's New Superbanks," *U.S. News & World Report,* May 15, 1989.

26　"House Panel: U.S. Botched Texas Bailouts Series," *American Banker,* Jan. 31, 1991.

27　"NCNB Plan to Buy Stake from FDIC Drives up Stock Series," *American Banker,* Vol. 154, Iss. 148, Aug. 1, 1989.

28　"Texas' Born-Again Banks Find a Savior: Consumers," *Business Week,* Nov 27, 1989.

29　"What's The Score?, American Bankers Association," *ABA Banking Journal,* Aug. 1989.

30　"Muscling In: Hard-Charging NCNB Seizes a Large Share of Banking in Texas," *Wall Street Journal,* Aug. 1, 1988

31　"What It Takes to Merge Bank DP Groups," *ABA Banking Journal,* American Bankers Association, Dec. 1991; 83, 12.

32　"Leveraging Bank's Operations Dollars Powers Superregional Growth," *Bank Systems & Equipment,* May 1988.

33　"F.Y.I.: southeastern interstate banking and consolidation: 1984-89," *Economic Review*, Nov/Dec 1990.

34　由里宗之『米国のコミュニティ銀行—銀行再編下で存続する小銀行』ミネルヴァ書房、2000 年、241 ページ。FRB は、銀行持株会社による州際買収の申請があった場合、当該銀行持株会社の CRA 規制の遵守状況を、当該申請の諾否を決定するうえで考慮しなければならない。また、州際業務に従事する銀行の監督当局は、当該銀行の CRA 規制の全般的及び州ごとの遵守状況を査定し、その銀行の州際業務・支店にかかる申請の諾否を決定するうえで考慮しなければならない。

35　村本孜「アメリカの地域金融促進再策―CRA の問題」『研究報告 No.40』成城大学経済研究所、2004 年 3 月、3 ページ。

36　"Sovran Seen Having Upper Hand; in Merger $2.2Billion Price Tag, Put on Deal with C&S," *American Banker,* Sep 28, 1989.

37　*The Wall Street Journal,* Jul 22, 1991.

38　"NCNB and C&S Make $10Billion CRA Pledge," *American Banker,* Aug 7, 1991.

39　『日経金融新聞』1991 年 10 月 21 日。『日経金融新聞』1992 年 7 月 16 日。銀行監督当局は、CRA にもとづき銀行の貢献度を格付けして公表した。この結果は支店開設や合併、新規事業展開の審査にも影響し、一部の銀行については地元の少数民族から貢献度の低さに関わる不満が出されたため、合併が承認されなかった例もある。

40　マッコールは、規模面でマネーセンターバンクと同等となるネーションズバンクについて、3 つの大きな相違点を指摘している。第 1 に、マネーセンターバンクが国際市場や国内 CD（譲渡性預金）市場に資金を依存しているのに対し、ネーションズバンクは国内消費者の預金を中心に調達しているため、調達コストが安いことである。第 2 に、累積債務国向け（LDC）融資がゼロという点をあげている。第 3 に、海外収益は動向の予測が困難なため利益を国外に持ち出せないこともあるが、ネーションズバンクは収益源の 95 － 99% を国内業務に負い、マネーセンターバンクと比較して海外への依存度が低い点である。第 4 に、ネーションズバンクの国内における事業対象市場は広く、融資構成も多様化しているため、特定の市場の不振による影響を受けにくい点をあげている。

41　"Rural Voices," *Housing Assistance Council,* Spring 2007, Volume 12/Number 1, pp.14-15.

42　"Community Developments Investments," *Comptroller of the Currency Administrator of National Banks,* Winter 2004/2005.

43　『2006 年度バンク・オブ・アメリカ、アニュアル・レポート』。

44　Hector, Gary, *Breaking the Bank: The Decline of BankAmerica,* Little, Brown and Company Inc., 1988. 植山周一郎訳『巨大銀行の崩壊―バンカメリカはなぜ衰退したのか』共同通信社、1989 年。

45　Ibid.

46　*Knight Ridder Tribune Business News,* Jan. 16, 2007, Jan. 17, 2007, Jan. 23, 2007, Jan. 24, 2007.

47　"NationsBank's Lewis Puts His Retail Vision to a Test Series," American Banker, Feb. 9, 1993.

48　"What have banks learned about selling securities?" *ABA Banking Journal,* Jan. 1993.

49　"When It Comes to Money, You Can Bank on It," *Business, North Carolina,* Mar. 1988, Vol.8, Iss.3; Sec.1, p.16.

50　"Profit Planning for Action and Results," *Management Accounting,* Jan. 1971, p.9.

51　Ibid., pp.9-12.

第4章　バンク・オブ・アメリカ

52　"Eliminating a Sore Spot for a Bank's Customers," *Nation's Business,* Jul. 1976; 64, 7.
53　"Big Stakes for Technology in Merger Equation," *American Banker,* May 18, 1992, Vol.157, Iss. 095.
54　"A Year Later, Lewis Gauges Progress; B of A's cost cuts, integration efforts drawing praise from the Street," *American Banker,* April 24, 2002, Vol.167, Issue 78, p.1.
55　"People," *American Banker,* Feb 13, 2004, Vol. 169, Iss.30.
56　"Six Sigma in action," *CMA Management,* Nov 2003, Vol.18, Iss.48.
57　"Driving Organic Growth at Bank of America," *Quality Progress,* Feb. 2005.
58　"Banking goes Six Sigma," *Wichita Business Journal,* Nov. 21, 2003, Vol.18, Iss.48.
59　"Nat City Tries Its Own Six Sigma Version as a Way to Economize," *American Banker,* Feb 8, 2006, Vol. 171, Iss. 26.
60　"B of A Touts Six Sigma's Bottom-Line Benefits," *American Banker,* Jul 28, 2004, Vol. 69, Iss.144.
61　"In Big Integration Job, B of A's Lewis Stressed The Little Things," *American Banker,* Dec 5, 2002.
62　"Tech Scene: How Bankers Learned to Love Manufacturers' Quality Model," *American Banker,* May 29, 2002, Vol. 167, Issue 102, p.1.
63　"The Tech Scene: Six Sigma Fans Push Vendors To Join the Club," *American Banker,* August 7, 2002, Vol.167, Issue 150, p.1.
64　"Six Sigma ... at a Bank?" *ASQ Six Sigma Forum Magazine,* Feb 2004.
65　"Charlotte, N.C., expo provides a peek at Bank of America's training strategies," *Knight Ridder Tribune Business News,* Jul. 22, 2004.
66　"Six Sigma ... at a Bank?" *ASQ Six Sigma Forum Magazine,* Feb 2004.
67　"Investing In Six Sigma," *Computerworld*, Oct. 30, 2006.
68　"Six Sigma: B of A Finds Gold In Industrial It Ploy; Very few financial firms deploy Six Sigma, but Bank of America has found ample use for it," *Bank Technology News,* May 2, 2005, Vol.18, Iss.5.
69　"New Six Sigma Application At B of A: Deposit Deadlines," American Banker, Sep 29, 2004.
70　"How Bank of America Updated Its Branches," *American Banker,* Jan 20, 2004, Vol.169, Iss. 12.
71　Thomke, Stefan, "R&D Comes to Services: Bank of America's Pathbreaking Experiments," *Harvard Business Review,* Vol. 81, No. 4, April 2003.
72　"How Bank of America Updated Its Branches," *American Banker,* Jan 20, 2004, Vol.169, Iss. 12.
73　"Six Sigma ... at a Bank?" *ASQ Six Sigma Forum Magazine,* Feb 2004.
74　"Four ways to attract business customers," *ABA American Banking Journal,* American Bankers

Association, Dec. 1992; 84, 12.
75 "NationsBank sets Small-Business Push Aiming to Lend More than $1 Billion over Three Years," *American Banker,* Mar 4, 1993. p.2.
76 1982年に設立されたMBNAは、合併時約4,000万口座をもつ非銀行系のクレジットカード発行会社で、約5,000の企業や大学との提携を通じて比較的信用力の高い特定層を対象としていた。
77 『日本経済新聞』2005年7月1日。
78 『米国ベンチャー企業情報』2003年8月18日。
79 『日本経済新聞』2005年7月1日。
80 『ウォール・ストリート・ジャーナル』ダウ・ジョーンズ、2005年12月22日。
81 『日中グローバル経済通信』2004年4月20日。
82 『日本経済新聞』2007年8月4日。
83 『日刊工業新聞』1996年8月6日。
84 『日経金融新聞』1996年10月2日。
85 『日経金融新聞』1997年2月12日。
86 『日経金融新聞』1998年4月22日。
87 『日経金融新聞』1998年10月6日。
88 『日経金融新聞』2003年8月25日。
89 『日経金融新聞』2001年3月22日。

第5章

わが国のリテール金融市場

I 家計部門動向の推移と法制度改革

　日本の家計部門の金融資産残高は、2006年度末で1,536兆円と、年度末ベースでは過去最高となった。この中で、現金・預金の保有割合を年度ベースでみると、2000年以降は全体の50%以上と高い割合で推移しながらも、ほぼ横ばいの状態が続いている。一方、リスク性資産の株式・出資金と投資信託受益証券(以下、投資信託)については、2006年度は株価の上昇による株式等の時価評価額の増加に加え、投資信託等への投資額が増加した結果、保有割合は合わせて15.3%になっている。速報値ベースで2006年度末にこの割合は16%を超え、過去最低の水準であった2002年度末の7.8%と比較すると、2倍以上に増加した。

　現金・預金以外では保険・年金準備金の保有割合が増加を続け、1995年度末以降は25%を超えている。公的年金に対する国民の不安が深刻化する中、家計部門における比重の大きさは、今後も増すと考えられる。

　欧米及びアジア主要国の家計部門の金融資産を比較すると、日本と韓国では共通して現金・預金の保有率が高いのに対し、台湾は、株式・出資金の比率が米国、フランスと並んで高く、日本や韓国とは大きく異なった特徴を示している。台湾

5-1　家計部門資金循環金融資産推移 (1979 - 2005年)

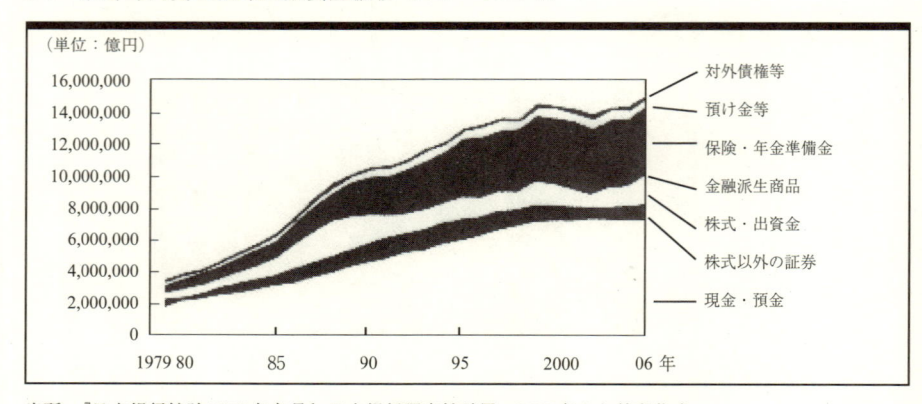

出所:『日本銀行統計2007年冬号』日本銀行調査統計局、2007年より筆者作成。

第 5 章　わが国のリテール金融市場

5-2　国内銀行及び信用金庫資金循環預金者別預金推移 (1999 – 2006 年)

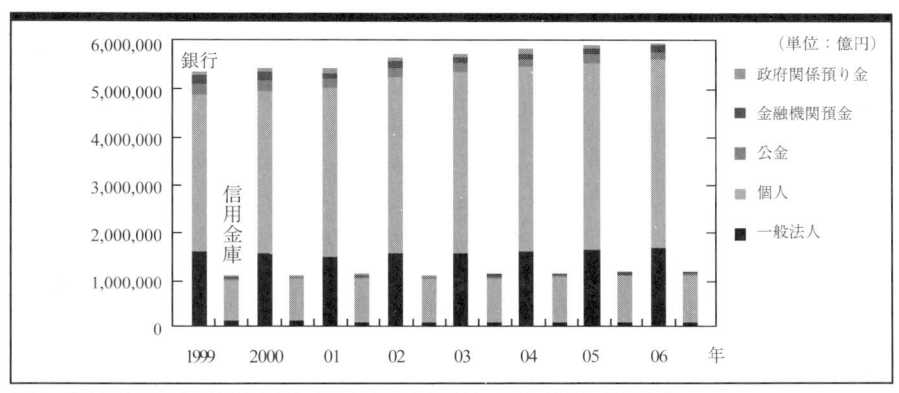

出所:『日本銀行統計 2007 年冬号』日本銀行調査統計局、2007 年より筆者作成。

5-3　家計部門資金循環金融資産種類別割合推移 (1979 – 2006 年)

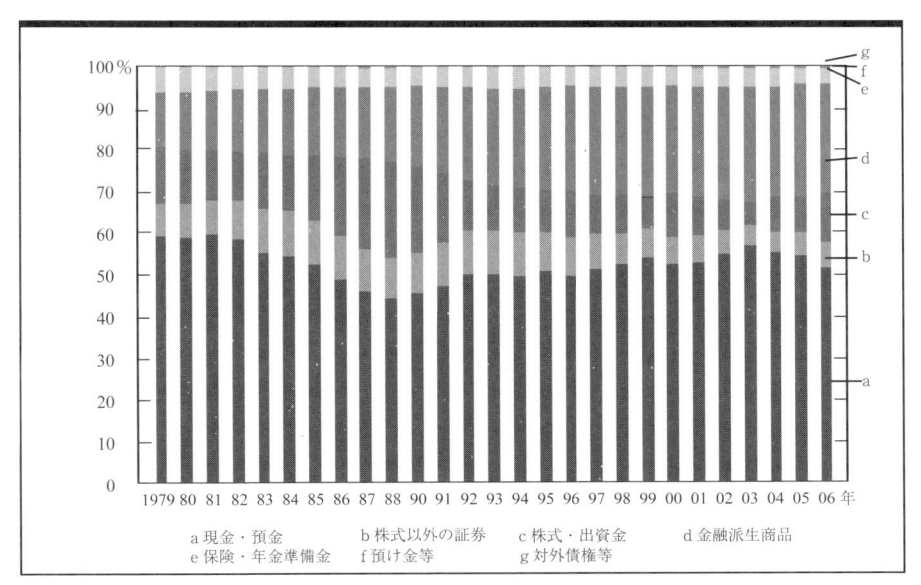

a 現金・預金　　　b 株式以外の証券　　c 株式・出資金　　d 金融派生商品
e 保険・年金準備金　f 預け金等　　　　　g 対外債権等

注:数値は平均残高。
出所:『日本銀行統計 2007 年冬号』日本銀行調査統計局、2007 年より筆者作成。

についてはさらに保険・年金準備金の保有率が低いことが、他の 8 ヶ国と比べて
も顕著である。全般的に金融資産のリスク許容度が低い傾向は、アジアの中でも、

5-4　各国の家計の金融資産構成（2001年末）

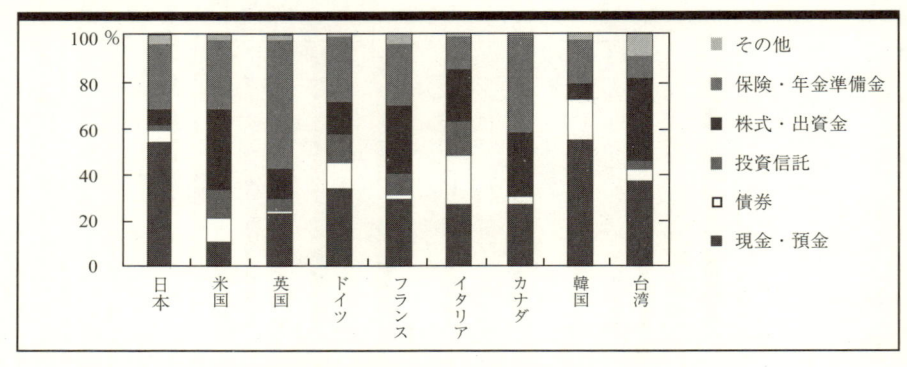

	凡例
■	その他
■	保険・年金準備金
■	株式・出資金
■	投資信託
□	債券
■	現金・預金

（横軸：日本、米国、英国、ドイツ、フランス、イタリア、カナダ、韓国、台湾）

注：日本銀行による各国の家計金融資産構成の公表は本号で終了している。
出所：『資金循環統計の国際比較』日本銀行調査統計局、2003年12月より筆者作成。

5-5　金融関連法制度改正の経緯

年月	内容
1993年 4月	銀行・信託銀行・証券の子会社方式による相互参入解禁（1992年6月金融制度改革法）
96年 10月	生命保険・損害保険の子会社方式による相互参入解禁（1995年6月保険業法改正）
97年 12月	改正独占禁止法施行（持株会社の解禁）（1997年6月独占禁止法改正）
98年 3月	銀行持株会社、保険持株会社の解禁（1997年12月金融持株会社関連二法）
98年 12月	銀行による投資信託販売の解禁（1998年6月金融システム改革のための関係法律の整備等に関する法律） 証券会社の免許制から登録制への移行（同） 保険業・証券業の子会社方式による相互参入解禁（同）
99年 10月	証券取引の委託手数料の完全自由化（1998年6月金融システム改革のための関係法律の整備等に関する法律） 保険会社の銀行子会社設立解禁（同） 証券子会社の業務範囲の制限の撤廃（同）
2000年 10月	銀行の保険子会社設立解禁（1998年6月金融システム改革のための関係法律の整備等に関する法律）
01年 4月	銀行等による保険募集業務の一部解禁（長期火災保険、海外旅行傷害保険、団体信用生命保険等）（2000年5月保険業法改正）
02年 11月	金融会社の議決権保有の規制対象から証券会社を除外（2002年5月独占禁止法改正）
02年 12月	銀行等による保険募集業務の範囲拡大（個人年金保険等）（2002年8月保険業法施行規則改正）
04年 4月	証券仲介業制度の創設（2003年5月証券取引法改正）
04年 12月	銀行による証券仲介業務の開始（2004年6月証券取引法改正）
05年 12月	銀行等による保険募集業務の範囲拡大（2005年7月保険業法施行規則改正）
07年 12月	銀行等による保険募集業務の全面解禁

出所：『金融機関と企業との取引慣行に関する調査報告書』公正取引委員会、2006年6月より筆者作成。

第 5 章　わが国のリテール金融市場

日本と韓国に特徴的であるといえる。

　日本では、銀行業務、証券業務、信託業務、保険業務と金融機関の業務範囲が、銀行法、長期信用銀行法、保険業法、証券取引法などの業法によって制限され、また、兼業も規制されてきた。しかし 1990 年代に入り、1993 年 4 月には金融制度改革法の施行により、業態別子会社を通じた銀行と証券会社の相互参入、普通銀行や証券会社の信託業務への参入が実現し、1996 年 4 月には損害保険業法の施行により、生命保険と損害保険の相互参入が開始された。さらに、1997 年 6 月の独占禁止法の改正に続く、金融持株会社に関する法整備により、1998 年 3 月からは、金融持株会社の設立と業態の異なる複数の金融機関を子会社にすることが可能になった。

　一方、証券会社には 1997 年 10 月から証券総合口座の取り扱いが認められ、給与や年金などの自動振込みや、クレジットカード、公共料金の自動引き落としなどの決済業務の取り扱いが開始された。1997 年 12 月からは、銀行窓口での投資信託の販売が店舗内の間貸し方式によって可能になり、さらに、翌 1998 年 12 月からは銀行による直接の窓口販売が解禁された[1]。

　保険の窓口販売については、まず、2001 年 4 月に銀行業務との関係が深い、住宅ローン関連の長期火災保険と団体信用生命保険が解禁された。次いで翌 2002 年 12 月に個人年金保険の銀行での販売が開始され、2007 年 12 月には、生命保険商品の銀行窓口販売が全面解禁された。従来、銀行窓口では貯蓄性の高い保険商品を中心に販売されていたのに対し、全面解禁以降は、終身保険や医療保険など保障を重視した商品の取り扱いが見込まれている。

II　金融機関行動の変化

　日本の銀行は、従来、大企業及び機関投資家、政府・公共団体など大口の顧客を対象とした営業形態を中心に、融資業務と国際業務が重点分野とされてきた。しかし、1990 年代以降、こうしたホールセール業務からは、リスクに見合ったリターンの獲得が困難になっている。貸出金は減少し、預金残高についても横ば

5-6　国内銀行資金循環貸出先別貸出金推移（2000-2006年）

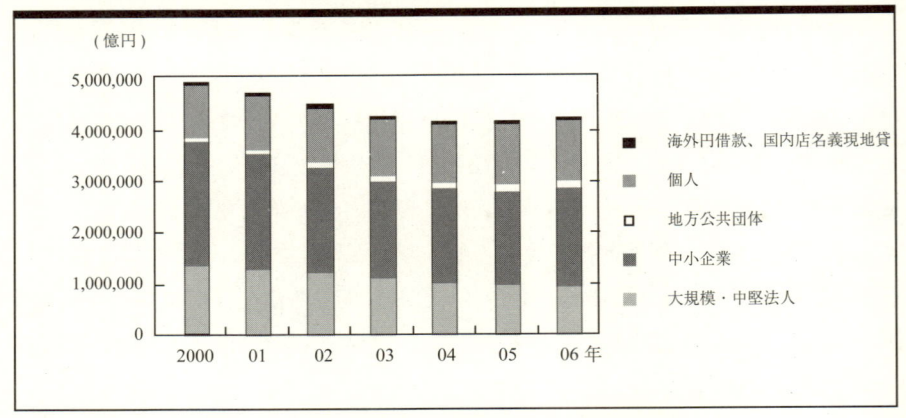

凡例：海外円借款、国内店名義現地貸／個人／地方公共団体／中小企業／大規模・中堅法人

出所：『日本銀行統計2007年冬号』日本銀行調査統計局、2007年より筆者作成。

5-7　金融業態別住宅ローン貸出状況（2005年度）

	新規貸出額（億円）	構成比（％）	貸出残高（億円）	構成比（％）
国内銀行	178,558	75.4	953,972	51.8
信託勘定	1,366	0.6	10,419	0.6
信用金庫	20,356	8.6	148,058	8.0
信金中央金庫	7	0.0	805	0.0
信用組合	2,694	1.1	18,720	1.0
全国信用協同組合連合会	0	0.0	519	0.0
労働金庫	14,110	6.0	80,133	4.3
農業共同組合	—	—	96,904	5.3
全国共済農業協同組合連合会	—	—	—	—
生命保険会社	—	—	21,789	1.2
損害保険会社	149	0.1	2,470	0.1
住宅金融専門会社等	911	0.4	6,540	0.4
住宅金融公庫（買取債権）	10,172	4.3	11,914	0.6
住宅金融公庫（直接融資）	5,216	2.2	439,247	23.8
都市再生機構			4,698	0.3
地方公共団体	3,607	1.5	6,365	0.3
福祉医療機構	18	0.0	36,414	2.0
雇用・能力開発機構	999	0.4	8,568	0.5
沖縄振興開発金融公庫	99	0.0	5,182	0.3
合計	236,896	100	1,842,298	100

出所：『平成19年版日本の消費者信用統計』日本クレジット産業協会、2007年2月より筆者作成。

第5章　わが国のリテール金融市場

5-8　信用金庫資金循環　貸出先別貸出金推移（1998 － 2006 年）

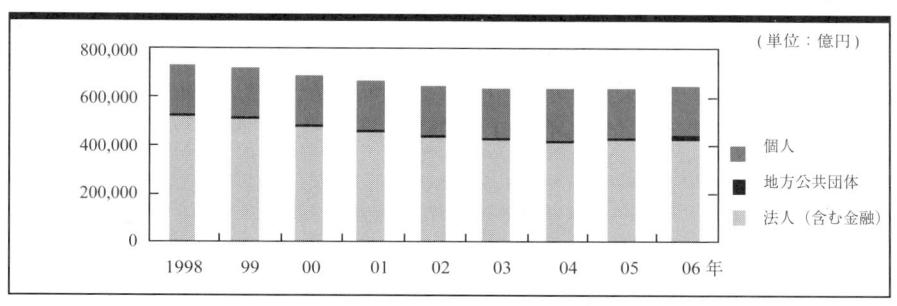

（単位：億円）

個人
地方公共団体
法人（含む金融）

出所：『日本銀行統計 2007 年冬号』日本銀行調査統計局、2007 年より筆者作成。

5-9　大手銀行の中小企業等貸出推移

銀行名	\multicolumn{9}{c}{貸出比率（%）}
	\multicolumn{3}{c}{2007 年 3 月末}	\multicolumn{3}{c}{2006 年 3 月末}	\multicolumn{3}{c}{2005 年 3 月末}
	順位	残高（億円）	比率（%）	順位	残高（億円）	比率（%）	順位	残高（億円）	比率（%）
埼玉りそな	1	52,553	88.8	1	49,912	87.8	1	45,751	86.0
りそな	2	147,228	81.9	2	146,239	80.5	2	140,670	79.3
みずほ	3	260,401	76.4	3	268,108	78.4	3	265,657	77.5
三井住友	4	362,762	75.3	4	354,961	74.8	4	352,912	75.6
三菱東京 UFJ	5	389,118	66.7	5	401,397	65.5	5	408,662	65.4
みずほ CB	6	91,328	44.3	6	99,299	45.2	6	80,217	38.5
合計 / 平均		1,303,390	70.4		1,319,916	69.9		1,293,867	69.1
三菱 UFJ 信託	1	51,654	52.1	4	48,024	45.8	4	47,824	40.7
住友信託	2	53,176	50.3	3	49,655	47.6	3	42,861	45.2
みずほ信託	3	26,771	42.3	1	27,909	61.6	1	27,205	59.5
中央三井信託	—	—	—	2	47,915	56.5	2	51,216	58.9
合計 / 平均		—	—		173,503	47.6		169,105	45.2
新生	—	—	57.8		21,028	53.8		20,598	60.5
あおぞら		15,885	47.4		13,896	46.3		10,476	40.8
大手銀合計 / 平均		—	—		1,459,399	67.2		1,422,233	65.9

注：中小企業等貸出比率は中小企業等貸出残高が貸出金残高に占める割合。中小企業等貸出には中小企業基本法に定める中小企業と個人向けの貸出が含まれる。中小企業とは資本金 3 億－ 5,000 万円以下の、常時雇用する従業員 300 人－ 50 人以下の企業。業種により基準が異なる。
出所：『金融ジャーナル』2007 年 7 月号、130 ページより筆者作成。

5-10　大手銀行の消費者ローン残高推移

	2007年3月末			2006年3月末		2005年3月末	
	順位	残高（億円）	比率（％）	順位	比率（％）	順位	比率（％）
埼玉りそな	1	33,528	56.6	1	56.2	1	55.3
りそな	2	72,669	40.4	2	37.9	2	36.6
みずほ	3	117,815	34.6	3	33.4	3	33.1
三井住友	4	144,928	30.1	4	31.0	4	30.5
三菱東京UFJ	5	171,633	29.4	5	30.0	5	29.6
みずほCB		―	―	―			―
合計/平均		540,573	32.9		32.7		32.1
中央三井信託	1	25,881	31.8	1	28.6	1	27.3
住友信託	2	19,968	18.9	2	17.7	2	15.9
三菱UFJ信託	3	11,656	11.8	3	11.1	3	10.2
みずほ信託	4	3,339	5.3	4	7.8	4	10.3
合計/平均		60,844	17.4		17.1		16.1
新生		5,622	―		11.6		8.5
あおぞら		360	1.1		0.8		0.9
大手銀合計		575,897	29.6		29.7		29.1

注：消費者ローン比率は消費者ローン残高が貸出金残高に占める割合。
出所：『金融ジャーナル』2007年7月号、131ページより筆者作成。

いの状態が続き、伝統的な銀行業務である預貸取引の規模は縮小している。こうした状況を背景に、個人及び中小企業向け取引を中心としたリテール展開は、ホールセール業務以外の新たな収益源として注目されている。

　一方で、これまでホールセール業務の比率が大きかった大手銀行と、中小企業向け融資などのリテール向けを中心に業務展開してきた中小金融機関との間で競争が激化している。

　これまで個人向け取引を中心とするリテール部門は小口で非効率なため、収益性が上がらないとされてきたが、総じて大手金融グループにおけるリテール部門からの収益比率は高まる傾向がみえる。

　日本においては、現金、口座振替に次いでクレジットカードが家計のおもな資金決済の手段として用いられているが、クレジットカードにはショッピングと呼ばれる決済機能と、キャッシングと呼ばれる貸金機能を併せもつという特徴が

第 5 章　わが国のリテール金融市場

5-11　大手銀行の住宅ローン残高推移

	2007 年 3 月末 順位	残高（億円）	比率 (%)	2006 年 3 月末 順位	比率 (%)	2005 年 3 月末 順位	比率 (%)
埼玉りそな	1	32,603	55.1	1	54.7	1	53.7
りそな	2	70,421	39.2	2	36.6	2	35.1
みずほ	3	107,610	31.6	3	30.6	3	30.6
三井住友	4	135,575	28.1	4	29.0	4	28.4
三菱東京 UFJ	5	160,518	27.5	5	27.9	5	27.3
みずほ CB		—	—		—		—
合計 / 平均		506,728	30.8		30.6		30.0
中央三井信託	1	21,409	26.3	1	22.6	1	21.1
住友信託	2	15,065	14.3	2	12.8	2	10.8
三菱 UFJ 信託	3	11,383	11.5	3	10.8	3	9.8
みずほ信託	4	2,755	4.4	4	6.3	4	8.4
合計 / 平均		50,612	14.5		13.8		12.8
新生		5,622	—		11.6		8.5
あおぞら		225	0.7		0.6		0.6
大手銀合計		536,156	27.5		27.6		26.9

注：住宅ローン比率は住宅ローン残高が貸出金残高に占める割合。
出所：『金融ジャーナル』2007 年 7 月号、131 ページより筆者作成。

ある。このため、他の決済媒体と異なり、クレジットカードの利用者の詳細な個人情報は、利用状況も含めて発行会社に蓄積される。こうしたクレジットカードの特徴は、住宅ローンを始めとする融資取引のない顧客の囲い込みを目指す銀行にとって大きな魅力となっている。

消費者信用業の中でもクレジットカード業界は、従来、銀行系、流通系、信販系、メーカー系、中小小売商団体系、そして石油系に区分されてきた。しかし、近年の銀行業界の再編と合わせてリテール分野の強化を重視し始めた銀行は、流通系、信販系のクレジットカード会社との提携、子会社化によるグループ内への取り込みで、グループ内のクレジットカード会社の位置付けを見直している。

MUFG は、2005 年に日本信販を子会社化した UFJ 銀行との合併後の三菱 UFJ ニコスの設立に続き、2007 年には信販会社ジャックスに対する出資を発行済み株式の 20% に引き上げ、関係を強化することを発表した。一方、みずほは、グ

5-12 世帯当たりのおもな資金決済手段（2つまでの複数回答）（2006年度）

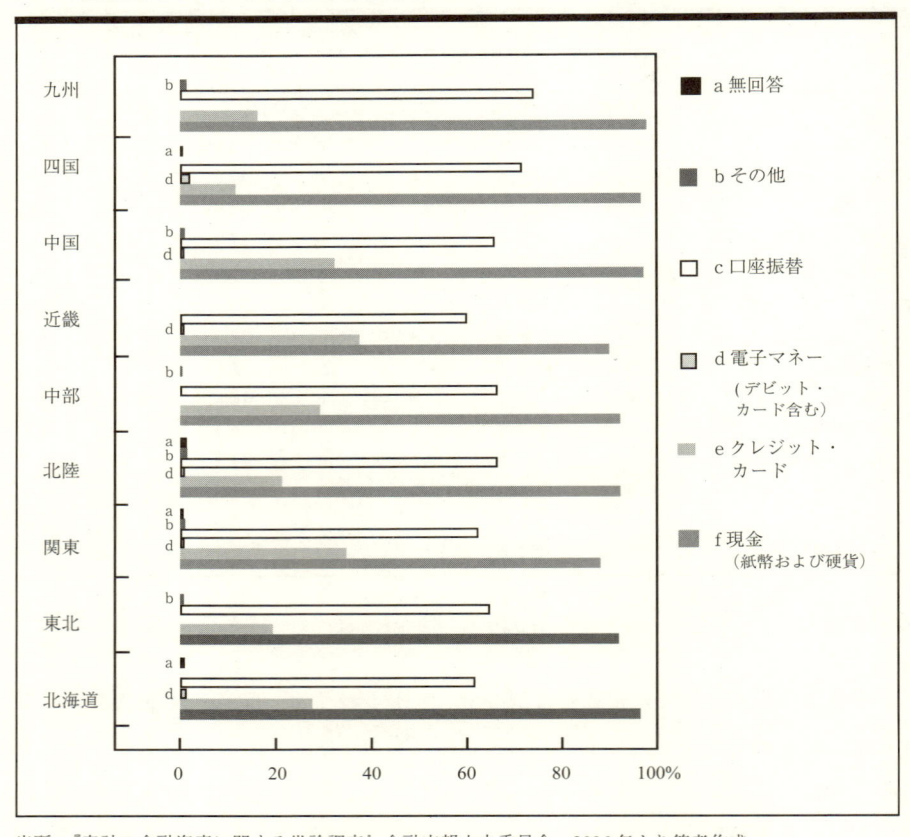

凡例：
- a 無回答
- b その他
- c 口座振替
- d 電子マネー（デビット・カード含む）
- e クレジット・カード
- f 現金（紙幣および硬貨）

地域：九州、四国、中国、近畿、中部、北陸、関東、東北、北海道

出所：『家計の金融資産に関する世論調査』金融広報中央委員会、2006年より筆者作成。

ループ内子会社のユーシーカードとともに、2005年にクレディセゾンと戦略的業務提携を開始した。2006年には、加盟店・プロセシング事業を分割したユーシーカードのクレディセゾンによる吸収合併で、カード発行業務を中心とするイシュア事業を切り離し、加盟店事業を強化している。2007年にはクレディセゾンとの共同出資により、新たにプロセシング会社のキュービタスを設立した。SMFGは、銀行系クレジットカード会社としては最大規模の三井住友カードを中心に、2007年にMUFG傘下から離脱したセントラル・ファイナンスとの資本業務提携

第 5 章　わが国のリテール金融市場

5-13　クレジットカード会社取扱高上位 15 社（2006 年 3 月期）

	取扱高（億円）総額	ショッピング	キャッシング	会員数（万人）	加盟点数（1,000 店）
JCB グループ	70,914	63,934	6,980	5,770	13,830
VJA グループ	60,886	55,455	5,431	2,296	4,533
UFJ ニコスグループ	49,680	37,413	12,267	2,334	2,931
クレディセゾン	38,947	25,278	13,669	2,279	n.a.
DC グループ	28,118	25,211	2,907	1,138	1,679
UC グループ	27,457	23,278	4,178	1,282	3,488
UFJ カードグループ	18,583	15,351	3,232	834	—
イオンクレジット	17,616	12,946	6,410	1,370	538
ジャルカード	14,336	14,336	—	158	34
OMC カード	14,308	8,850	5,457		356
オリコ	12,893	8,077	4,816	811	432
トヨタファイナンス	11,422	10,218	1,204	1,062	136
ジャックス	8,119	5,748	2,370	537	318
ライフ	7,222	4,763	2,459	741	98
セントラル	6,052	4,337	1,714	1,309	546

出所：『月刊消費者信用』金融財政事情研究会、2006 年 9 月号より筆者作成。

5-14　主要国の対面取引用決済手段の利用状況（2005 年）

	現金 現金流通高（万人 / 人）	ATM 引出額（万件 / 件）	クレジットカード 年間利用金額（万円 / 人）	デビットカード 年間利用金額（万円 / 人）	電子マネー 年間利用金額（万円 / 人）
フランス	25.8	0.9		56.8	0.01
ドイツ	25.8	2.1	n.a.	26.2	0.01
日本	65.6	5.6	25.2	0.6	0.12
英国	14.3	1.3	36.5	68.3	n.a.
米国	31.5	0.9	66.0	32.3	neg.

出所：『決済システムレポート』日本銀行、2007 年。"Statistics on Payment and Settlement Systems in Selected Countries; Figures for 2005," 2005, BIS より筆者作成。

を開始した。2007年にSMFG内の信販子会社クオークへの出資を開始したセントラル・ファイナンスには、クオークとの2009年の合併が検討されており、グループ内のクレジットカード事業のさらなる強化・拡大が図られている。

今後進行すると見られる個人による金融資産運用の多様化に加え、消費者信用業や保険業、証券業など他業態とのさらなる融合により、リテール市場は成長が見込まれると同時に、競争も激化すると考えられる。IT技術を駆使した商品やサービスの新規開発や業務効率の改善は、こうしたリテール市場における需要への対応、先取りの実現のため、今後さらに重要性を増すであろう。

III　リテール分野における地域特性

日本の各地域における県内総生産には、地域ごとに大きな違いがあるが、東京を中心とした関東地域と、それ以外の地域との差は顕著である。関東と比較すると、北海道・東北、中部、近畿、中国、四国、九州の経済規模は、それぞれ31%、39%、41%、15%、7%、24%である。関東以外の地域間についても、中国及び四国の経済規模と、それ以外の地域の規模との違いは大きく、中国と四国の県民総生産額を合わせても、中部や近畿の県民総生産額の5割強であり、また、北海道・東北、九州の総生産額に及ばない。

こうした地域間の相違は、地域別の預貸金残高ではさらに増幅する。預貯金及び貸出金の残高を見ると、いずれも関東は中部と近畿を合わせた数値よりも大きく、他の大都市圏と比較しても突出した集中度の高さが表れている。一方で、これら大都市圏以外の地域における金融活動の沈滞化の深刻さがうかがえる。

県民所得は企業の業績を反映するため、大手企業の集まる東京を始めとする関東と、自動車関連企業の集まる中部の1人当たり県民所得は高い。しかし、個人の所得を表す1人当たり雇用者報酬で比較すると、関東と近畿の差は小さく、また、中部と中国、四国の数値もほぼ並んでいるといえる。

金融業態別に預貯金の地域別シェアを見ると、都市銀行を始めとする大手銀行のシェアの高い関東と近畿、そして第二地方銀行のシェアの高い北海道以外では、

第 5 章　わが国のリテール金融市場

5-15　地域別県内総生産と 1 人当たり県民所得（2004 年度）

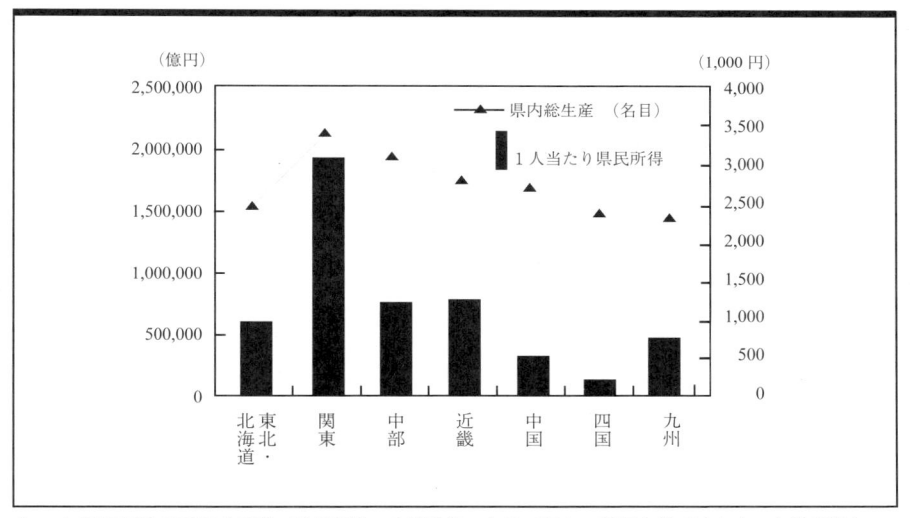

注：1) 県民所得は雇用者報酬、財産所得、企業所得の合計で個人の所得水準ではなく、企業利潤なども含んだ各地域の経済全体の所得水準を表す。
　　2) 東北は青森、岩手、宮城、秋田、山形、福島、新潟。関東は茨城、栃木、群馬、埼玉、東京、千葉、神奈川、山梨、長野。中部は富山、石川、福井、岐阜、静岡、愛知、三重の各都県を含む。
出所：『平成 16 年度県民経済計算』内閣府、2006 年より筆者作成。

地方銀行のシェアが最も高い。北海道では信用金庫のシェアも高いが、これは中部でも同様である。さらに、郵便貯金のシェアは地域間で差がほとんどなく、また、すべての地域において 20% を超えている。

　貸出金の地域別シェアを見ると、預貯金業務で現在のゆうちょ銀行である日本郵政公社（以下、日本郵政）が占めていたシェア分の多くを地方銀行が占める形となっており、地方銀行の存在感はさらに大きくなる。特に東北、中国、四国、九州では全体の 5 割を超えており、全体の預貸金が縮小する中、これら地域における地方銀行を中心とした優良顧客獲得に向けた競争の激しさがうかがえる。

5-16　地域別預貸金残高（2006年3月末）

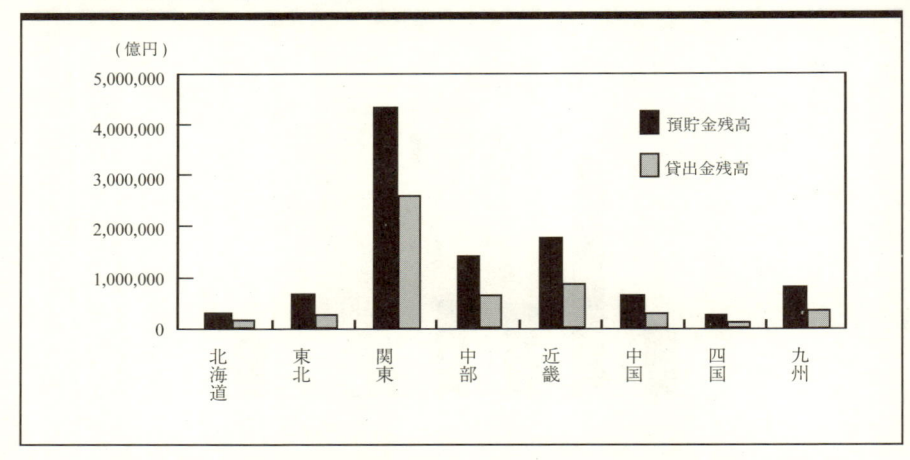

凡例：預貯金残高、貸出金残高
横軸：北海道、東北、関東、中部、近畿、中国、四国、九州

出所：「金融マップ2007年度版」『月刊金融ジャーナル』金融ジャーナル社、2006年より筆者作成。

5-17　地域別1人当たり県民所得と1人当たり雇用者報酬（2004年度）

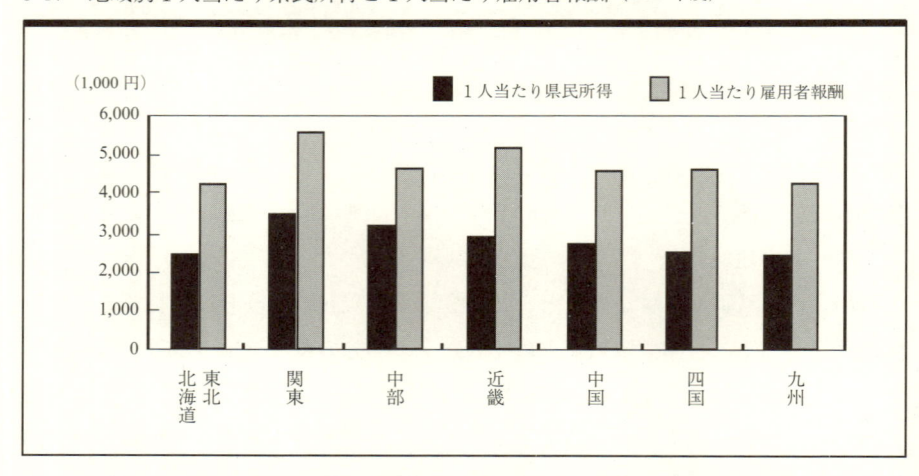

凡例：1人当たり県民所得、1人当たり雇用者報酬
横軸：北海道、東北、関東、中部、近畿、中国、四国、九州

注：県民所得は雇用者報酬、財産所得、企業所得の合計で、個人の所得水準ではなく、企業利潤なども含んだ各地域の経済全体の所得水準を表す。
出所：『平成16年度県民経済計算』内閣府、2006年より筆者作成。

第5章　わが国のリテール金融市場

5-18　地域別預貯金シェア（2006年3月末）

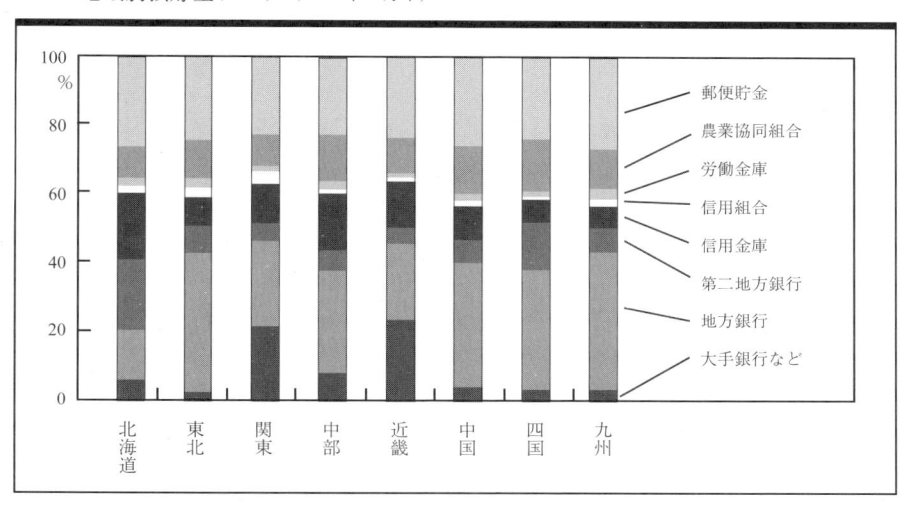

郵便貯金
農業協同組合
労働金庫
信用組合
信用金庫
第二地方銀行
地方銀行
大手銀行など

（北海道、東北、関東、中部、近畿、中国、四国、九州）

出所：「金融マップ2007年度版」『月刊金融ジャーナル』金融ジャーナル社、2006年より筆者作成。

5-19　地域別貸出金シェア（2006年3月末）

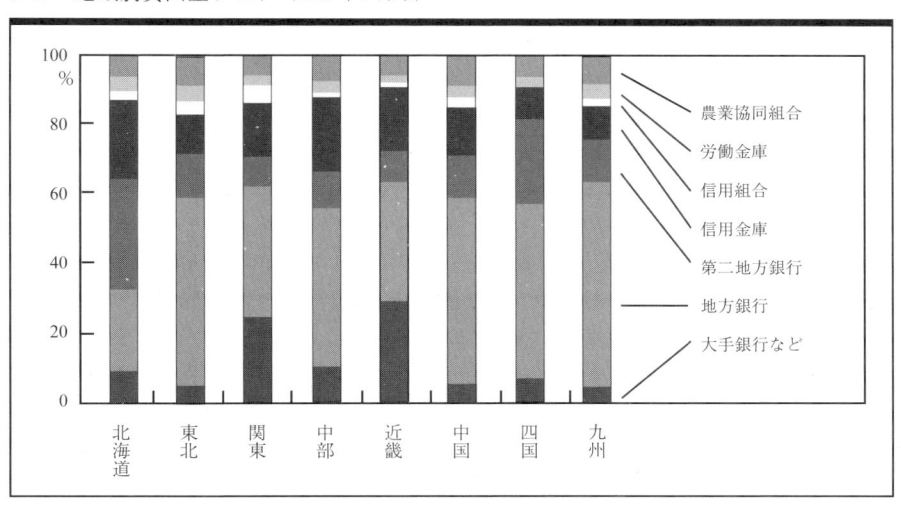

農業協同組合
労働金庫
信用組合
信用金庫
第二地方銀行
地方銀行
大手銀行など

（北海道、東北、関東、中部、近畿、中国、四国、九州）

出所：「金融マップ2007年度版」『月刊金融ジャーナル』金融ジャーナル社、2006年より筆者作成。

Ⅳ　利用者性向と金融機関への評価

　2006年の世帯当たり金融資産保有額を見ると、貯蓄非保有の世帯を含む保有額100万円未満の世帯と、100―200万円未満の世帯の割合が大幅に上昇しており、保有額の平均は前年比で減少した。一方で、保有額が3,000万円以上の世帯が前年の8.1％から8.8％に増加しており、富裕者層は拡大の傾向を見せている。

　貯蓄非保有世帯の割合は東北35％、九州31％とそれぞれ3割を超え、四国も28％と高い。北海道では、貯蓄額が100万円未満の世帯が約11％である。貯蓄非保有層と100万円未満保有層が、ともに小さかったのが中部と中国である。東北と九州では、貯蓄非保有世帯と保有額500万円未満の世帯の合計が58％を超えているが、北海道も49.5％とほぼ5割である。

　世帯当たりでは関東、中部、近畿が多くの金融資産を保有しているが、所有資産を株式で保有している割合も他地域に比べて高い。また、いずれの地域においても、預貯金と郵便貯金を合わせた保有率は全体の5割以上であるが、中でも近畿と中国では6割を超えている。北海道と東北では、保険の保有額が高い点が特徴である。

　貯蓄の理由で、「病気や不時の災害への備え」、「老後の生活資金作り」とする回答が多いのは全国で共通しているが、中でも四国では老後の生活資金を理由と

5-20　世帯当たり金融資産保有額割合推移（貯蓄非保有回答者を含む全世帯対象）（2006年）

年	100万円未満(%)	100～200万円未満(%)	200～300万円未満(%)	300～400万円未満(%)	400～500万円未満(%)	500～700万円未満(%)	700～1,000万円未満(%)	1,000～1,500万円未満(%)	1,500～2,000万円未満(%)	2,000～3,000万円未満(%)	3,000万円以上(%)	平均(万円)
2004	4.7	4.8	3.9	4.5	3.4	7.1	6.2	8.7	5.0	6.1	7.9	1,022
2005	3.4	4.5	4.3	4.1	2.2	6.5	6.5	7.9	4.2	6.3	8.1	1,085
2006	6.6	5.4	4.6	4.2	3.1	7.2	7.0	8.4	5.4	6.2	8.8	1,073

出所：『家計の金融資産に関する世論調査』金融広報中央委員会、2006年より筆者作成。

第 5 章　わが国のリテール金融市場

5-21　地域別世帯当たりの金融商品保有額（2006 年）

貯蓄非保有
無回答
3,000 万円以上
2,000 － 3,000 万円未満
1,500 － 2,000 万円未満
1,000 － 1,500 万円未満
700 － 1,000 万円未満
500 － 700 万円未満
400 － 500 万円未満
300 － 400 万円未満
200 － 300 万円未満
100 － 200 万円未満
100 万円未満

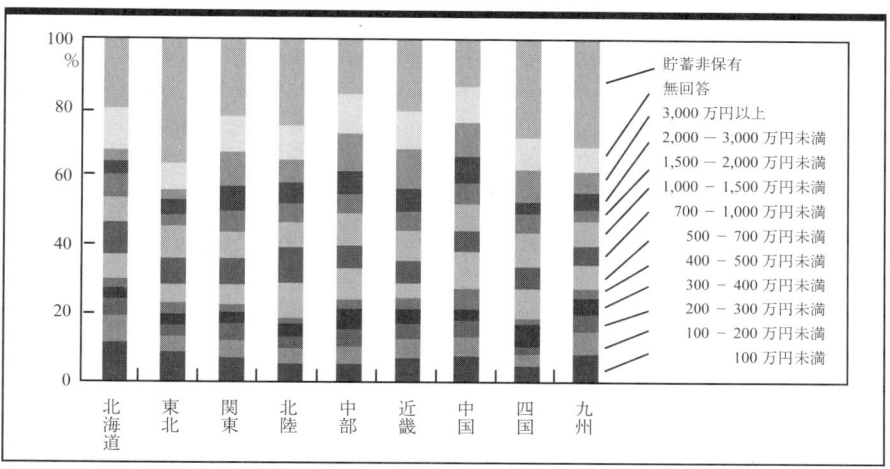

注：東北は青森、岩手、宮城、秋田、山形、福島。関東は茨城、栃木、群馬、埼玉、千葉、東京、神奈川。
　　北陸は新潟、富山、石川、福井。中部は山梨、長野、岐阜、静岡、愛知、三重の各都県を含む。
出所：『家計の金融資産に関する世論調査』金融広報中央委員会、2006 年より筆者作成。

5-22　地域別世帯当たりの種類別金融商品保有額（2006 年）

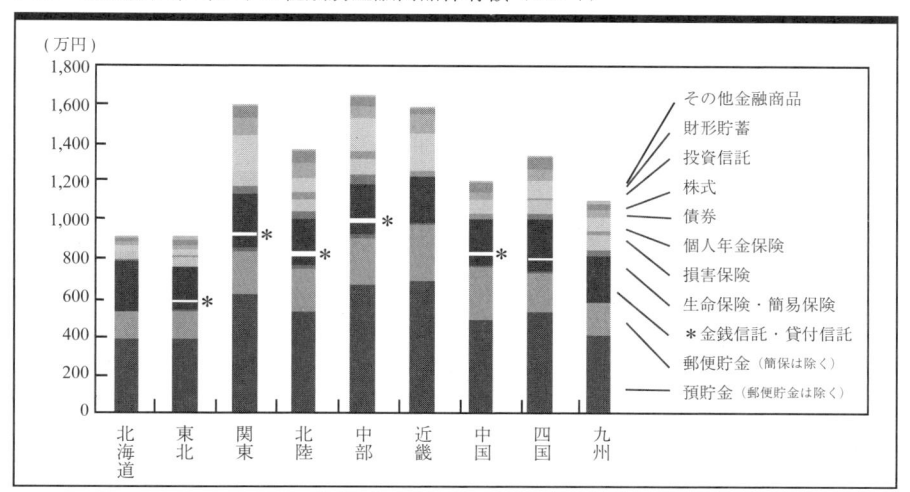

その他金融商品
財形貯蓄
投資信託
株式
債券
個人年金保険
損害保険
生命保険・簡易保険
＊金銭信託・貸付信託
郵便貯金（簡保は除く）
預貯金（郵便貯金は除く）

出所：『家計の金融資産に関する世論調査』金融広報中央委員会、2006 年より筆者作成。

227

5-23 地域別世帯当たりの種類別金融商品保有割合（2006年）

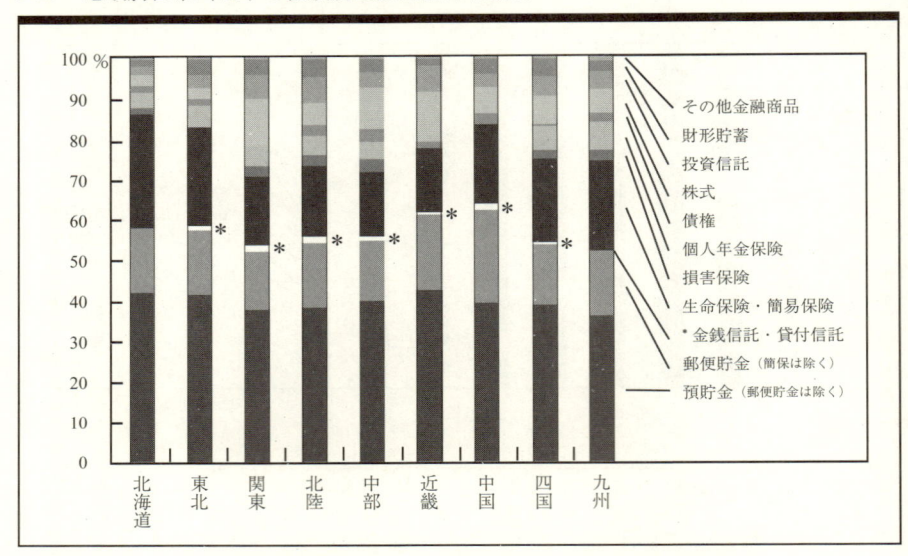

凡例（上から下）：
その他金融商品
財形貯蓄
投資信託
株式
債権
個人年金保険
損害保険
生命保険・簡易保険
＊金銭信託・貸付信託
郵便貯金（簡保は除く）
預貯金（郵便貯金は除く）

横軸：北海道、東北、関東、北陸、中部、近畿、中国、四国、九州

出所：『家計の金融資産に関する世論調査』金融広報中央委員会、2006年より筆者作成。

する割合が特に大きい。また、「貯蓄は子供の教育資金作りのため」とする割合も全国的に大きい。一方で、「旅行やレジャーの資金作り」を理由にした層の割合が関東、近畿、北海道では大きい。「耐久消費財の購入」を貯蓄の理由とする世帯の割合は、他の地域と比較して四国、九州で低い。

金融商品の選択基準としては、北海道を除くと、全国的に元本保証を最も重要な基準としている。北海道では取り扱い金融機関が信用できて安心であることと、少額でも預入れや引出しが自由にできることを重要視する傾向が強い。北海道拓殖銀行の破綻を始めとする深刻な金融不安の影響、経験が反映されていると考えられる。

今後保有を希望する金融商品としては、預貯金と郵便貯金の割合がそれぞれ50%以上、30%前後と突出して高く、また、地域間の差異は小さい。保有希望の割合は、6-9%の生保、簡保、損保を合わせた積み立て型保険商品も、地域間で大きな違いがない。リスク商品についてみると、株式保有を希望する世帯の割

第5章　わが国のリテール金融市場

5-24　世帯当たりの貯蓄の目的（3つまでの複数回答）（2006年）

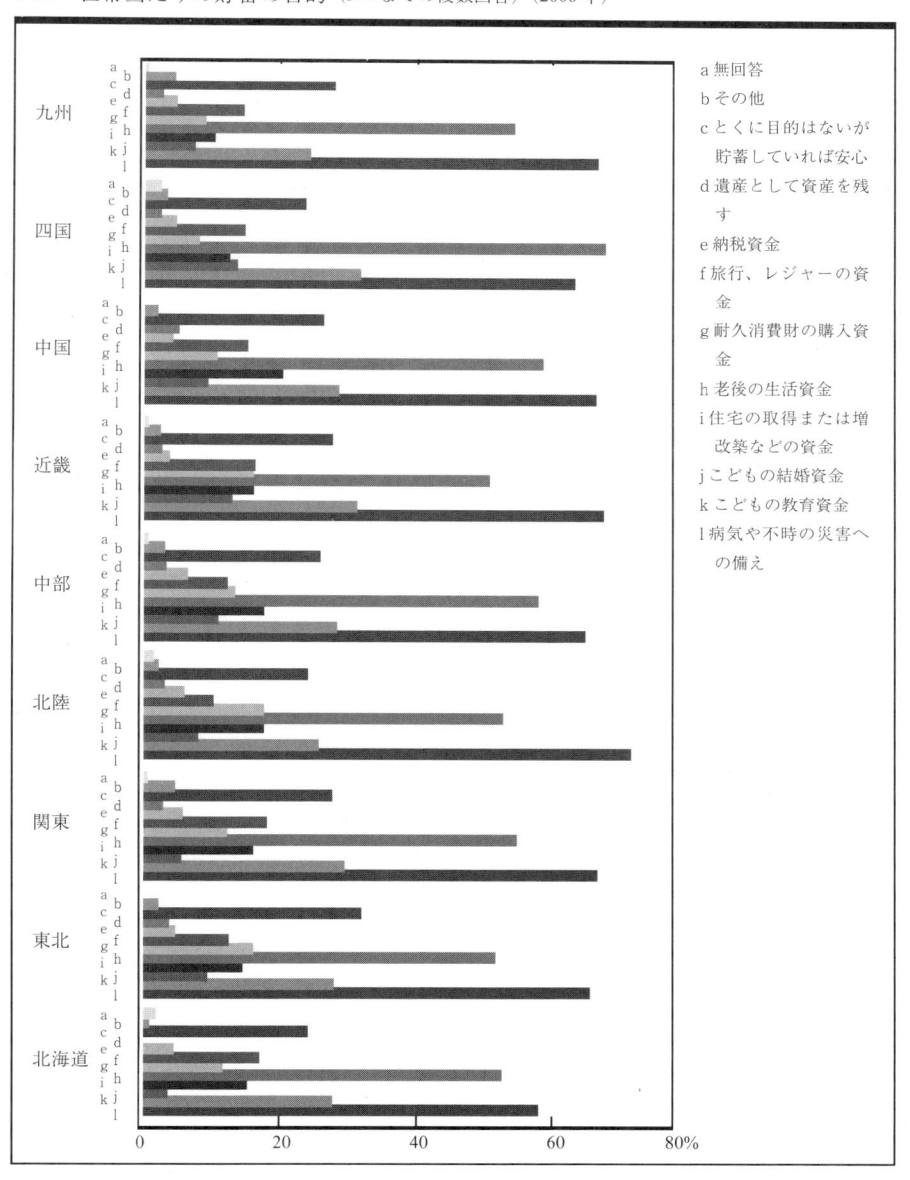

a 無回答
b その他
c とくに目的はないが貯蓄していれば安心
d 遺産として資産を残す
e 納税資金
f 旅行、レジャーの資金
g 耐久消費財の購入資金
h 老後の生活資金
i 住宅の取得または増改築などの資金
j こどもの結婚資金
k こどもの教育資金
l 病気や不時の災害への備え

出所：『家計の金融資産に関する世論調査』金融広報中央委員会、2006年より筆者作成。

5-25　世帯当たりの金融商品の選択基準（2006年）

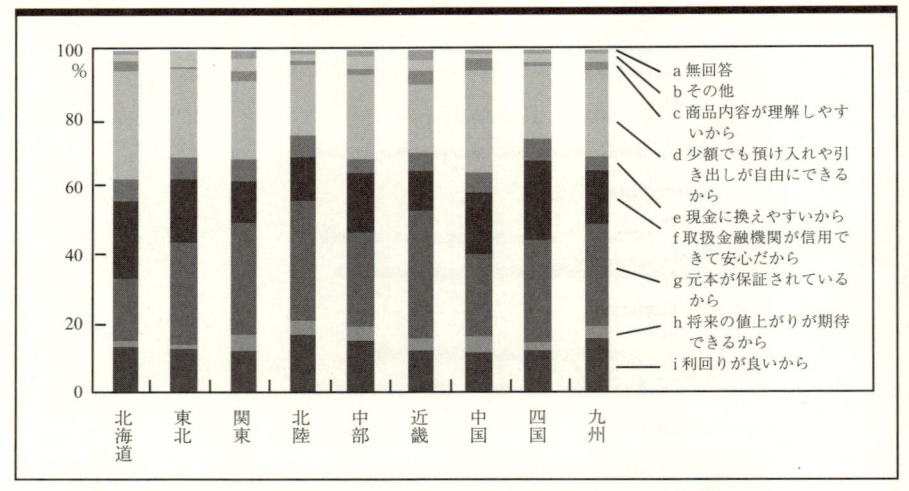

a 無回答
b その他
c 商品内容が理解しやすいから
d 少額でも預け入れや引き出しが自由にできるから
e 現金に換えやすいから
f 取扱金融機関が信用できて安心だから
g 元本が保証されているから
h 将来の値上がりが期待できるから
i 利回りが良いから

（北海道、東北、関東、北陸、中部、近畿、中国、四国、九州）

出所：『家計の金融資産に関する世論調査』金融広報中央委員会、2006年より筆者作成。

合は13.2%の四国を始めとして、関東、北陸、中部、近畿で10%を超えている。これに対して、北海道では3.6%、東北では5.4%と低く、地域による個人の貯蓄性向の違いが現れている。また、株式、公社債、不動産投資信託を合わせた投資信託商品の保有希望については、東北で6.4%、北海道で7.2%であるが、関東、近畿で15%を超え、中国でも9.7%となっており、一定の所有希望の傾向が見られる。東北については、個人年金保険の保有希望割合が13.5%と全国で最も高いことも特徴としてあげられる。

　金融機関の実際の利用者による評価としては、1990年代後半以降に設立された新興の銀行及び外国・外資系銀行が首都圏と近畿圏を中心とした大都市圏で高い評価を受けている。これらの金融機関は、年間365日24時間取引が可能なネットバンキングや、コールセンターを通じたテレフォンバンキング・サービス、あるいは、ATMサービスを充実させており利便性が高い。また一方で、手数料を低く抑えながら、投資信託や外貨預金、高金利の円預金や、変動金利から固定金利への切り替えが容易な住宅ローンなど、豊富な金融商品を提供している点が特

第 5 章　わが国のリテール金融市場

5-26　世帯当たりの今後の金融商品の保有希望（複数回答）（2006 年）

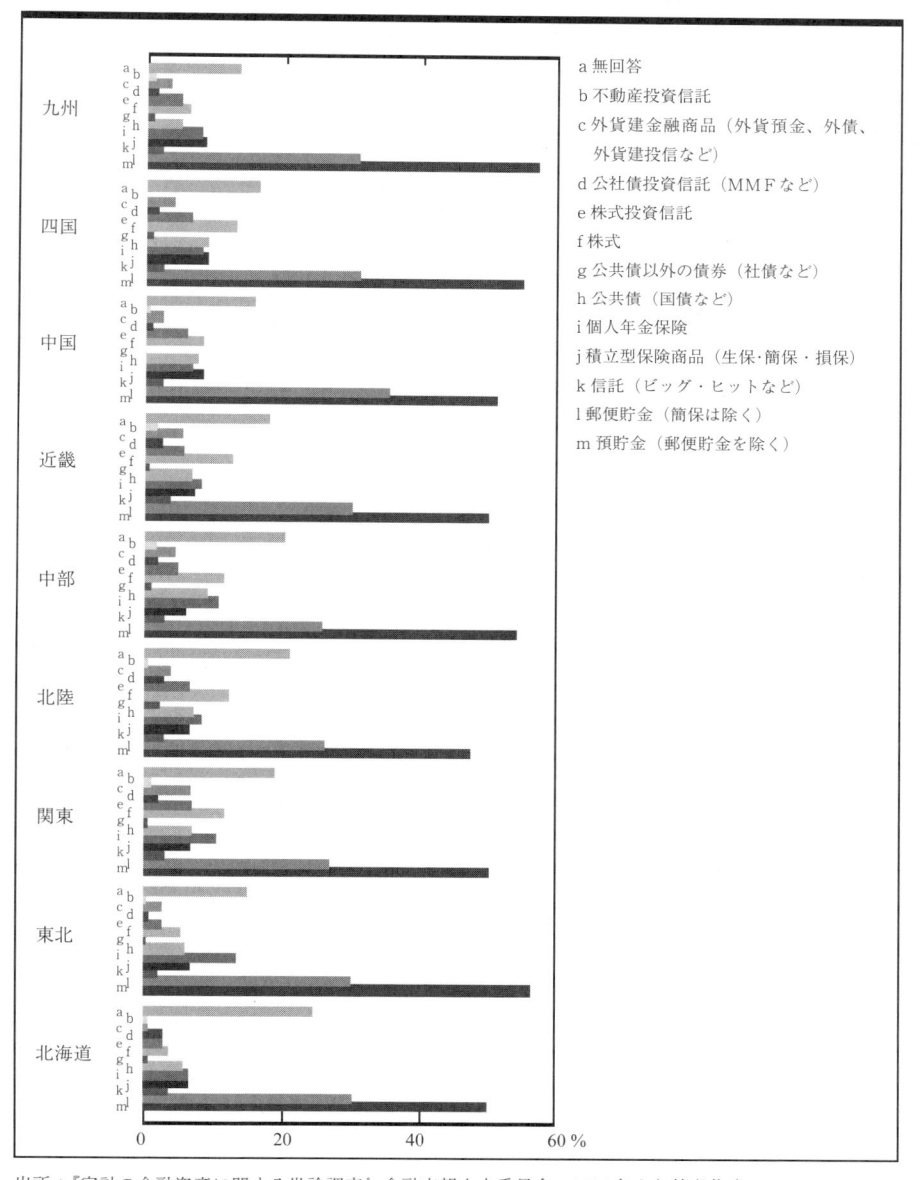

a 無回答
b 不動産投資信託
c 外貨建金融商品（外貨預金、外債、外貨建投信など）
d 公社債投資信託（MMFなど）
e 株式投資信託
f 株式
g 公共債以外の債券（社債など）
h 公共債（国債など）
i 個人年金保険
j 積立型保険商品（生保・簡保・損保）
k 信託（ビッグ・ヒットなど）
l 郵便貯金（簡保は除く）
m 預貯金（郵便貯金を除く）

出所：『家計の金融資産に関する世論調査』金融広報中央委員会、2006 年より筆者作成。

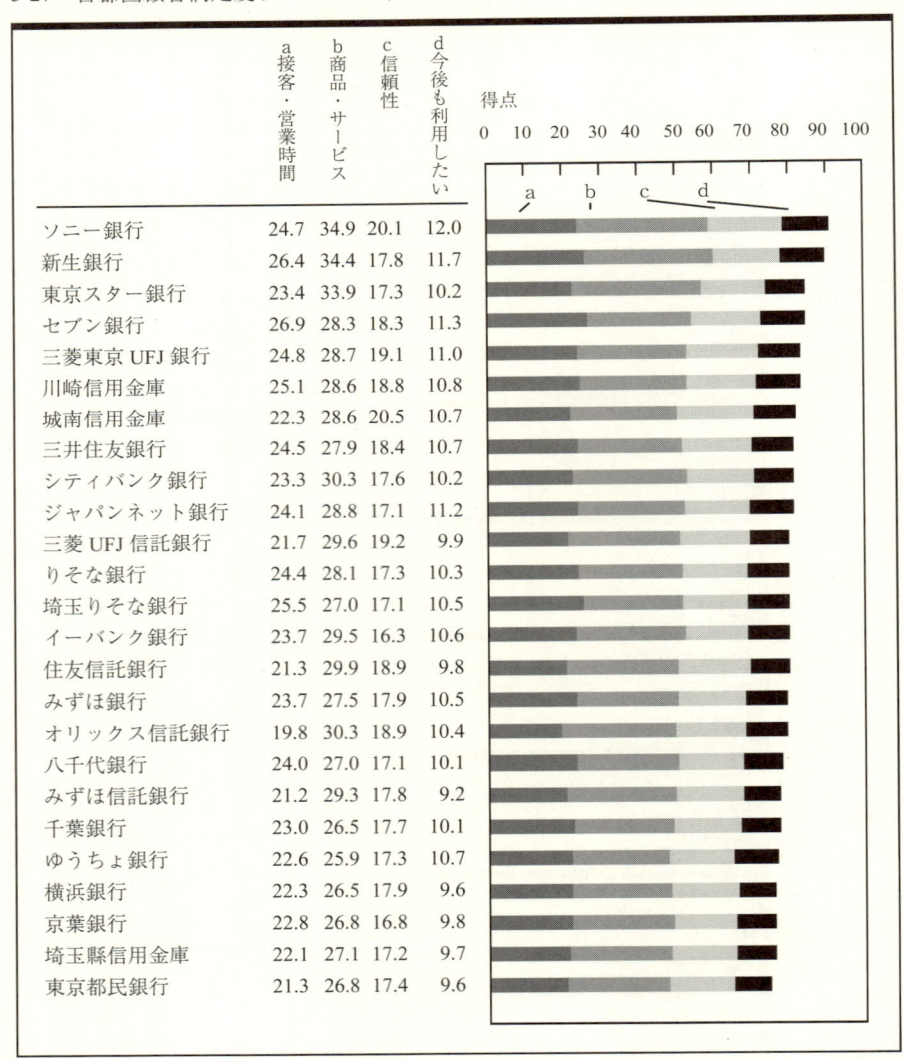

5-27　首都圏顧客満足度ランキング（2007年）

	a 接客・営業時間	b 商品・サービス	c 信頼性	d 今後も利用したい
ソニー銀行	24.7	34.9	20.1	12.0
新生銀行	26.4	34.4	17.8	11.7
東京スター銀行	23.4	33.9	17.3	10.2
セブン銀行	26.9	28.3	18.3	11.3
三菱東京UFJ銀行	24.8	28.7	19.1	11.0
川崎信用金庫	25.1	28.6	18.8	10.8
城南信用金庫	22.3	28.6	20.5	10.7
三井住友銀行	24.5	27.9	18.4	10.7
シティバンク銀行	23.3	30.3	17.6	10.2
ジャパンネット銀行	24.1	28.8	17.1	11.2
三菱UFJ信託銀行	21.7	29.6	19.2	9.9
りそな銀行	24.4	28.1	17.3	10.3
埼玉りそな銀行	25.5	27.0	17.1	10.5
イーバンク銀行	23.7	29.5	16.3	10.6
住友信託銀行	21.3	29.9	18.9	9.8
みずほ銀行	23.7	27.5	17.9	10.5
オリックス信託銀行	19.8	30.3	18.9	10.4
八千代銀行	24.0	27.0	17.1	10.1
みずほ信託銀行	21.2	29.3	17.8	9.2
千葉銀行	23.0	26.5	17.7	10.1
ゆうちょ銀行	22.6	25.9	17.3	10.7
横浜銀行	22.3	26.5	17.9	9.6
京葉銀行	22.8	26.8	16.8	9.8
埼玉縣信用金庫	22.1	27.1	17.2	9.7
東京都民銀行	21.3	26.8	17.4	9.6

注：配点と質問項目調査は、日経リサーチが実施し、利用者が主に使う金融機関の満足度について聞いたものである。顧客評価は項目ごとに、大変満足＝100点、まあ満足＝75点、どちらともいえない＝50点、やや不満＝25点、大変不満＝0点で点数化。調査は首都圏（東京、神奈川、千葉、埼玉）、近畿圏（大阪、京都、兵庫、奈良）、中京圏（名古屋、岐阜、三重）の20歳から69歳までの男女8,000人を対象に郵送方式で実施。有効回答数は4,105人。内訳は男性が2,102人、女性が2,003人。
出所：『日本経済新聞』2007年12月12日より筆者作成。

第5章　わが国のリテール金融市場

5-28　近畿圏顧客満足度ランキング（2007年）

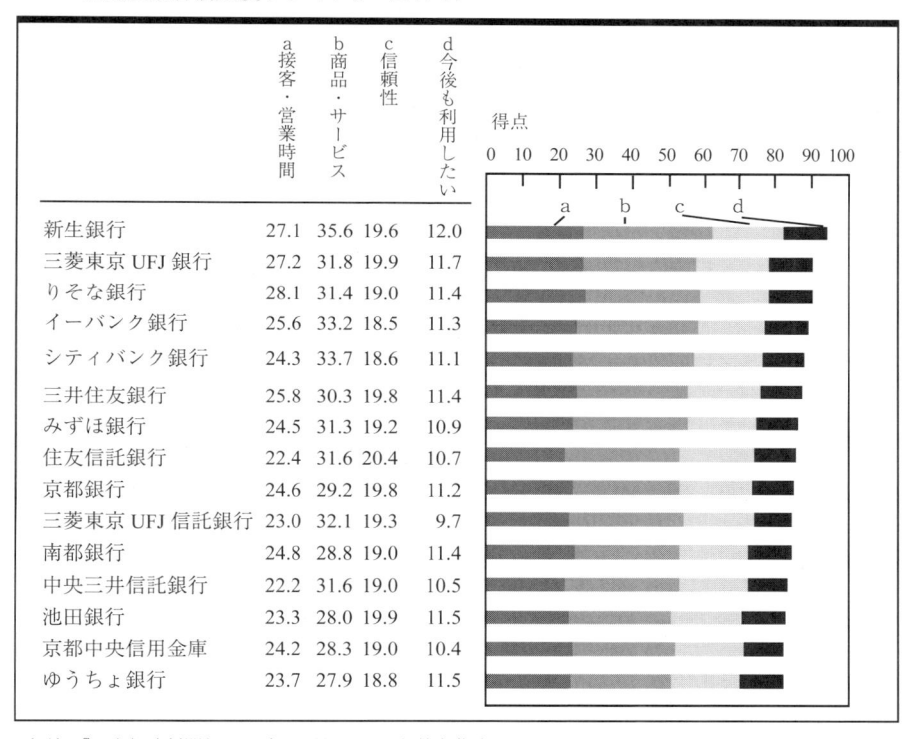

	a 接客・営業時間	b 商品・サービス	c 信頼性	d 今後も利用したい
新生銀行	27.1	35.6	19.6	12.0
三菱東京UFJ銀行	27.2	31.8	19.9	11.7
りそな銀行	28.1	31.4	19.0	11.4
イーバンク銀行	25.6	33.2	18.5	11.3
シティバンク銀行	24.3	33.7	18.6	11.1
三井住友銀行	25.8	30.3	19.8	11.4
みずほ銀行	24.5	31.3	19.2	10.9
住友信託銀行	22.4	31.6	20.4	10.7
京都銀行	24.6	29.2	19.8	11.2
三菱東京UFJ信託銀行	23.0	32.1	19.3	9.7
南都銀行	24.8	28.8	19.0	11.4
中央三井信託銀行	22.2	31.6	19.0	10.5
池田銀行	23.3	28.0	19.9	11.5
京都中央信用金庫	24.2	28.3	19.0	10.4
ゆうちょ銀行	23.7	27.9	18.8	11.5

出所：『日本経済新聞』2007年12月12日より筆者作成。

徴である。これに対し、大規模な支店網を有するメガバンクやゆうちょ銀行、大手地方銀行は、営業時間の制限に加え、店舗でのローン相談や資金運用の提案力が十分でなく、強みであるべき店舗資源が活かされていない。リテール分野で個人顧客に評価されるためには、こうした店頭ならではの機能をさらに充実させる一方で、他チャネルの整備・強化及び店頭取引との連携を実現させる必要がある。

　世代別の利用者満足度調査では、20代から50代までについては、ネット銀行や外資系の銀行などの新興銀行に対する評価が高いが、60代ではネット専業銀行は上位10位以内に入っていない。さらに、この年代では、金融商品の相談や資産運用の提案能力が高いとされる銀行が1位の評価を受けており、ネットや

5-29 中京圏顧客満足度ランキング（2007年）

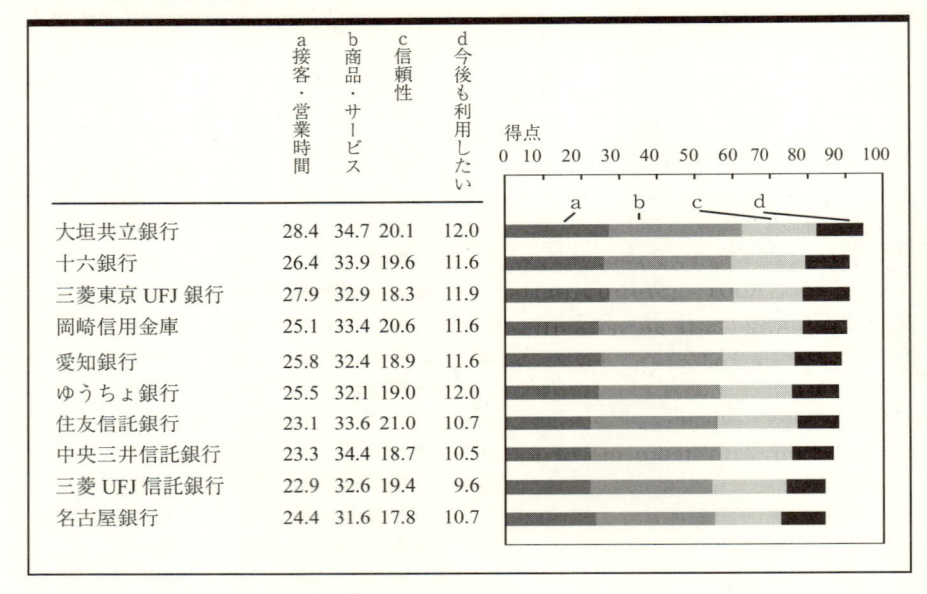

	a 接客・営業時間	b 商品・サービス	c 信頼性	d 今後も利用したい
大垣共立銀行	28.4	34.7	20.1	12.0
十六銀行	26.4	33.9	19.6	11.6
三菱東京UFJ銀行	27.9	32.9	18.3	11.9
岡崎信用金庫	25.1	33.4	20.6	11.6
愛知銀行	25.8	32.4	18.9	11.6
ゆうちょ銀行	25.5	32.1	19.0	12.0
住友信託銀行	23.1	33.6	21.0	10.7
中央三井信託銀行	23.3	34.4	18.7	10.5
三菱UFJ信託銀行	22.9	32.6	19.4	9.6
名古屋銀行	24.4	31.6	17.8	10.7

出所：『日本経済新聞』2007年12月12日より筆者作成。

5-30 世代別利用者評価ランキング（2007年）

年齢／順位／金融機関名／得点

20代
1 新生銀行 96.6
2 三菱東京UFJ銀行 85.9
3 イーバンク銀行 84.7
4 みずほ銀行 83.4
5 三井住友銀行 83.3

30代
1 新生銀行 92.4
2 ソニー銀行 91.1
3 三菱UFJ信託銀行 84.4
4 三井住友銀行 83.6
5 りそな銀行 83.6

40代
1 ソニー銀行 94.3
2 新生銀行 90.2
3 りそな銀行 86.7
4 シティバンク銀行 85.4
5 住友信託銀行 84.2

50代
1 新生銀行 93.1
2 三菱東京UFJ銀行 87.2
3 シティバンク銀行 86.6
4 イーバンク銀行 86.3
5 城南信用金庫 85.8

60代
1 りそな銀行 90.8
2 城南信用金庫 89.7
3 三菱東京UFJ銀行 89.5
4 住友信託銀行 87.0
5 三井住友銀行 86.7

出所：『日経金融新聞』2007年12月17日より筆者作成。

第 5 章　わが国のリテール金融市場

5-31　中小・地域金融機関への利用者の今後の期待内容（複数回答可）（2006 年）

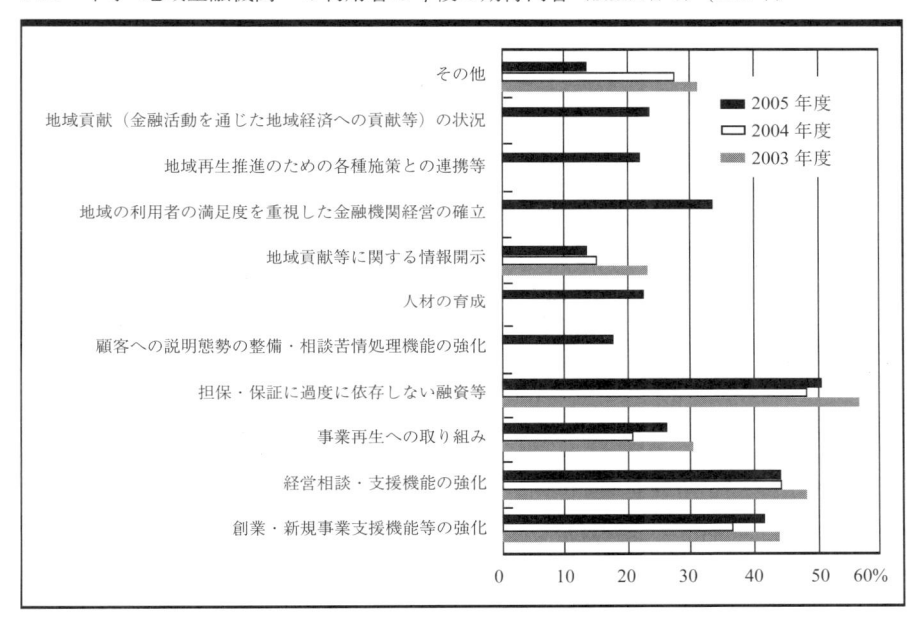

出所：『中小・地域金融機関に対する利用者等の評価に関する第 3 回アンケート調査結果』金融庁、2006 年より筆者作成。

　コールセンターを通じた、利便性が高く手数料や金利面で有利とされる取引よりも、丁寧な対面取引が好まれていることが改めてうかがえる。また、一部信用金庫や地方銀行などの地域金融機関、信託銀行については、40 代から評価が高くなっており、高い信頼性とこれらの年代に合った商品の提案・提供が評価されていると考えられる。一方で、ゆうちょ銀行に対する評価はすべての年代で上位 10 位以内となっているものの、どの年代からも強い支持は得られていない。
　中小企業向け金融を扱う地域金融機関の取り組みについては、利用者からの意見として、金融機関が自らの健全性を優先しており、大企業や財務内容が優良な企業以外に対しては、担保・保証に依存した積極性に欠けたものになっているとの指摘が多い。また、中小企業の将来性や経営者の資質に関わる目利き能力が不足しており、企業の育成・発展に向けての工夫が見えない、地場産業のために

5-32 中小企業向け金融に関わる利用者からのおもな意見（2005 – 2006 年）

借り手からの課題・要望
・同一金融機関でも職員の取り組み姿勢に温度差があり、営業店の取り組みに変化はみられない。
・金融機関の健全性確保に重点がおかれており、地域の中小企業を育成・発展させる工夫をしているようにみえない。
・中小企業の技術力や将来性をみる目利き能力が養われていない。
・創業・新事業に対する理解は依然厳しく、実績重視主義に変化はみられない。
・政府系金融機関と比べると、民間金融機関の取組み姿勢は鈍い。
・取組み先は財務内容が優良な企業ばかりで、零細な企業には対応していない。
・財務判断が主で収益向上・経営改善に向けたアドバイスまでに達していない。
・事業再生に関するスキル、ノウハウはまだまだ力不足である。
・財務リストラなどの支援にとどまらず、実効性の高い事業再生への取組みを期待。
・大企業への対応は前向きだが、中小零細企業に対しては進んでいない。
・担保・保証を重視している姿勢は、変わらない。
・無担保・無保証の話は聞くが、中小零細企業に対してはいぜんとして厳しい。
・担保は取らなくなってきたが、いぜんとして信用保証協会付融資に依存している。
・融資謝絶の理由が不明確な場合が多い。
・顧客のレベルに応じた説明がなされておらず、リスクの説明も不十分である。
・担当者によりばらつきがあり、まだ職員全体にまで説明意識が浸透していない。
・経営者の資質や企業の将来性を見抜く目利きは、育っていない。
・資格取得ではよく勉強しているが、実務に乏しく、実践的ノウハウは不十分である。
・人材が本部に集約されたことやリストラの影響で、営業店職員の育成が不十分である。
・店舗の統廃合が進み窓口・ATM はいつも混んでおり、待ち時間が長い。
・手数料が横並びで高いが、満足いくサービスの提供がなされているか疑問である。
・利便性は高まっているが、高齢者向けサービスの視点が不足している。
・産学官連携プロジェクトを進めていく中で、さまざまな提言を行ってもらいたい。
・商工団体等との連携強化を図り、地域に必要な振興事業の創出を図ってほしい。
・金融機関が、地場産業のために貢献しているようには感じられない。

借り手からの積極的評価
・資金の借入だけでなく、相談業務等のサポート面が充実してきている。
・商工会等と連携した無担保・第三者保証人不要の融資商品等の開発がみられる。
・企業再生ファンドの創設など、新たな企業再生手法への積極的な取り組みがある。
・将来性を加味して融資に結びつけるなど、積極的な融資姿勢がうかがわれる。
・貸し渋り・貸し剥がしや説明不足などの苦情も聞かなくなり、浸透してきている。
・産学官連携によるベンチャーファンドの創設など、産業支援への取り組みがある。
・顧客ニーズに応じた経営・業界情報の提供やアドバイスが積極的に行われている。
・中小企業再生支援協議会等を活用し、地場産業の再生に積極的に取り組んでいる。
・融資謝絶の際、具体的理由が説明されるなど、適切な対応がなされるようになった。
・コンビニ ATM、ATM 時間延長、ネットバンキングなど非常に便利になっている。
・自治体等との連携により、災害復興、観光誘致、農業金融支援等が行われている。
・後継者育成支援、金融教育などの各種の活動がみられる。

出所：『地域密着型金融の機能強化の推進に関するアクションプログラム、平成 17 – 18 年度の進捗状況について』金融庁、2006 年より筆者作成。

第 5 章　わが国のリテール金融市場

5-33　融資を背景とする金融機関の要請に対し、意志に反して応じた借り手企業の割合

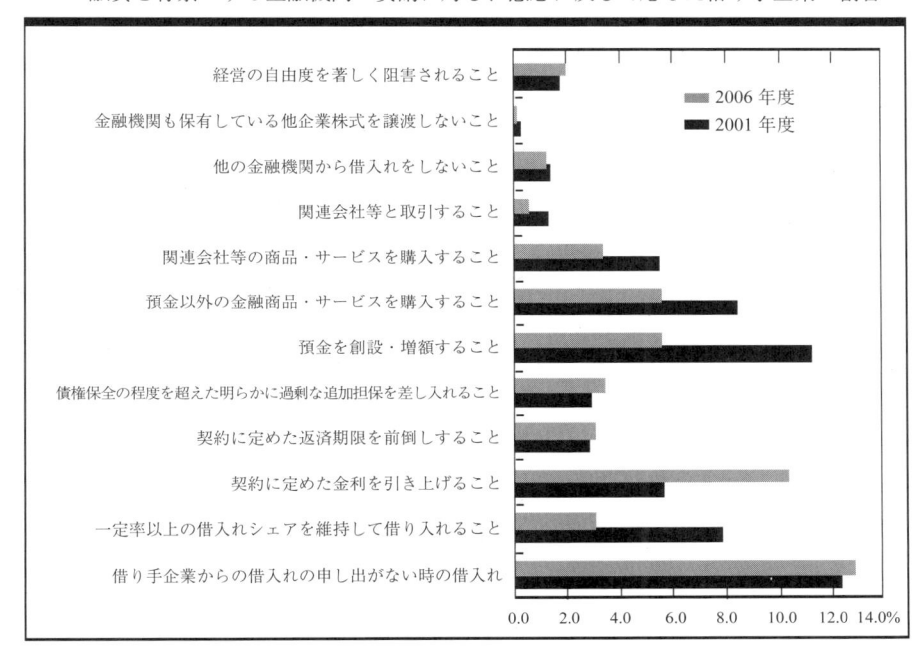

出所:『金融機関と企業との取引慣行に関する調査報告書』公正取引委員会、2006 年より筆者作成。

貢献していると感じられないとする厳しい意見もある。

　一方で、無担保・第三者保証人不要の融資商品等の開発や、将来性を加味した融資の実行、融資謝絶の際の具体的理由の説明、さらに産学官連携によるベンチャーファンドの創設などの産業支援や、地場産業の再生などへの取り組みを積極的に評価する声もあり、地域や顧客による状況の違いがうかがえる。

V　ゆうちょ銀行によるリテール業の展望

　わが国の郵便貯金は、1875 年に英国の郵便貯金制度に倣って開始されている。1880 年には、一般から預金を受け入れ公社債の運用によって収益を上げる、専業貯蓄銀行が初めて認可された。その後、1893 年に貯蓄銀行条例が東京市で施

行されると、1900年末には貯蓄銀行の数は701行までに増えた[2]。しかし、1922年に施行された貯蓄銀行法は、兼業や地方公共団体以外の一般企業への融資を禁じ、主として株式や債券市場での運用を求めた。このため戦後の急激なインフレで、インフレ率が公社債の金利を上回る逆ざやの状態になった際、貯蓄銀行の多くが普通銀行へ転換した。1943年に普通銀行の貯蓄銀行業務兼業が認められると、普通銀行への吸収合併が急速に進み、1949年には全貯蓄銀行が普通銀行へ転換した。その後1981年に貯蓄銀行法が廃止され[3]、郵便局は日本で唯一の貯蓄金融機関としてその役割を継続してきた。

　2007年10月1日、日本郵政は政府が全額出資する株式会社となり、同時に100%子会社の郵便貯金銀行（以下、ゆうちょ銀行）は、総資産220兆円を超える世界最大規模の民間銀行として新たに誕生した。駅逓局、逓信省、郵政省、郵政事業庁、日本郵政公社へと実施主体が変遷した郵便貯金は、ゆうちょ銀行に継承され、同時に郵便貯金法は廃止されて、銀行法にのっとった運営がなされることとなった。

　郵便貯金は、従来から個人客のみを対象にしており、ゆうちょ銀行は融資業務やクレジットカードなどの新たな取り扱いを目指すことになった。しかし、これまでの業務内容に対する利用者からの評価は、必ずしも高いものではない。一方、郵便貯金の残高は、2000－01年度にかけての郵便貯金の大量満期時から、2006年度末までの間に70兆円近く減少している。残高減少の傾向は、現在実施されている郵便貯金などへの、政府による直接保証がなくなった後も継続すると考えられる[4]。ゆうちょ銀行は民間銀行として、既存客の離反による顧客基盤の急激な縮小を防ぎながら、収益性を確保すると同時に、顧客に評価される業務体制を整備していく必要がある。このためには、銀行サービス全般に対するリテール顧客からの要望や不満を参考にして、ゆうちょ銀行として補完・提供すべき金融機能の充実に積極的かつ迅速に取り組み、実現させていくことが重要である。

　郵便貯金システムの、全銀システムへの接続による相互送金サービスについては、地方銀行から強い抵抗感、危機感が示されているものの、顧客の視点に立てば、金融機関の基本的なサービスとして早期の実現が望まれる。2007年10月

第 5 章　わが国のリテール金融市場

5-34　日本郵政グループの概要

		職員（人）	財務状況（単体）	
日本郵政株式会社	社長：西川善文（元三井住友FG社長） 副社長：高木祥吉（元金融庁長官）	約 3,500	資産 負債 純資産	9 兆 4,580 億円 1 兆 5,190 億円 7 兆 9,390 億円
株式会社ゆうちょ銀行	会長：古川洽次（元三菱商事副社長） 社長：高木祥吉	約 11,600	資産 負債 純資産	222 兆 2,250 億円 214 兆 5,580 億円 7 兆 6,670 億円
株式会社かんぽ生命保険	会長：進藤丈介（元東京海上日動システムズ社長） 社長：山下泉（元日本銀行金融市場局長）	約 5,400	資産 負債 純資産	112 兆 8,550 億円 111 兆 8,550 億円 1 兆　　　　円
郵便事業株式会社	会長：北村憲雄（元イタリアトヨタ会長） 社長：團宏明（元郵政事業庁長官）	約 99,700	資産 負債 純資産	1 兆 9,420 億円 1 兆 7,420 億円 2,000 億円
郵便局株式会社	会長：川茂夫（元イトーヨーカ堂執行役員） 社長：寺阪元之（元住友生命専務）	約 119,900	資産 負債 純資産	3 兆 3,400 億円 3 兆 1,400 億円 2,000 億円

出所：『金融財政事情』金融財政事情研究会、2007 年 10 月 8 日、11 ページより筆者作成。

時点では、青森、大垣共立、京葉、シティバンク、荘内、新生、住友信託、スルガ、鳥取、東日本、みちのく、みなと銀行の 12 行と京都信用金庫、長野県及び長崎県民信用組合、そして労働金庫と大きく制限されている。

　2007 年 10 月 1 日からの、日本郵政の民営化及び分社化に際しては、新会社内外の基盤となるシステムが新たに開発される一方で、既存業務が不具合無く継続されることが最優先された。従来、7 年ごとに行われてきたグループ内ネットワークの全面刷新プロジェクトで、日本郵政として、2007 年 2 月に予定していた第 4 次 PNET（郵政総合情報通信ネットワーク）への切り替えは、開発コスト 598 億 5,000 万円の大規模プロジェクトであった。一方で、民営化・分社化の決定により、日本郵政グループ内では総開発規模 4 万 3,000 人月、総開発費用 1,000 億円を超える複数の巨大システム・プロジェクトが、2007 年 10 月の切り替えを目指し、並行して進められた。

3-35　第5次全銀システムの構成

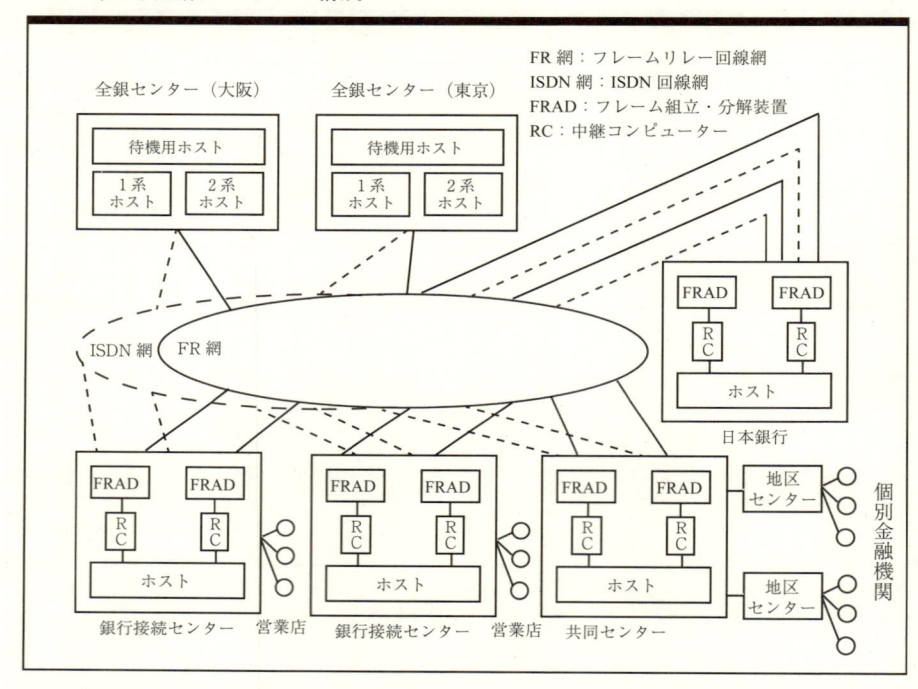

```
全銀センター（大阪）    全銀センター（東京）    FR網：フレームリレー回線網
                                            ISDN網：ISDN回線網
 ┌待機用ホスト┐         ┌待機用ホスト┐      FRAD：フレーム組立・分解装置
 │ 1系  2系 │         │ 1系  2系 │      RC：中継コンピューター
 │ホスト ホスト│         │ホスト ホスト│
```

出所：『平成19年度版金融情報システム白書』金融情報システムセンター、2006年、200ページより筆者作成。

　ゆうちょ銀行としての業務開始以降は、新規事業やサービスの開始に備えた新たな開発プロジェクトが進行しているが、そのうち、旧大和銀行の勘定系システム「NEWTON」による全銀システムとの接続については、2008年5月の完成が予定された。また、旧UFJ銀行の勘定系システムを使った融資など新商品への対応に備えた基幹系システムの構築は、2009年1月の完成に向けて進められることになった。さらに、これら勘定系・基幹系システムの構築が完了した後は、現行の貯金システムとの統合も視野に入る。しかし、個人を中心顧客と位置付けた事業展開を進めるためには、こうした勘定系システムの整備と同等、あるいはそれ以上の投資が、顧客情報系システムの充実に向けて必要となる。その中でゆ

第 5 章　わが国のリテール金融市場

うちょ銀行は、従来のような、大規模かつ固定的な勘定系システムの切り替えのための、莫大な投資継続以外の方策を検討する必要がある。一部の新興銀行が進めているような、オブジェクト指向によるコンポーネント開発手法を取り入れた、システム刷新に関わる試行も考慮しながら、今後に向けた総合的な判断が必要であろう。

　リテール業を中心に事業展開する米国市場最大規模の金融機関バンク・オブ・アメリカは、ITシステムの開発分野においてもシックスシグマ方式を取り入れ、機能上の信頼性を保ちつつ自社及び委託先システム会社による開発プロセスの効率向上に努めている。リテール業の根幹でもあるITシステム基盤については、システムの利用段階に止まらず、開発の時点においても適正かつ効率的な管理が必要となる。

　ゆうちょ銀行は、また、アンケート結果でも利用者の不満が高い、営業時間の延長や曜日の見直し、さらにかんぽ保険会社との連携による、独自の保険商品の開発及び販売に向けた積極的な取り組みを検討する必要があろう。その際に重要なのは、関東及び近畿地域を中心とした大都市圏における充実したインターネット・バンキング、テレフォンバンキング・サービスの提供、大都市圏以外でのサービス低下の防止である。競争の激化する大都市圏においては、まずは制限の大きい現状の店舗網に大きなコストをかけるよりも、24時間、365日稼動可能な顧客接点の整備を優先することが妥当と思われる。これまで、郵便局の提供商品・サービスの内容に不満をもちながらも、政府保証を理由に顧客となっていた顧客の離反を防ぎ、現在の顧客基盤の維持に努めることが重要であろう。一方で、地方においては、銀行法にもあるとおり、公器としての銀行機能の維持を優先し、他に民間銀行が進出していない地域からの撤退や店舗の統廃合については慎重に検討すべきである。

　クレジットカード業務については従来の提携カード主体ではなく、ゆうちょ銀行本体発行のカードとし、新たに預金やローン金利、各種手数料などの優遇も含め、取引内容別の付帯サービスを設けて提供することが考えられる。これは、既存顧客に関わる情報を獲得・蓄積したうえで、取引内容や将来性別にセグメン

3-36 郵政総合情報通信ネットワーク PNET の構成

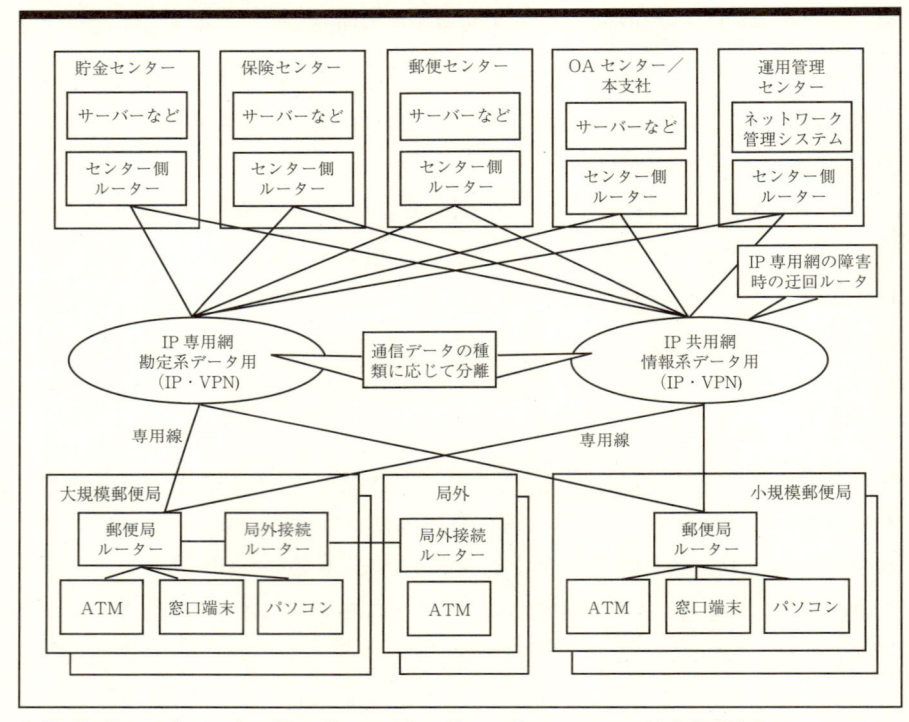

出所:『日経コンピュータ』日経 BP 社、2007 年 9 月 17 日号、52-53 ページより筆者作成。

ト化しながら、顧客の生涯価値を理解する契機となる。優良顧客については、特に離反を防ぐため、ゆうちょ銀行として特徴のある取引の提供が求められる。海外の金融市場にもアクセスできる投資商品や、ローン商品を揃えながら、詳細かつ丁寧な商品内容の説明・相談サービスを充実させるなど、従来の親しみ易く信頼できる金融機関としてのイメージを進化させた取引体制の整備も必要である。

　一方で、巨大な資金運用会社でもあるゆうちょ銀行は、自治体や地域金融機関、さらには政府系金融機関とも共同で、地方における地域再生ファンドや産業再生ファンドへの積極的な資金参加を検討すべきであろう。郵便貯金は、財政投融資制度改革により、2000 年度に国への預託義務が廃止され、制度上自主運用が原

則となった後は、巨額の国債・財投債の引き受け資金となってきた。これは、地方の資金を個人預金として吸い上げ、東京市場で国債を始めとする証券投資で運用するものであり、各地域経済へ直接貢献することなく、一方で地域金融機関の役割を阻害することに繋がる。これに対して地域特化型のファンドへの参加は、資金運用やリスク管理、さらに、それぞれの地域における景気動向や資金ニーズを組織的に理解し、対応能力を蓄積する機会となる。

金融機関の公的な性格を尊重しながら顧客の希望に応え、同時に民間企業として収益を上げることは容易ではない。しかし、事例研究で対象としたリテール業重視の欧米の大手金融機関は、その実現に向けて確実な実行を最重要視しながら、シックスシグマなど元来製造企業で活用された経営管理手法を試行し、組織としての知識と経験の蓄積を進めた。こうした諸外国の大手金融グループ・金融機関による、リテール展開の戦略や組織作りを大いに参考にし、随時取り入れていくことが重要である。さらに将来的には、地域金融機関の買収による、中小企業金融を含む新規事業に関わるノウハウの取り込みも視野に入れるべきであろう。

VI 外国資本を交えた金融再編

米国では、1990年代の金融制度改正と金融機関再編に先立つ1980年代、香港上海銀行によるMMBの買収提案に対し、外国金融機関の国内市場進出に消極的な連邦金融当局と方針を異にする、地元ニューヨーク州政府が率先して買収を承認した。これにより外国資本の受け入れが実現している。英国においては、1980年代のサッチャー政権による金融ビッグバンの結果、世界各地に本拠をおく金融機関の進出が進み、今日、ロンドンは世界の主要な金融市場としての地位を維持している。大陸欧州では、EU統合の進展にともない競争法規制を強化し、国有商業銀行の民営化を進めたフランスに代表されるように、各国で金融機関間の合併統合が活発化し、外国金融機関も交え、国境を越えた金融再編が進展している[5]。新興国においても、中国やブラジルなどの中南米諸国を始めとして、外国資本による国内金融機関の買収や資本参加など、国内金融市場への進出を積極的に推進

5-37　1990年代後半以降の銀行破綻と処理

銀行名	破綻日	現在の状況
北海道拓殖銀行	1997年11月17日	北洋銀行に譲渡
日本長期信用銀行	98年10月13日	新生銀行となる
日本債券信用銀行	98年12月13日	あおぞら銀行となる
国民銀行	99年4月11日	八千代銀行に譲渡
幸福銀行	99年5月22日	関西さわやか銀行を経て関西アーバン銀行となる
東京相和銀行	99年6月12日	東京スター銀行となる
なみはや銀行	99年8月7日	大和銀行、近畿大阪銀行に譲渡
新潟中央銀行	99年10月2日	大光銀行、第四銀行、八十二銀行、東日本銀行などに譲渡
石川銀行	2001年12月28日	北陸銀行、北国銀行、富山第一銀行、金沢信用金庫、能登信用金庫に譲渡
中部銀行	02年3月8日	清水銀行、静岡中央銀行、東京スター銀行に譲渡
足利銀行	03年11月29日	一時国有化の後野村フィナンシャル・パートナーズを中心とした「野村グループ」に譲渡

出所：『金融』全国銀行協会、各号より筆者作成。

する動きが顕著である。

　日本においては、1990年代後半の金融システム危機の最中、新生銀行、あおぞら銀行、関西さわやか銀行、東京スター銀行が、外国資本の支配下にある国内銀行法を根拠とした普通銀行として初めて設立された。これは、「金融機能の再生のための緊急措置に関する法律」（平成10年法第132号、略称「金融再生法」）にもとづき、一時国有化されていた日本長期信用銀行及び日本債券信用銀行、さらに金融整理管財人の管理下におかれていた第二地方銀行の幸福銀行及び東京相和銀行について、当時の金融再生委員会が外国系投資会社への譲渡を決定したことによる[6]。しかし、2000年代に入ると、金融機関の外国資本への譲渡は、地方における地域金融機能の保持を不安視する地元経済界、自治体、さらに関連する国会議員らの強い反発もあって、実現が困難になっている。その一方で、金融機関の破綻は、地域金融機関再編の契機となっている。

第 5 章　わが国のリテール金融市場

注
1 銀行が、店舗内のスペースを投資信託委託会社へ貸す方式によるもの。
2 迎由理男「郵便貯金の発展とその諸要因」『人間と社会の開発プログラム研究報告』国連大学、1981 年。
3 浅井良夫「貯蓄銀行法の成立と独占的貯蓄銀行の形成（上）」『成城大學經濟研究 No.64』成城大学、1979 年、73-107 ページ。
4 郵便貯金として預入れされた貯金の払戻し、およびその貯金の利子の支払にかかわる郵政公社の債務は政府によって保証され、ゆうちょ銀行発足後は民間金融機関と同様に預金保険機構に加盟し、同機構により補償される扱いとなっている。ただし、民営化前の 2007 年 9 月 28 日までに預けられた定期性貯金は、郵便貯金・簡易生命保険管理機構に引き継がれ、満期後は通常郵便貯金として、さらに 10 年間政府保証が継続する。
5 大山陽久・成毛健介『近年におけるフランスの公的金融機関の民営化について』海外事務所ワーキングペーパーシリーズ、日本銀行パリ事務所、2002 年 9 月。ソシエテ・ジェネラル、BNP、クレディリヨネといった大手商業銀行は、この時期に民営化され、クレディアグリコルは 1988 年に相互会社化されている。
6 日本の銀行法は第 47 条によって、外国銀行は「外国の法令に準拠して外国において銀行業を営む者」と規定しており、外国資本支配下の銀行は含まれない。これは、1990 年代後半の日本における金融システム危機で大手行の経営破綻が相次ぐ中、自力での経営再建が困難とされた銀行に対して施された処置であった。

結章

I　新たな多国籍リテール金融論

　銀行業を主体とする金融機関の多国籍化に関わる理論的研究では、これまでおもに、ホールセール分野に焦点をあて、議論がなされてきた。その中で多国籍化のおもな要因として、(1) 追随説、(2) 先導説、(3) 回避説、(4) 通信・情報処理分野の技術進歩によるコストの大幅な低下が指摘されている。また、リテール金融業の多国籍化については、限定的ではあるが産業組織論を視座に、多国籍金融機関が自国市場で培った優位性の他国市場への移植行動に焦点をあてた研究が行われてきた。

　本研究では HSBC、シティグループ、バンク・オブ・アメリカの3社を対象に、制度的背景及び参入市場の経済発展段階をおもな外的環境要因ととらえ、事例分析を行った。これらの金融機関による戦略形成の歴史的過程をダイナミック・ケイパビリティの考察を通じて明らかにすることにより、新たな多国籍リテール金融論の提示に結びつけることを目指した。

　事例研究の結果からは、金融機関による多国籍リテール業への取り組みの契機として、第1に自国市場における法制度上の制約による、事業の成長・存続への脅威が指摘できる。金融機関の多国籍化理論における回避説では、米国と欧州の間の規制の相違がユーロ市場の発達に大きく寄与したことなどを例に、規制の厳しい国から穏やかな国への金融活動の移動が議論されている。こうした制約の回避は、多国籍リテール展開についても要因として大きく働いた。米国においては、大手金融機関による独占禁止を規範とする法制度が、この制約的環境の代表的なものであった。一方、英国植民地であった香港では、1997年の中国への返還に関わる法制度改正を含めた不確実性が、重大な要因となった。

　シティグループの前身であるシティコープは、1960年代に海外のリテール市場への積極的な進出を開始したが、この背景には、新規の支店開設及び他行との合併買収に対して厳しく制約的な、ニューヨーク州フィリップス法が存在した。州際業務の展開を制限したマクファデン法、証券業や保険業との兼業を禁じ、他

結　章

業態への進出を制限したグラス・スティーガル法と合わせて、国内市場では成長に向けた戦略行動は著しく限られていた。また、HSBC の前身の香港上海銀行が拠点としていた香港には、この市場特有の政治的な状況から、将来的な拡大・成長に関わる不確実性による脅威が存在した。これら企業による多国籍リテール展開は、危機感を醸成した外的環境要因に起因する戦略行動であり、これらの要因は同時に、撤退行動を抑制する役割も担った。さらに、こうした多国籍進出に至る背景及び展開の過程は、組織内に知識となって継承され、その後の成長に繋がっている。

金融機関による多国籍化の第 4 の要因とされた、通信・情報処理分野の技術進歩によるコストの大幅な低下も、多国籍リテール展開の進展に大きく寄与した。この分野で先行したシティコープが 1980 年代に北米、欧州、アジア地域各国で積極的に導入したシティフォンや ATM の 24 時間サービスの提供は、グローバル・ネットワークであるシティワンにより可能になっている。また、欧州における近隣国からのコールセンター業務等のクロス・ボーダー・オペレーション展開も、先進的な IT 基盤により実現した。

本研究からは新たに、多国籍リテール展開進展の大きな要因としての国及び地域ごとの経済発展段階の違いが明らかになった。これは、先進国の金融機関にとっては成長性の高い新興国のリテール市場参入への契機となる一方で、新興国金融機関の視点からは、母国市場と比較してより経済発展が進み、市場規模が大きい市場への進出を促す要因となっている。

国家の経済成長にともない拡大した新興国の家計部門は、これまで国・地域ごとに異なる段階を経て、多国籍金融機関の中核的な顧客層となってきた。アジアでは 1970 年代から 1980 年代にかけて、シンガポールや香港、台湾、インドネシア、マレーシアなど一部の先進的な新興工業国・地域で、シティコープがリテール分野への本格参入を果たした。1990 年代以降、その他欧米の金融機関は、台頭する中国やインド、さらにアジア通貨危機後に IT を始めとする新たな産業振興によって経済の立て直しを成功させた韓国市場に本格参入し、業務を拡大している。一方で、香港上海銀行は、リテール分野の市場規模が小さく成長性も限定

的な香港から、ニューヨーク州の大手地方銀行の買収を通じて、米国リテール市場への本格進出を果たした。この進出後には英国において、本部の移転をともなう大規模な銀行買収を成功させ、リテール基盤の構築に成功している。

　自国のリテール金融分野への保護的政策をとる大陸欧州や日本など一部の先進国に対しては、法制度の改正や国有金融機関の民営化などの、より抜本的かつ長期にわたる制度改革に照準を合わせ、段階的な参入行動が取られた。例としては、フランスにおける国営金融機関の民営化や、日本での郵政民営化を契機としたHSBCやバンク・オブ・アメリカなどによる新たな参入計画があげられる。厳しい競争環境の中で、それぞれ独自の特徴をもつ商品・サービス展開が、対象とする顧客層に向けて進もうとしている。

　本研究からは改めて、多国籍リテール展開の要因として、制約的な法制度の回避、ITの進化、そして経済発展段階の相違の3つが指摘されるが、さらに、これらの要因の存在が必ずしも常に多国籍リテール行動に繋がってはいないことも明らかにしている。これは、個々の金融機関の有するダイナミック・ケイパビリティの相違が、他国市場への参入及びその後の展開に大きく影響していることによる。

　経営戦略論においてダイナミック・ケイパビリティ・アプローチは、特定の時点で企業が有するのは、過去の投資判断の結果としての市場での位置付けや能力の蓄積であるとし、経営能力の向上や、模倣困難な組織、機能、技術的技能の組み合わせなどの見えざる資産に焦点をあてる。また、ケイパビリティは、現在から将来にわたって要求される、知識や特定の産業・業界における業界コンピタンスを生み出す潜在能力であり、組織を価値・知識産出の場として経営戦略に反映できるかどうかは、企業の未来を左右すると主張する。

　本研究では、さらに、多国籍リテール展開の近年の特徴として、金融機関は伝統的な預貸業務を中心とする銀行業を軸としながらも、業態制度を始めとした国・地域ごとに異なる法制度に適合した事業展開を成功させることが重要であることを示している。この成功には、業態を包括する組織・業務管理能力が不可欠である。これには、外部から獲得した資源を自社内に有機的に取り込み進化させる経営管理能力を始めとし、高いオペレーショナル（業務）ケイパビリティが求めら

れる。こうしたケイパビリティの形成に向けた具体的な方策の1つとして地理的・時間的制約への対応を実現する、情報の価値化を目的とした業務活動の可視化があげられる。価値化される外的な情報には、世界各国の地理的、経済的、法制度を含む、政治的な状況や動向、競合相手や他業種の戦略行動、既存及び潜在顧客層の行動や嗜好・意識に関わる情報が含まれる。さらに、数値化・価値化された情報の知識化と活用を可能にする仕組みの整備が重要となる

シティコープは初期の海外進出に際して、国際石油資本企業の戦略及び管理手法を参考にしているが、この海外進出の手法や、IS と呼ばれる国際要員の配置は、価値化された外的情報の例として指摘できる。また、これら外的情報に加えて、自社による過去の市場参入及び事業展開に関わる成功例と失敗例、要因の分析など自社固有の知識の蓄積と共有、活用も重要である。一方で、このような知識の循環を実現し、将来の活動に結びつけるためには、既存の人的資源の見直しや組織体制の変革が必要となる。貿易金融や外国為替取引を始めとする国際金融業務を設立当初から主たる業務として展開していたシティコープや香港上海銀行では、伝統的に IS や IO と呼ばれる行員が、国際要員として触媒の役割を担ってきた。近年では、こうして世界の各拠点に派遣される IS や IO に加え、世界各地に配置される情報系を中心としたシステム基盤の重要性を受け、こうした基盤を構築・調整し、支える IT スタッフの、グローバル媒体としての位置付けがより重要になっている。

先進的な情報システム基盤が可能にした経営管理手法の代表例としては、シティコープが開発・活用した MIS があげられる。MIS は新規市場への参入と同時に現地で開始する、コストやリスク管理、マーケティングなどの業務分野や、リテールやホールセールなどの事業分野ごとに細かく整備されており、収益性の動向に関わる情報のグローバルな共有を可能にする媒体である。こうした情報共有と蓄積の充実に向けては、世界規模の IT 基盤の拡充と媒体となる人的資源の確保が不可欠である。

さらに、HSBC による近年の行動が示すように、リテール市場への参入や事業の拡張を目的としたクロス・ボーダー M&A の実行と、実行後の組織統合に関わ

るオペレーショナル・ケイパビリティは、多国籍リテール展開の成否を左右する要素となってきた。クロス・ボーダー M&A は、事業基盤の拡大のみならず、多国籍展開に必要な各国・地域、また、特定業務に関わる新たな知識と能力取得の方策としても重大な役割を担っているが、これは M&A の実行により自動的に獲得できるものではない。実行後の統合作業の過程における、組織間の相互学習の成功があって初めて実現するといえる。

シティコープは欧州リテール市場参入に際し、現地金融機関の買収を実行したが、これは営業基盤の拡張をおもな目的とするものであった。新たな経営資源としての被買収側の組織能力への注目、理解は十分ではなかったといえる。このため、複数の銀行買収による事業基盤構築の方針は転換を迫られ、ドイツを除いた各国で、自社支店網の拡充を中心とした成長を選択することになった。これに対して HSBC 及び香港上海銀行は、設立の地である香港に始まり、米国、英国、大陸欧州、中南米、中国で大型の買収や資本参加を行ったが、これらの多くは、経営難に陥った競合相手との買収合併により、事業規模の拡大と地理的な拡張、さらに業態の多様化を実現したものであった。

HSBC らによるこれらの成功の要因として、買収実行時の財務・業務面の精査に続く、組織統合段階及びそれ以降の現地企業への分権と持株会社による集中的な経営管理のバランスが指摘できる。買収後に持株会社が個々の業務の細部まで把握したうえで、子会社は大きな裁量権を維持したが、これは今日の HSBC の重要なオペレーショナル・ケイパビリティである。バンク・オブ・アメリカ及びネーションズバンクも、米国内における多くの買収合併実行に際し、HSBC と同様、分権化と集中化をバランスよく実現しており、共通したケイパビリティである。

これら金融機関による戦略的な買収行動については、買収側が継承の必要性を認識した被買収側の資源を過小評価することなく、これら資源の保持を確実にするため、経営陣や組織の見直しを含めた統合準備体制を備えていたことが成功の要因として指摘できる。一方で、新たな統合組織の管理・運営の中核となる経営管理体制・手法を堅持しながら優位性を高める継続的な努力が認められる。こうした買収合併の実行及び組織統合、さらに、その後の成長段階まで見通した整合

性のあるクロス・ボーダー M&A の実行能力は、変化を続ける世界のリテール金融市場において、不可欠なオペレーショナル・ケイパビリティとして今後重要度を増すであろう。

II　わが国への示唆

　近年、わが国の大手金融機関は、リテール分野への取り組みの強化を強調している。これは、個人を対象としたローン及び資産運用取引、そして、ビジネスローンなど中小企業を対象とした取引の何れについてもいえることである。一方で、日本郵政の民営化や地域金融機関の再編など競争環境は厳しさを増しており、金融機関による商品・サービスの提供内容や手数料体系に対する顧客の評価も同様に厳しくなっている。こうした中、法制度の改正により業態間の垣根はどんどん低くなっており、業態間の連携・提携をいかに行うべきか、という課題も新たに生じている。投資型商品の拡充や、顧客の注目を集めるような店舗作りなどの点では金融機関の取り組みに変化は見られるが、未だ試行の段階にあるものも多く全般的な傾向となっているとはいいがたい。

　リテール金融業は一般的に個人を対象とした取引と中小企業をおもな顧客とする分野に分けられるが、個人を対象とした分野においても多数の小口顧客との取引が中心となるマスリテール型展開と、特定の富裕層に個別の商品・サービスを提供するプライベート・バンキング型では収益構造も異なる。このため、それぞれ個別のビジネスモデルによる業務展開がなされる。この中で規模の経済が働きやすいマスリテール分野では、全国規模の広域展開が比較的容易に実行できる。これに対し、財務・業務内容や事業動向の確認が必要となる中小企業取引、顧客の金融取引性向やニーズに関する詳細な情報・知識を前提とした取引を行うことの多い富裕層取引では、対面形式のやり取りが重要となり、特定の地域に密着した展開を複数の地域で実施することとなる。

　本研究で対象とした金融機関3社のうち、シティグループが個人向けのマスリテール展開を重視してきたのに対し、HSBCとバンク・オブ・アメリカはマスリ

テール、富裕層、そして中小企業取引の3分野に積極的に取り組んできた。特にバンク・オブ・アメリカは、米国ノースカロライナ州の1地方都市の地域金融機関として設立されたNCNBを主な前身行としており、米国唯一の全国規模の金融機関として、国内の個人及び中小・中堅企業を主な対象とした取引を中核事業としている。

このバンク・オブ・アメリカとHSBCがこれまで積極的に進めてきたのが顧客との接点のあり方の見直しと進化であり、この2社による顧客重視の姿勢は商品設計や、顧客と直接接する行員の態度・姿勢に及ぶ。頻繁に行われる顧客満足度調査から得られた膨大な評価データは、業務内容・手順の見直しや商品・サービス、店舗運営にかかわる新企画の基礎となっており、試験的な導入と調整を経て段階的に本格展開される、柔軟性のある実践がなされている。顧客志向の視点が反映された商品設計の例としては、HSBCが個人顧客向けに展開する顧客層ごとの特徴に合わせたパッケージ商品の開発があげられる。これは、預貸業務を中心とする伝統的な銀行取引に加え、クレジットカードや投資商品を組み合わせながら、金利や優遇内容、付帯サービスに違いを設けて提供するものである。こうした商品は、性別や年齢を始めとする典型的な区分により限定されるのではなく、生活様式やライフサイクルに応じた柔軟性のある組み合わせとなっている。商品設計の多様化に加え、支店やテレフォン・バンキング、インターネット・バンキング、ATMなどの顧客接点における設備や仕様、利用時間や取り扱い内容についても顧客が利用しやすいよう、幅の広い選択肢を揃えている。顧客との直接及び間接的な接触から得られる顧客情報や、取引関連データの蓄積・分析の成果が先進的なIT基盤と組織・業務管理体制に結びつき、新たな商品・サービスの提供、さらに、複数国における並行した展開が実現されている。

HSBC傘下のファースト・ダイレクトによる無店舗展開モデルや恒生銀行の提供するインターネット・バンキングサービスは、顧客との継続的なやり取りを通じて進化を続け、北米を含め複数国・地域で同時展開されている。これらは先進的なIT基盤が実現した新商品・サービスの多国籍展開モデルといえる。ファースト・ダイレクトは、支店業務に対する顧客からの不満が多く、評価の低かった

結 章

英国の伝統的な大手銀行ミッドランド銀行が、新たな試みとして設立したものであった。ひるがえって現在、わが国においてはソニー銀行がメガバンクを始めとする大手行に対してファースト・ダイレクトと同様の位置づけにあるといえよう。顧客との情報・取引からの双方向のやり取りにより進化する無店舗展開モデルについては、メガバンクやゆうちょ銀行を始めとする大手金融機関による取り組みに際し、顧客からの高い評価の獲得と収益基盤としての確立を目指す姿勢が望まれる。わが国の金融機関によるこうした取り組みの実現に向けては、情報系を中心とした継続的なIT投資の一方で、人的資源への投資のあり方についての見直しも必要になると考える。

近年わが国では、鉄道、航空、高速道路等の高速交通体系や高度情報通信網の整備・進展にともない個人や企業等の活動領域が拡大し、市町村や県の枠を超える生活圏及び経済圏の広域化が進んでいる。一方で、少子高齢化、大都市圏及び地方の中核的都市への人口移動、さらに企業による海外への事業拠点の移転により、地域間で景況や地元経済の成長性の違いが拡大し、資金需要の偏在も顕著になっている。

従来、地方の小都市や町村では地方銀行、信用金庫、信用組合、農業協同組合、漁業協同組合、労働金庫などが、個人や地域事業者を対象に周密な店舗網や取引体制を構築し、銀行業務を軸にしながらクレジットカード、投資信託、保険などのクロスセルを行ってきた。中小企業や個人事業者が主要な顧客になっている金融機関においては、地理的に密接な顧客との取引関係を長期的に継続して顧客に関する情報を蓄積し、その関係や情報にもとづいて融資等の金融サービス提供を行うリレーションシップ・バンキングが展開されてきた。しかし、地域ごとに違いはあるにせよ、広域化への対応や地理的リスクの分散、また、IT・システム関連コストの低減に繋がる、規模の経済の追求を目指した地域金融機関同士の業務提携・共同化、再編・統合は、今後続くと考えられる。これは、2017年に完全民営化が予定されているゆうちょ銀行の動向を見据え、地方銀行や信用金庫などの地域金融機関が業務運営や経営の効率化・高度化を進めつつ、収益基盤の拡大と地理的リスクの分散を実現するための行動であり、バンク・オブ・アメリカを

はじめとする米国の地域金融機関がたどった過程でもある。その際に重要となるのは、合併統合に際し、それぞれの組織内の蓄積の継続と進化をどのように実現して新たな事業展開を行うかということであり、リテール金融への取り組みの強化は、組織のあり方、さらに、組織の中でいかに資源配分を行うかについての再検討を迫っているといえる。

参考文献

英　文

1. Ackrill, Margaret and Leslie Hannah, Barclays: *The Business of Banking, 1690-1996,* Cambridge University Press, 2001.
2. Aliber, Robert Z., "Toward a Theory of International Banking, Economic Review," *Federal Reserve Bank of San Francisco,* Spring, 1976.
3. Barney, Jay B., "Firm Resources and Sustained Competitive Advantage," *Journal of Management,* Vol.17, No. 1, 1991.
4. Barney, Jay B., *Gaining and Sustaining Competitive Advantage,* Addison-Wesley Pub. Co., 1997. J. バーニー著、岡田正大訳『企業戦略論―競争優位の構築と持続』上巻、中巻、下巻、ダイヤモンド社、2003年。
5. Barney, Jay B., and Arikan, A.M., "The Resource-based View: Origins and Implications," In Hitt, Freeman, and Harrison. ed., *The Blackwell Hand Book of Strategic Management,* Blackwell Publishers, Ltd., 2001.
6. Besanko, D. and D. Dranove and M. Shanley, *Economics of Strategy,* John Wiley & Sons, 2000. D. ベサンコ、D. ドラノブ、M. シャンリー著、奥村昭博、大林圧臣監訳『戦略の経済学』ダイヤモンド社、2002年。
7. Bryant, Ralph C., *International Financial Intermediation,* The Brookings Institution, 1987. R. ブライアント著、高橋俊治、首藤恵訳『金融の国際化と国際銀行業』東洋経済新報社、1988年。
8. Buckle, Mike and John Thompson, *The UK financial system: theory and practice,* Manchester University Press, 2004.
9. Buckley, Peter J. et al., Mark Casson (ed.), *The growth of international business,* Allen & Unwin, 1983.
10. Caves, R.E., *International Corporations: The Industrial Economics of Foreign Investment,* Economica, 1971.
11. Chakravarthy, B., "A New Strategy Framework for Coping with Turbulence," *Sloan Management*

Review, Winter. 1997.

12. Chandler, A. D., *Strategy and Structure: Chapters in the History of the Industrial Enterprise,* M.I.T. Press, 1962. アルフレッド・D・チャンドラー・ジュニア著、三菱経済研究所訳『経営戦略と組織―米国企業の事業部制成立史』実業之日本社、1967年。
13. Channon, Derek F., *Global banking strategy,* Wiley, 1988.
14. Checkland, S. G., *Scottish banking : a history, 1695-1973,* Collins, 1975.
15. Cho, Kang R., *Multinational Banks: Their Identities and Determinants,* UMI Research Press, 1985.
16. Cleaveland, John, The Banking System of the State of New York: Including also the Act of Congress Establishing, June 3^{d,} 1864, the National Banking System, John S. Voorhies, Law Bookseller and Publisher, 1864. Hutchinson, G.S., Second Edition, Arno Press, 1980.
17. Cleveland, Harold van B. and Thomas F. Huertas, *Citibank 1812-1970,* Harvard University Press, 1985.
18. Collis, D. J. and Cynthia A. Montgomery, "Competing on Resources: Strategy in the 1990s," *Harvard Business Review,* July-August., 1995.
19. Collis, David J. and Cynthia A. Montgomery, *Corporate Strategy: A Resource-Based Approach,* The McGraw-Hill Companies, Inc., 1998. D. コリス、C. モンゴメリ著、根来龍之、蛭田啓、久保亮一訳『資源ベースの経営戦略論』東洋経済新報社、2004年。
20. Collis, D. J. and Cynthia A. Montgomery, "Creating Corporate Advantage," *Harvard Business Review,* May-June, 1998.
21. Covington, Howard E. Jr., and Ellis Marion A., *The Story of NationsBank: Changing the Face of American Banking,* The University of North Carolina Press, 1993.
22. Crane, Dwight and Bodie Zvi, "The Transformation of Banking: Form Follows Function," *Harvard Business Review, March-April 1996.*
23. Cruickshank, William D., *Competition in UK banking: a report to the chancellor of the exchequer,* UK HM Treasury, 2000. D. クルックシャンク著、古川顕訳『21世紀銀行業の競争―クルックシャンク・レポート』東洋経済新報社、2000年。
24. D'Aveni, R. A. *Hypercompetition: Managing the Dynamics of Strategic Maneuvering,* Free Press, 1994.
25. Davis, Steven I., *The Management of International Banks,* Macmillan, 1983.
26. Day, G. S. and D. J. Reibstein and R.E. Gunther, *Wharton on Dynamic Competition Strategy.* John Wiley & Sons, 1997.
27. Dean, J.W. and Ian Giddy, "Strangers and neighbors: Cross-border banking in North America," Banca Nazionale del Lavoro Quarterly Review, June 1981.
28. Dickson, Louie L., *first direct (A) and (B),* Harvard Business School, 1998.

参考文献

29. Dierickx, I. and K. Cool, "Asset Stock Accumulation and Sustainability of Competitive Advantage," *Management Science,* Vol. 35, No. 12, 1989.
30. DiVanna, Joseph A., *The future of retail banking : delivering value to global customers,* Palgrave Macmillan, 2004.
31. Domanski, Dietrich, "Foreign Banks in Emerging Market Economies: Changing Players, Changing Issues", *BIS Quarterly Reviews, December, 2005.*
32. Dosi G., Nelson, R.R. and Winter, S.G., "The Nature and Dynamics of Organizational Capabilities," In Dosi, G., Nelson, R.R, and Winter, S.G, ed., *The Nature and Dynamics of Organizational Capabilities,* Oxford University Press, 2000.
33. Dunning, John H. and Gavin Boyd (ed.), *Alliance capitalism and corporate management: entrepreneurial cooperation in knowledge based economies,* E. Elgar, 2003.
34. Fieleke, Norman S., "The growth of U.S. banking abroad: An analytical survey," *Key Issues in International Banking,* Federal Reserve Bank of Boston, Conference Series 18, 1977.
35. Fivel-Démoret, Claude, *The Hongkong Bank in Lyon, 1881-1954: Busy, but too Discreet?,* Eastern banking: essays in the history of the Hongkong and Shanghai Banking Corporation / edited by Frank H.H. King, 1983.
36. Ghemawat, P., *Commitment: The Dynamic of Strategy,* Free Press, 1991.
37. Ghemawat, P., *Strategy and the Business Landscape: Core Concepts,* Prentice-Hall, 2001. P. ゲマワト著、大柳正子訳『競争戦略論講義』東洋経済新報社、2002年。
38. Giddy, Ian H. "The Theory and Industrial Organization of International Banking," in Hawkins, R.G., R.M. Levich and C.G. Wihlborg, eds., *Research in International Business and Finance,* vol. 3, JAI Press, 1983.
39. Gilbart, James W., *A practical treatise on banking,* Adamant Media Corporation, A reprint of a 1865 edition by Bell & Daldy, London, 2000.
40. Goldberg, Lawrence G. and Anthony Sanders, "The causes of U.S. bank expansion overseas: The case of Great Britain" *Journal of Money, Credit and Banking,* 12, 1980.
41. Gray, J.M. and H.P. Gray, "The Multinational Bank: A Financial MNC?" *Journal of Banking and Finance,* vol.5, no.1, March 1981.
42. Grubel, Herbert G., "A Theory of Multinational Banking," *Banca Nazionale del Lavoro Quarterly Review,* no. 123, Dec. 1977.
43. Hamel, G. and C. K. Prahalad, *Competing for the Future,* Harvard Business School Press, 1994. G. ハメル、C. プラハラード著、一条和生訳『コア・コンピタンス経営』日本経済新聞社、1995年。
44. Haspeslagh, P.C. and D.B. Jamison, *Managing Acquisitions,* Free Press, 1991.

45. Haspeslagh, P.C. and D.B. Jamison, "Acquisition Integration: Creating the Atmosphere for Value Creation," The Management of Corporate Acquisitions, Macmillan, 1994, pp. 448-479.
46. Hector, Gary, *Breaking the Bank: The Decline of BankAmerica,* Little, Brown and Company Inc., 1988. G. ヘクター著、植山周一郎訳『巨大銀行の崩壊—バンカメリカはなぜ衰退したのか』共同通信社、1989 年。
47. Holmes, A.R. and Edwin Green, *Midland : 150 years of banking business,* B.T. Batsford, 1986.
48. Hoschka, Tobias C., *Cross-Border Entry in European Retail Financial Services,* St. Martin's Press, 1993.
49. Hymer, Stephen H., The International Operations of National firms: A Study of Direct Investment, Cambridge, 1976. 宮崎義一訳『多国籍企業論』岩波書店、1979 年。
50. Jain, Arvind, "International lending patterns of U.S. commercial banks," *Journal of International Business Studies,* 17, 1986.
51. Jao, Y.C., *Financing Hong Kong's Early Postwar Industrialization: the Role of The Hongkong and Shanghai Banking Corporation,* Eastern banking: essays in the history of the Hongkong and Shanghai Banking Corporation / edited by Frank H.H. King, 1983.
52. Jones, Geoffrey, *Banks as Multinationals,* Routledge, 1990.
53. Jones, Geoffrey, *British multinational banking,* 1830-1990, Oxford University Press, 1993.
54. Jordan, Jerry L., "The Functions and Future of Retail Banking," *Economic Commentary,* Federal Reserve Bank of Cleveland, September 1996.
55. Kaplan, S.N., M.L. Mitchell and K.H. Wruck, A Clinical Exploration of Value Creation and Destruction in Acquisitions, In S.N. Kaplan ed, *Mergers and Productivity,* The University of Chicago Press, pp. 179-237.
56. Karim, S. and Mitchell, W., "Path-dependent and Path-breaking Change: Reconfiguring Business Resources Following Acquisitions in the U.S. Medical Sector, 1978-1995," *Strategic Management Journal,* Vol. 21, pp.1061-1081.
57. Khoury, Sakis J., "International Banking: A Special look at foreign banks in the U.S.," *Journal of International Business Studies,* 10, 1979.
58. Kindleberger, Charles P., *American Business Abroad,* Yale University Press, 1969.
59. King, Frank H.H., ed., *Eastern banking : essays in the history of the Hongkong and Shanghai Banking Corporation,* Athlone Press, 1983.
60. King, Frank H.H., *The Hongkong Bank in late imperial China 1864-1902 : on an even keel,* The History of the Hongkong and Shanghai Banking Corporation; v. 1, Cambridge University Press, 1987.
61. King, Frank H.H., *The Hongkong Bank in the period of development and nationalism, 1941-1984*

参考文献

: *from regional bank to multinational group*, The History of the Hongkong and Shanghai Banking Corporation; v. 4, Cambridge University Press, 1991.

62. Langley, Monica, *Tearing Down the Walls*, Free Press, 2003.

63. Mandell, Lewis, *The Credit Card Industry: A History*, Twayne Publishers, 1990. ルイス・マンデル著、根元忠明、荒川隆訳『アメリカクレジット産業の歴史』日本経済評論社、2000年。

64. Miles, R.E. and C.C. Snow, *Fit, Failure and the Hall of Fame*, Free Press, 1994.

65. Miller, Richard B., *Citicorp: The Story of a Bank in Crisis*, McGraw-Hill, 1993.

66. Mintzberg, H., B. Ahlstrand and J. Lampel, *Strategy Safari: A Guided Tour through the Wilds of Strategic Management*, Free Press, 1998. H. ミンツバーグ、B. アルストランド、J. ランペル著、齋藤嘉則監訳、木村充、奥澤朋美、山口あけみ訳『戦略サファリ―戦略マネジメント・ガイドブック』東洋経済新報社、1999年。

67. Mintzberg, H., "The Design School: Reconsidering the Basic Premises of Strategic Management," *Strategic Management Journal*, Vol. 11, 1990.

68. Merton, Robert C. and Z. Bodie, "A Conceptual Framework for Analyzing the Financial Environment," *The Global Financial System: A Functional Perspective*, Harvard Business School Press, 1995. R. マートン、Z. ボディ著、野村総合研究所訳『金融の本質―21世紀型金融革命の羅針盤』NRI野村総合研究所、2000年。

69. Moore, George, *The Banker's Life*, W.W. Norton & Company, 1987.

70. *National Banks and the Dual Banking System*, Comptroller of the Currency, 2003.

71. Nelson, R.R., "Why Do Firms Differ, and How does It Matter?" *Strategic Management Journal*, Vol. 12, 1991.

72. Nelson, R.R. and S.G. Winter, *An Evolutionary Theory of Economic Change*, Belknap Press, 1982.

73. Ngan, Y.P., *Hang Seng Bank Limited: a Brief History*, Eastern banking: essays in the history of the Hongkong and Shanghai Banking Corporation / edited by Frank H.H. King, 1983.

74. Nocera, Joseph, *A Piece of the Action: How the Middle Class Joined the Money Class*, Simon & Schuster, 1994. J. ノセラ著、野村総合研究所訳『アメリカ金融革命の群像』野村総合研究所、1997年。

75. O'Hara, Maureen, "A Dynamic Theory of the Banking Firm," *The Journal of Finance*, March, Vol. XXXVIII, No. 1, 1983.

76. Pande, Peter S. and Robert P. Neuman, Roland R. Cavanagh, *The Six Sigma Way Team Fieldbook: An Implementation Guide for Process Improvement Teams*, McGraw-Hill, 2001. ピーター・S. パンディ、ローランド・R. カバナー、ロバート・P. ノイマン著、高井紳二訳『シックスシグマ・ウエイ実践マニュアル―業務改善プロジェクト成功の全ノウハウ』日本経済新聞社、2003年。

77. Penrose, E.T., *The Theory of the Growth of the Firm,* Basil Blackwell. 1959. 末松玄六訳『会社成長の理論』ダイヤモンド社、1980年。
78. Pierce, James L., *The future of banking,* New Haven: Yale University Press, 1991. J. L. ピアス著、藤田正寛監訳、家森信善、高屋定美訳『銀行業の将来』東洋経済新報社、1993年。
79. Porter, Michael E., *Competitive Strategy,* Free Press, 1980. M. ポーター著、土岐坤、中辻萬治、服部照夫訳『競争の戦略』ダイヤモンド社、1982年。
80. Porter, M. E., *Competitive Advantage: Creating and Sustaining Superior Performance,* Free Press, 1985. M. ポーター著、土岐坤、中辻萬治、小野寺武夫訳『競争優位の戦略―いかに高業績を持続させるか』ダイヤモンド社、1985年。
81. Porter, M.E., *The Competitive Advantage of Nations,* Free Press, 1990. M. ポーター著、土岐坤、中辻萬治、小野寺武夫、戸成富美子訳『国の競争優位（上）、（下）』ダイヤモンド社、1992年。
82. Porter, Michael E., *On Competition,* Harvard Business School Press, 1998. M. ポーター著、竹内弘高訳『競争戦略論 I・II』ダイヤモンド社、1999年。
83. Porter, M.E.," Towards a Dynamic Theory of Strategy," *Strategic Management Journal,* Vol.,12, 1991.
84. Prahalad, C. K. and G. Hamel, "The Core Competence of the Corporation," *Harvard Business Review,* May-June, 1990.
85. Priem, R.L. and J.E. Butler, "Tautology in the Resource-based view and the implications of Externally Determined Resource Value: Further Comments," *Academy of Management Review,* Vol. 26, No.1. 2001b.
86. Rajan, Raghuram G. and Luigi Zingales, The Great reversals: the politics of financial development in the twentieth century, *Journal of Financial Economics,* 69, 2003.
87. Rangan, Katuri V., *Citibank: Launching the Credit Card in Asia Pacific (A),* Harvard Business School, 2002.
88. Rapp, William V., *Information Technology Strategies,* Oxford University Press, Inc., 2002. ウィリアム・ラップ著、柳沢享、長島敏雄、中川十郎訳『成功企業のIT戦略』日経BP社、2003年。
89. Reed, John, "Citicorp Faces the World: An interview with John Reed," *Harvard Business Review,* November-December, 1990. 河村幹夫訳『ビジネスモデル再構築への軌跡』DIAMONDハーバード・ビジネス、1991年5月号。
90. Ricardo, D., *Principles of Political Economy and Taxation,* J. Murray, 1817.
91. Rogers, David, *Consumer Banking in New York,* Columbia University Press, 1974.
92. Rogers, David, *The Future of American Banking: Managing for Change,* McGraw-Hill, 1992.
93. Rogers, David, *The Big Four British Banks: Organization, Strategy and the Future,* Palgrave Macmillan, 1999.

参考文献

94. Rugman, Alan M. and Richard M. Hodgetts, *International business: a strategic management approach,* McGraw-Hill, 1994, 3rd ed., Financial Times Prentice Hall, 2002.
95. Rumelt, R.P., "Toward a strategic theory of the firm," in R. Lamb (ed.) *Competitive Strategic Management,* Prentice Hall, 1984.
96. Rumelt, R.P., "How Much Does Industry Matter?", *Strategic Management Journal.*, Vol.12., 1991.
97. Rumelt, R.P, Schendel, D and Teece, D.J., "Strategic Management And Economics", *Strategic Management Journal,* Vol.12., 1991.
98. Rumelt, R.P, Dan E. Schendel, David J. Teece (ed.) *Fundamental Issues in Strategy: a research agenda,* Harvard Business School Press, 1995.
99. Sanchez, R. and J. T. Mahoney, "Modularity and Dynamic Capabilities," *Rethinking Strategy,* Sage Publications Ltd., 2001.
100. Selznick, P., *Leadership in Administration,* New York: Harper & Row, 1957.
101. Sit, Victor F.S., *Branching of The Hongkong and Shanghai Banking Corporation in Hong Kong: A Spatial Analysis,* Eastern banking: essays in the history of the Hongkong and Shanghai Banking Corporation / edited by Frank H.H. King, 1983.
102. Stalk, G., Evans, P. and Shulman, L.E., "Competing on Capabilities: the New Rules of Corporate Strategy," *Harvard Business Review,* Mar-Apr, 1992, pp. 57-69.
103. Starr, Peter, *Citibank A Century in Asia,* Editions Didier Millet, 2002.
104. Stone, Amey and Mike Brewster, *King of Capital: Sandy Weill and the Making of Citigroup,* John Wiley & Sons, 2002.
105. Teece, D. J., G. Pisano, and A. Shuen, "Dynamic Capabilities and Strategic Management," *Strategic Management Journal,* 1997, Vol. 18, No. 7.
106. Thomke, Stefan, "R&D Comes to Services Bank of America's Pathbreaking Experiments," *Harvard Business Review,* April 2003.
107. Tschoegl, Adrian E., "International Retail Banking as a Strategy: An Assessment," *Journal of International Business Studies,* vol. 18, no. 2, Summer 1987.
108. Tucker, Robert B., *Driving Growth through Innovation,* Berrett-Koehler Publishers, 2002.
109. Vernon, Raymond, "International Investment and International Trade in the Product Cycle," *Quarterly Journal of Economics,* LXXX, no. 2, May 1966.
110. Wernerfelt, B. "A Resource-based view of the firm," *Strategic Management Journal,* 5, 1984.
111. Wilson, John D., *The Chase: Chase Manhattan Bank, N.A., 1945-1985,* Harvard Business School Press, 1986.
112. Wilson, H., Sir., Chairman, *Committee to Review the Functioning of Financial Institutions:, Research Report, H.M.Treasury,* 1978. 西村閑也訳『ウィルソン委員会報告―英国の金融・

証券機構と産業資金供給』日本証券経済研究所、1982 年。
113. Yannopoulas, George N., "The Growth of Transnational Banking," in Casson, M. et al., *The Growth of International Business,* Allen & Unwin, 1983.
114. Zieglar, Arthur B., *Marine Midland Bank in an Analysis of Regulator Environment and Corporate Structure,* Eastern banking: essays in the history of the Hongkong and Shanghai Banking Corporation / edited by Frank H.H. King, 1983.
115. Zweig, Phillip L., *Wriston: Walter Wriston, Citibank, and the Rise and Fall of American Financial Supremacy,* Crown Pub, 1996.

和 文

1. 青沼丈二『金融はリテールで復活する―シティバンクの戦略』日経 BP 社、2000 年。
2. 青野正道、北林雅志、赤石篤紀『金融サービス企業のグローバル戦略』中央経済社、2005 年。
3. 安部悦生『金融規制はなぜ始まったのか―大恐慌と金融制度の改革』日本経済評論社、2003 年。
4. 池尾和人『金融産業への警告』東洋経済新報社、1995 年。
5. 石井淳蔵、奥村昭博、加護野忠男、野中郁次郎『経営戦略論』有斐閣、1985 年。
6. 石山嘉英『超高齢化社会の経済学―低成長と高負担を生きのびる』日本評論社、1998 年。
7. 伊藤眞一『消費者金融システム論』晃洋書房、2000 年。
8. 岩田一政「リテール金融の課題と展望―金融リテール戦略 2006 における岩田日本銀行副総裁講演」『総裁、副総裁、審議委員の講演録（2006 年 10 月～ 2006 年 12 月）』日本銀行、第 9 号。
9. 岩田一政「リテール向け金融ビジネスの将来像―金融リテール戦略 2007 における岩田日本銀行副総裁講演」『総裁、副総裁、審議委員の講演録（2007 年 10 月～ 2007 年 12 月）』日本銀行、第 13 号。
10. 牛越博文『金融サービス法―生保・年金・投信販売のベスト・アドバイスをめざして』金融財政事情研究会、1999 年。
11. エドワーズ、フランクリン著、家森信善、小林毅訳『金融業の将来』東洋経済新報社、1998 年。
12. エングラー、ヘンリー、ジェームス・エッシンガー著、銀行経営研究会訳『激動期の金融戦略―トップが語る銀行等金融機関の将来』シュプリンガー・フェアラーク東京、2002 年。
13. 大垣尚司『金融アンバンドリング戦略』日本経済新聞社、2004 年。
14. 『大蔵省財務局三十年史』昭和 55 年 3 月発刊、第二章理編、第三節金融事務。
15. 大山陽久・成毛健介『近年におけるフランスの公的金融機関の民営化について』海外事

参考文献

務所ワーキングペーパーシリーズ』、日本銀行パリ事務所、2002 年 9 月。
16. 鹿児嶋治利『国際金融論—グローバル化の構造』中央経済社、1993 年。
17. 勝悦子、一木毅文「エマージング諸国への外国銀行進出と地場銀行の効率性へ与える影響—韓国の銀行システムに関する実証分析を中心に」『信金中金月報』2006 年 10 月。
18. 香山仁『米国銀行規制の新展開—金融システムの政治経済学』経済法令研究会、1995 年。
19. 河合忠彦『ダイナミック戦略論』有斐閣、2004 年。
20. 川本明人『多国籍銀行論—銀行のグローバル・ネットワーク』ミネルヴァ書房、1995 年。
21. 岸本義之、根本直子、大久保豊『銀行経営の理論と実務』金融財政事情研究会、2003 年。
22. 北政巳『近代スコットランド社会経済史研究』同文館出版、1985 年。
23. 木下信行『解説 改正銀行法』日本経済新聞社、1999 年。
24. 金融情報システムセンター編『金融情報システム白書—平成 19 年版』財経詳報社、2006 年。
25. 楠本くに代『日本版金融サービス・市場法—英国に学ぶ消費者保護のあり方』東洋経済新報社、2006 年。
26. 久原正治『銀行経営の革新 — 日米比較研究』学文社、1997 年。
27. 桑田良望『2007 年版中国の金融制度と銀行取引 — 中国での金融機関利用の手引き』みずほ総合研究所、2007 年。
28. クリステンセン、クレイトン著、伊豆原弓訳『イノベーションのジレンマ—技術革新が巨大企業を滅ぼすとき』翔泳社、2001 年。
29. クリステンセン、クレイトン、マイケル・レイナー著、櫻井祐子訳『イノベーションへの解—利益ある成長に向けて』翔泳社、2003 年。
30. 熊谷優克「成功した英銀のリテール戦略事例評価と邦銀のリテール戦略に示唆するもの」『日本大学大学院総合社会情報研究科紀要 No.7』2006 年。
31. 小林進編『香港の工業化』アジア経済出版会、1970 年。
32. 小林喜一郎『経営戦略の理論と応用』白桃書房、1999 年。
33. コリンズ、ジェームズ、ジェリー・ポラス著、山岡洋一訳『ビジョナリー・カンパニー — 時代を超える生存の原則』日経 BP 社、1995 年。
34. 紺野登、野中郁次郎『知力経営—ダイナミックな競争力を創る』日本経済新聞社、1995 年。
35. 斉藤寿彦『金融自由化と民間金融機関の個人金融サービス戦略』関東郵政局、1993 年。
36. 齊藤壽彦、山根寛隆「中央銀行からの金融監督機能分離是非論と各国の金融監督機関」『CUC discussion paper No.4』千葉商科大学国府台学会、2004 年。
37. 斉藤美彦『リテール・バンキング—イギリスの経験』時潮社、1994 年。
38. 笹島勝人『日本の銀行』日本経済新聞社、2005 年。
39. シャノン、ディレック著、鹿児嶋治利訳『銀行のマーケティング戦略—世界の銀行の実証研究』金融財政事情研究会、1987 年。

40. ジェームズ、マーキス、ベシー・R・ジェームズ著、三和銀行国際経済研究会訳『バンク・オブ・アメリカ—その創業と発展』三和銀行国際経済研究会、1960 年。
41. 杉村正裕『金融デリバリー・チャネルの革新—多様化する顧客ニーズへの対応』経済法令研究会、1999 年。
42. 全国銀行協会金融調査部「英国における金融サービス法制の変遷とわが国への示唆」『金融』全国銀行協会、2005 年。
43. 高木仁『アメリカの金融制度』東洋経済新報社、1986 年。
44. 高木仁『アメリカ金融制度改革の長期的展望』原書房、2001 年。
45. 高木仁『アメリカの金融制度—比較社会文化による問題接近をめざして　改訂版』東洋経済新報社、2006 年。
46. 高木仁、黒田晁生、渡辺良夫『金融システムの国際比較分析』東洋経済新報社、1999 年。
47. 高木仁、黒田晁生、渡辺良夫『金融市場の構造変化と金融機関行動』東洋経済新報社、2001 年。
48. 高月昭年『米国銀行法』金融財政事情研究会、2001 年。
49. 竹田志郎『多国籍企業の新展開—進出と撤退の論理』森山書店、1987 年。
50. 立脇和夫「香港上海銀行の経営戦略（上）」『早稲田商学』第 375 号、1997 年。
51. 立脇和夫「香港上海銀行の経営戦略（下）」『早稲田商学』第 387 号、2000 年。
52. 立脇和夫『在日外国銀行百年史— 1900 – 2000 年』日本経済評論社、2002 年。
53. 立脇和夫『外国銀行と日本—在日外銀一四〇年の興亡』蒼天社出版、2004 年。
54. 立脇和夫『HSBC の挑戦』蒼天社出版、2006 年。
55. 田中修『検証現代中国の経済政策決定』日本経済新聞出版社、2007 年。
56. 田村正紀編著『金融リテール改革』千倉書房、2002 年。
57. チャンドラー Jr.、アルフレッド著、内田忠夫、風間禎三郎訳『競争の戦略』ダイヤモンド社、1970 年。
58. チャンドラー Jr.、アルフレッド著、鳥羽欽一郎、小林袈裟治訳『経営者の時代（上、下）—アメリカ産業における近代企業の成立』東洋経済新報社、1979 年。
59. チャンドラー Jr.、アルフレッド著、丸山恵也訳『アメリカ経営史』亜紀書房、1986 年。
60. チャンドラー Jr.、アルフレッド著、安部悦生、川辺信雄、工藤章、西牟田祐二、日高千景、山口一臣訳『スケール・アンド・スコープ—経営力発展の国際比較』有斐閣、1993 年。
61. チャンドラー Jr.、アルフレッド著、有賀裕子訳『組織は戦略に従う』ダイヤモンド社、2004 年。
62. 中国 WTO 加盟に関する日本交渉チーム『中国の WTO 加盟 [交渉経緯と加盟文書の解説]』蒼蒼社、2002 年。
63. 筒井義郎『金融業における競争と効率性—歴史的視点による分析』東洋経済新報社、2005 年。

参考文献

64. 露見誠良「グローバル・バンキング・ネットワークの形成」露見誠良編『金融のグローバリゼーションⅠ―国際金融ネットワークの形成』法制大学出版局、1988 年。
65. ディムスキ、ゲイリー著、井村進哉、松本朗監訳『銀行合併の波―銀行統合の経済要因と社会的帰結―バンク・マージャー・ウェーブ』日本経済評論社、2004 年。
66. 寺地孝之『近代金融システム論』有斐閣、1998 年。
67. 堂下浩『消費者金融市場の研究―競争市場下での参入と撤退に関する考察』文眞堂、2005 年。
68. ドゥワトリポン、M.、J. ティロール著、北村行伸、渡辺努訳『銀行規制の新潮流』東洋経済新報社、1996 年。
69. 富樫直記『リテール・ユニバーサルバンキング時代の到来―負けない銀行モデルはイギリスにあった』日本評論社、2004 年。
70. 中村公一『M&A マネジメントと競争優位』白桃書房、2003 年。
71. 西村吉正『金融行政の敗因』文藝春秋、1999 年。
72. 西村吉正『日本の金融制度改革』東洋経済新報社、2003 年。
73. 野中郁次郎、竹内弘高『知識創造企業』東洋経済新報社、1996 年。
74. 野村総合研究所『米銀の 21 世紀戦略』金融財政事情研究会、1998 年。
75. 野村総合研究所『変貌する米銀　オープン・アーキテクチャ化のインパクト』野村総合研究所、2002 年。
76. 野村総合研究所コンサルティング事業本部NRIアメリカ『2010年の金融―変貌するリテールと次なるビジネス戦略』東洋経済新報社、2006 年。
77. バーノン、レイモンド著、霍見芳浩訳『多国籍企業の新展開―追いつめられる国家主権』ダイヤモンド社、1973 年。
78. ハメル、ゲイリー、イブ・L・ドーズ著、志太勤一、柳孝一監訳、和田正春訳『競争優位のアライアンス戦略』ダイヤモンド社、2001 年。
79. フィッシャー、ジェラルド著、高木仁他訳『現代の銀行持株会社―アメリカにおける発展、規制、成果』東洋経済新報社、1992 年。
80. 福井俊彦「金融の新潮流―新たな個人金融サービスの創造　リテール金融フォーラムにおける福井日本銀行総裁講演」『日本銀行調査季報』2005 年秋 10 月号、117 － 124 ページ。
81. 藤沢武史『多国籍企業の市場参入行動』文眞堂、2000 年。
82. 星野興爾『世界のポストバンク』郵研社、2005 年。
83. 堀内昭義「銀行危機と金融システムの再構築―融資取引関係の可能性」『フィナンシャル・レビュー』財務省財務総合政策研究所、2004 年。
84. 前田真一郎『米国金融機関のリテール戦略』東洋経済新報社、2004 年。
85. 前田真一郎『米国金融機関のリテール戦略』地銀協月報、2004 年 9 月。

86. マッキンゼー・リテール・バンキング・プラクティス著、岡崎健、川本裕子監訳、マッキンゼー金融グループ訳『リテール・バンキング戦略』ダイヤモンド社、2004 年。
87. 馬淵紀壽『金融持株会社　改訂版』東洋経済新報社、1997 年。
88. 水野隆徳『シティコープ　巨大銀行の 21 世紀戦略』ダイヤモンド社、1988 年。
89. 三宅純一編『金融のリストラクチャリング―今後の金融システムのあり方』有斐閣、1992 年。
90. 御代田雅敬『スーパーリージョナルバンク―自由化を乗り切るフォーカス戦略』金融財政事情研究会、1991 年。
91. 御代田雅敬『米銀の復活』日本経済新聞社、1994 年。
92. 向壽一「多国籍銀行生成の論理」宮崎義一編『多国籍企業の研究』筑摩書房 1982 年。
93. 向壽一「多国籍銀行論から多国籍金融機関論へ―1980 年代の一連の国連報告の検討を中心に」『立命館経営学』1989 年 3 月。
94. 向壽一『現代日本企業と多国籍総合金融機関―資本過剰下の三位一体的資本輸出の理論と実証』同文舘出版、1990 年。
95. 村本孜『制度改革とリテール金融』有斐閣、1994 年。
96. 村本孜『日本人の金融資産選択―バブルの経験とビッグバンの影響』東洋経済新報社、1998 年。
97. 村本孜「アメリカの地域金融促進政策―CRA の問題」『研究報告 No.40』成城大学経済研究所、2004 年 3 月。
98. 村本孜、宮村健一郎『金融機関の新しいビジネスモデル―郵便貯金への示唆』（財）郵便貯金振興会、2006 年。
99. 八城政基「シティコープの持株会社組織形態成立の経緯・目的」『地銀協月報』1996 年 1 月。
100. 山本真司「"Back to the Customer"（バック・トゥ・ザ・カスタマー）」『地銀協月報』2004 年 9 月。
101. 由里宗之『米国のコミュニティ銀行―銀行再編下で存続する小銀行』ミネルヴァ書房、2000 年。
102. 吉田孟史「組織の動的環境適応」遠山暁編著『組織能力形成のダイナミックス』中央経済社、2007 年、45-46 ページ。
103. リストン、W.B. 著、日下公人訳『冒険心と経営―シティバンクとともに』ダイヤモンド社、1986 年。
104. 渡辺努「金融 M&A の経済学」『研究レポート No.108』富士通総研、2001 年 6 月。
105. 渡部亮『英国の復活・日本の挫折―英国のビッグバンから何を学ぶか』ダイヤモンド社、1998 年。

【著者】

長島　芳枝　（ながしま・よしえ）

1984 年、ニュージャージー州立ラトガース大学卒業（経済学専攻）
1989 年、ノースウェスタン大学ケロッグ経営大学院修了（MBA）
2008 年、千葉商科大学大学院政策研究科博士課程修了、博士（政策研究）
シティバンク、N.A., 個人金融部門ビジネスプランニング・アナリスト、プライスウォーターハウスクーパースコンサルタント株式会社金融インダストリー事業部マネジャー等を経て、2003 年より敬愛大学経済学部非常勤講師（国際経営論担当）、現在に至る。
主要論文「多国籍リテール金融展開と制度的背景についての一考察―英米金融機関の事例研究を中心に」2008 年（千葉商科大学大学院政策研究科博士論文）、「機能的視点に基づくリテール金融業務展開」『千葉商大論叢』2005 年など。

多国籍金融機関のリテール戦略

2009 年 2 月 10 日　初版第 1 刷発行

編著者　長島　芳枝
発行者　上野　教信
発行所　蒼天社出版（株式会社　蒼天社）
　　　　112-0011　東京都文京区千石 4-33-18
　　　　電話　03-5977-8025　FAX　03-5977-8026
　　　　振替口座番号　00100-3-628586

印刷・製本所　株式会社　厚徳社

©2009　yoshie nagashima, ed.
ISBN 978-4-901916-24-0　Printed in Japan
万一落丁・乱丁などがございましたらお取替えいたします。
Ⓡ〈日本複写権センター委託出版物〉
本書の全部または一部を無断で複写複製（コピー）することは、著作権法上での例外を除き、禁じられています。本書からの複写を希望される場合は、日本複写センター（03-3401-2382）にご連絡ください。

外国銀行と日本
立脇　和夫著

本体価格 3,200 円 + 税

　日本の近代化の夜明けは、1863 年（文久 3 年）外国銀行の日本進出とともに始まった。幕末開港後、日本の外国為替業務を一手に担った在日外国銀行は、度重なる戦争の影響で衰退を余儀なくされたが、第二次世界大戦終了後の占領期には再び対外決済業務を独占するにいたっている。戦後のインパクトローンの供与など在日外国銀行が果たした役割は計りしれず、日本近現代史とともに歩んだ在日外国銀行の興亡を鳥瞰する。

グローバリゼーションと地域経済統合
村本　孜編著

本体価格 4,500 円 + 税

　ユーロのように地域における経済統合は地球規模で拡大している。日本における国際金融・経済研究の第一人者が経済統合の発生、成立、思想、動向について実証的に分析し、今後の行方を考える。執筆に島野卓爾、内田真人、田中俊郎、田中素香、藤田誠一、小川英治、根本忠宣、原田泰、原洋之介、村本孜。

ユーロと国際通貨システム
田中素香・藤田誠一編著

本体価格 3,800 円 + 税

　通貨ユーロ誕生は、これまでのドル中心であった通過システムにいかなる影響を与えているのであろうか。ドル、円をはじめ各国通貨との貿易、取引高など 100 に及ぶ膨大な図表を駆使し、アジアにおける円の役割をあわせて考えた実証的研究書である。

---- 蒼天社出版の本 ----

拡大するイスラーム金融

糠谷　英輝著

本体価格 2,800 円 + 税

　近年、イスラーム金融は中東、アジア諸国を中心に年平均で15％を上回る急速な拡大を続けている。イスラーム金融はイスラーム法に基づく金融であり、イスラーム教徒の少ない日本においては馴染みの薄いものである。しかしながら海外の日系企業ではイスラーム金融の利用も散見されるようになっている。本書はイスラーム金融拡大の背景、イスラーム金融を理解するために不可欠なイスラーム教の金融原則、イスラーム金融のスキームといったイスラーム金融に関する基本知識をまとめたうえで、イスラーム銀行、イスラーム金融市場などのイスラーム金融拡大の実際的な動向を紹介するものである。イスラーム金融に関する書籍がいまだない日本において、イスラーム金融の全体像が理解できる概説書として本書を出版するものである。

HSBC の挑戦

立脇　和夫著

本体価格 1,800 円 + 税

　イギリス領「香港」で発足したHSBCが日本に上陸したのは140年前の幕末開港期である。HSBCは日本の近代銀行業務に大きな影響力をもたらしたが、今日ではM&Aを積極的に推進し、世界の一大金融コングロマリットとなった。この同行の輝かしい軌跡を一気に書き下ろす。

国立国会図書館所蔵『GHQ/SCAP文書目録』

荒　敬・内海愛子・林博史編集
全11巻（ブック）　補巻（CD-ROM付）
揃価格（本体420,000円＋税）

竹前　栄治

＊推薦します＊
驚くべき便利な「GHQ/SCAP文書目録」

　このたび、蒼天社出版から刊行された「GHQ/SCAP文書目録」は対日占領政策文書の検索にきわめて便利であり、その意義は大きく、率直に喜びたい。

　1971年の米大統領命令により、国務省の機密外交文書が「25年原則」に基づいて公開されるというので、早速ワシントン郊外のスートランドにある国立公文書館の別館「ワシントン・ナショナル・レコード・センター」に行きました。しかし、GHQ/SCAP文書を見に訪れた第1号とのことで、地下室のガラス張りのブースに入れられ、厳重な監視の下で閲覧できたのです。文書は、こちらの要求を聞いて係官が見繕い、フォルダーを探し出し、機密文書解除官の審査をクリアして持ってきてくれました。翌年には1階にちゃんとした閲覧室ができ、シッピング・リストやシェルフ・リストなどを使って、読みたい文書が入っていそうなフォルダーを収納しているボックス番号を請求したものです。ここは占領関係文書の宝庫でしたので、日本の研究者は競ってワシントン詣でをしました。それが現在では、ワシントンに行かずに国立国会図書館で全資料を閲覧できるだけでなく、本書を使えば、読みたい資料をより効率的に検索できるのです。まさに隔世の観があります。

　戦後60年を経た今日、国際環境、国民の意識、社会環境も変わり、日本がどちらに向かって進むべきなのかが問われています。今の憲法は時代にそぐわないとか、教育の乱れ、治安の悪化、道徳の退廃などの根元は占領政策にあるといわれていますが果たしてそうでしょうか。私は、それらの言説は短絡的で、多くは占領政策の意図も実態も知らない感情論であると思います。今こそ戦後の原点に立ち返り、原資料に基づく占領政策や占領期の改革を新たな視点から再検討してみることが重要となります。そのために本書を大いに活用されることを望みます。